CB074414

Livro Ilustrado
de Língua Brasileira de Sinais

Desvendando a comunicação usada pelas pessoas com surdez

Márcia Honora Mary Lopes Esteves Frizanco

Livro Ilustrado de Língua Brasileira de Sinais

Desvendando a comunicação usada pelas pessoas com surdez

Ciranda Cultural

© 2021 Ciranda Cultural Editora e Distribuidora Ltda.

Texto
© Márcia Honora
© Mary Lopes Esteves Frizanco

Ilustrações
Jesualdo Gelain
Paulo Edson de Moura

Revisão técnica
Matheus Bueno Valle Machado

Revisão textual
Maitê Ribeiro

Produção
Ciranda Cultural

Dados Internacionais de Catalogação na Publicação (CIP) de acordo com ISBD

F921l   Frizanco, Mary Lopes Esteves

Livro ilustrado de língua brasileira de sinais / Mary Lopes Esteves Frizanco e Márcia Honora; ilustrado por Jesualdo Gelain e Paulo Edson de Moura. - Vol. 1. rev., atual. - Jandira, SP : Ciranda Cultural, 2021.
352 p. : il.; 20,50cm x 28,00cm. (Língua brasileira de sinais).

ISBN: 978-85-380-9317-6

1. Linguagem de sinais. 2. Libras. 3. Dicionário. 4. Inclusão. 5. Diversidade. 6. Surdez. I. Honora, Márcia. II. Gelain, Jesualdo. III Moura, Paulo Edson de. IV. Título.

2021-0090

CDD 419
CDU 811.1/.9

Elaborado por Lucio Feitosa - CRB-8/8803

Índice para catálogo sistemático:
1. Linguagem de sinais : 419
2. Linguagem de sinais : 811.1/.9

1ª Edição em 2009.
2ª Edição em 2021, revisada e atualizada.
www.cirandacultural.com.br

Todos os direitos reservados. Nenhuma parte desta publicação pode ser reproduzida, arquivada em sistema de busca ou transmitida por qualquer meio, seja ele eletrônico, fotocópia, gravação ou outros, sem prévia autorização do detentor dos direitos, e não pode circular encadernada ou encapada de maneira distinta daquela em que foi publicada ou sem que as mesmas condições sejam impostas aos compradores subsequentes.

As autoras

Márcia Honora

Nasceu em São Paulo, no mesmo dia em que o Brasil foi tricampeão mundial de futebol. Decidiu ser fonoaudióloga aos 9 anos de idade, quando viu pela primeira vez um grupo de crianças Surdas se comunicando por Língua Brasileira de Sinais (Libras). É formada pela PUC/SP, Mestre em Educação pela Unicid, e doutora em Educação e Saúde pela UNIFESP. Já fez inúmeros cursos referentes à Língua Brasileira de Sinais e como uma grande apaixonada pela comunicação, sempre se emociona quando visualiza um grupo de pessoas se comunicando por meio de sinais. É consultora de inclusão educacional e econômica, atua como professora universitária e é escritora de livros infantis e pedagógicos com o tema de inclusão de pessoas com deficiência.

Mary Lopes Esteves Frizanco

Nasceu em Santo André, é casada e mãe de dois filhos. Decidiu ser professora cedo, aos 5 anos de idade, e já se interessava pela questão das deficiências. É formada em Pedagogia e Psicopedagogia Clínica e Institucional pela UNIA e Psicopedagogia da Educação Especial pela Universidade Metodista. Fez seu primeiro curso de Libras pelo interesse em conhecer esta nova forma de comunicação. Já realizou vários trabalhos como intérprete. Libras sempre fez parte de seu cotidiano e é sua paixão. Atualmente, trabalha como professora assessora de inclusão na Rede Municipal de Santo André e como professora da sala de referência para alunos com surdez. Trabalha com formação e acompanhamento de professores há oito anos e é escritora de livros pedagógicos com o tema de inclusão de pessoas com deficiência.

Dedicatória

Dedicamos este livro a todas as pessoas interessadas em aprender essa nova forma de comunicação, para com isso minimizarem a desigualdade do mundo.

Agradecimentos

Márcia Honora

À minha mãe, que todos os dias se faz presente na minha vida
e que me ensinou o verdadeiro valor da educação.
Ao meu pai – queria tanto que estivesse aqui para dividir
tudo isso comigo – você perdeu o melhor da festa.
À minha irmã, que foi o melhor presente que meus pais me deram, e à
Maria Fernanda, que foi o melhor presente que minha irmã me deu. Obrigada.
Ao meu marido e amigo, por estar sempre presente e pelos lanchinhos
trazidos no escritório depois de horas de trabalho. Te amo!
Aos meus alunos, os que já passaram por mim, os que são atuais
e aos que ainda chegarão. Vocês são parte essencial da minha vida.

Mary Lopes Esteves Frizanco

A Deus, que vem norteando o meu caminho e abençoando todos os meus passos.
Aos meus pais, Herculano e Maria, por fazerem de tudo para eu alcançar
os meus sonhos e realizá-los, e por serem meus pais.
À minha irmã Miriam, que colabora comigo cuidando dos meus filhos
quando preciso estar ausente. Você é especial para nós.
Ao meu amor Flávio, que compartilha comigo tantos anos de casamento.
Aos meus filhos Murilo e Mariana, minha nora Tamires e minha neta Maria,
razão da minha vida, os grandes presentes que Deus me concedeu na vida.

Sumário

Apresentação 13

Para começo de conversa.... 15

História da educação de Surdos no mundo 17

    O Surdo na Antiguidade 19

    O Surdo na Idade Moderna 20

    O Surdo na Idade Contemporânea. 23

    O Surdo no Século XX.. 26

    História da educação de Surdos no Brasil 27

    Um breve panorama das leis em vigência no Brasil. .. 30

    Decreto nº 5.626, de 22 de dezembro de 2005 32

    A língua de sinais. 41

    A Língua Brasileira de Sinais. 41

    Bibliografia. 42

Alfabeto 43

Números 50

Calendário 55

Identidade/Cumprimentos 65

Pessoas/Família 71

Documentos 82

Pronomes. 88

Lugares. 90

Natureza. 96

Cores 105

Escola. 110

Casa 119

Alimentos. 138

Bebidas 160
Vestuário/Objetos pessoais 165
Profissões 176
Animais 185
Corpo humano 202
Higiene 211
Saúde 214
Meios de transporte 220
Meios de comunicação / Redes sociais 224
Lazer/Esporte 229
Instrumentos musicais 237
Verbos 240
Negativos 284
Adjetivos/Advérbios 288
Localidades 306
Países/Continentes 320
Índice remissivo 330
Sites que abordam a questão da surdez 348
Filmes que abordam a questão da surdez 349
Livros que abordam a questão da surdez 352

Apresentação da nova edição

O *Livro Ilustrado de Língua Brasileira de Sinais* foi desenvolvido com o objetivo de diminuir as barreiras comunicativas existentes entre o mundo dos ouvintes e o mundo dos Surdos, com o intuito de fazer com que famílias pudessem se comunicar de forma mais efetiva com seus filhos Surdos, que os profissionais da educação, saúde, gestão, e as mais diversas formações, pudessem estar mais bem preparados quando recebessem uma pessoa com Surdez, e que todos de uma sociedade preocupada com o próximo pudessem aprender uma língua para se aproximarem e tornarem o mundo um lugar mais afetivo e com igualdade de oportunidades para todos.

Este livro foi publicado pela primeira vez em 2009. Tivemos mais de 70 mil exemplares vendidos durante os últimos anos. É muito comum encontrar este livro nos braços de estudantes do ensino superior e de famílias que fazem curso de Libras. Que gratidão termos acompanhado este despertar para esta nova língua!

A Libras, mesmo com sua característica única, ser uma língua de sinais, é como todas as outras, viva e resultado da interação entre usuários, portanto renova-se de tempos em tempos. Diante disso, uma edição revisada e atualizada fez-se necessária. Assim, os usuários que fazem uso dessa forma de comunicação podem ter acesso a sinais atualizados, conforme os movimentos e as necessidades de uma nova sociedade. Um exemplo de atualização foi a remoção do sinal Orkut (rede social que não existe mais) e a inserção de redes sociais atuais: Instagram, Facebook, WhatsApp, entre outros.

A estrutura do livro continua a mesma, os sinais continuam divididos em campos semânticos, o que acreditamos facilitar muito a busca de palavras/sinais e também o aprendizado.

No final do livro, há um índice organizado por ordem alfabética. Há também uma seleção de sites, filmes e livros que abordam a deficiência auditiva.

Desejamos a todos vocês boas descobertas e que façam excelente uso da nova língua que aprenderão.

As autoras

Para começo de conversa...

Acreditamos que a história sempre nos faz refletir e entender os fatos atuais, que o presente não está descolado do passado, que a trajetória é importante para ser vista como um processo. Nessa tentativa, procuramos fazer uma síntese da história da educação dos Surdos, com base em três autores:[1] a fonoaudióloga Maria Cecília Moura, a educadora Maria Aparecida Leite Soares e o neurologista Oliver Sacks, que servirão de base teórica para termos uma visão geral da história que queremos contar.

Neste momento inicial, gostaríamos de deixar claro qual a terminologia usada neste trabalho. Muitos termos e polêmicas se fazem presentes quando falamos de deficiência e de Surdos. Usaremos o conceito de Sassaki (1997)[2] quando nos referirmos às pessoas com deficiência. Muitas expressões são utilizadas indiscriminadamente: pessoas portadoras de necessidades especiais, pessoas com necessidades especiais, portadores de necessidades especiais, deficientes. O termo que consideramos mais adequado atualmente refere-se à pessoa com deficiência ou aluno com deficiência, termo que usaremos neste trabalho.

Outro termo que usaremos é o que se refere à surdez. Quando usarmos o termo "Surdo" (com inicial maiúscula), trata-se de um grupo minoritário, portador de uma deficiência auditiva, usuário de uma mesma língua (de sinais) e de uma mesma cultura. Já o termo "surdo" (com inicial minúscula) refere-se à condição audiológica de não ouvir. Essa terminologia foi usada primeiro por Woodward e depois por Moura e será adotada também neste trabalho.[3]

Fazer um retrospecto da história da educação dos Surdos não é uma tarefa das mais fáceis, pois trata-se de uma história cheia de idas e vindas, de proibições e permissões.

Gostaríamos, ainda, de esclarecer sobre as três diferentes metodologias usadas na educação dos Surdos que serão citadas no decorrer deste texto. São elas o Oralismo, a Comunicação Total e o Bilinguismo.

A primeira tendência que apareceu na educação dos Surdos foi o Oralismo, que tem como objetivo capacitá-los na compreensão e na produção de uma língua oral. Nesse método, a língua de sinais é vista como um impedimento para o desenvolvimento da fala.

A segunda abordagem é a Comunicação Total, que se desenvolveu mais amplamente a partir de 1980 e traz como princípios que toda forma de comunicação é válida na tentativa de que a criança deficiente auditiva tenha uma língua: fala, leitura orofacial, treinamento auditivo, expressão facial e corporal, mímica, leitura e escrita e sinais.

O terceiro e mais atual dos métodos é o Bilinguismo, que nasceu na Suécia, e teve como princípio metodológico fundamental que a língua de sinais fosse vista como a primeira língua (língua materna) da comunidade Surda. Nesse caso, a fala é vista como uma possibilidade e não como uma obrigação.

---

[1] MOURA, M. C. *O Surdo – Caminhos para uma Nova Identidade*. Rio de Janeiro: Editora Revinter, 2000.
SOARES, M. A. L. *A Educação do Surdo no Brasil*. Bragança Paulista: Editora Autores Associados, 1999.
SACKS, O. W. *Vendo Vozes: Uma Jornada pelo Mundo dos Surdos*. Rio de Janeiro: Imago Editora, 1990.

[2] SASSAKI, R. K. *Inclusão: Construindo uma Sociedade para Todos*. Rio de Janeiro: WVA, 1997.

[3] MOURA, M. C. *Opus cit.*

História da educação de Surdos no mundo

O Surdo na Antiguidade

Na Antiguidade, a educação dos Surdos variava de acordo com a concepção que se tinha deles. Para os gregos e romanos, em linhas gerais, o Surdo não era considerado humano, pois a fala era resultado do pensamento. Logo, quem não pensava não era humano. Não tinham direito a testamentos, à escolarização e a frequentar os mesmos lugares que os ouvintes. Até o século XII, os Surdos eram privados até mesmo de se casarem.

Certa vez, Aristóteles afirmou que considerava o ouvido como o órgão mais importante para a educação, o que contribuiu para que o Surdo fosse visto como incapacitado para receber qualquer instrução naquela época.

Na Idade Média, a Igreja Católica teve papel fundamental na discriminação no que se refere às pessoas com deficiência, já que para ela o homem foi criado à "imagem e semelhança de Deus".[4] Portanto, os que não se encaixavam neste padrão eram postos à margem, não sendo considerados humanos. Entretanto, isso incomodava a Igreja, principalmente em relação às famílias abastadas.

Naquela época, a sociedade era dividida em feudos. Nos castelos, os nobres, para não dividir suas heranças com outras famílias, acabavam casando-se entre si, o que gerava grande número de Surdos entre eles. Por não terem uma língua que se fizesse inteligível, os Surdos não iam se confessar. Suas almas passaram a ser consideradas mortais, pois eles não podiam *falar* os sacramentos. Foi então que ocorreu a primeira tentativa de educá-los, inicialmente de maneira preceptorial. Os monges que estavam em clausura, e haviam feito o Voto do Silêncio para não passar os conhecimentos adquiridos pelo contato com os livros sagrados, haviam criado uma linguagem gestual para que não ficassem totalmente incomunicáveis. Esses monges foram convidados pela Igreja Católica a se tornarem preceptores[5] dos Surdos.

A Igreja Católica tinha grande influência na vida de toda a sociedade da época, mas não podia prescindir dos que detinham o poder econômico. Portanto, passou a se preocupar em instruir os Surdos nobres para que o círculo não fosse rompido. Possuindo uma língua, eles poderiam participar dos ritos, dizer os sacramentos e, consequentemente, manter suas almas imortais. Além disso, não perderiam suas posições e poderiam continuar ajudando a Santa Madre Igreja.

---

[4] MAZZOTA, M. J. S. *Educação Especial no Brasil: História e Políticas Públicas*. São Paulo: Cortez, 1996.

[5] Preceptor: que ou aquele que é encarregado da educação e/ou da instrução de uma criança ou de um jovem, geralmente na casa deste. (http://houaiss.uol.com.br/busca.jhtm)

O Surdo na Idade Moderna

É somente a partir do final da Idade Média que os dados com relação à educação e à vida do Surdo tornam-se mais disponíveis. É exatamente nessa época que começam a surgir os primeiros trabalhos no sentido de educar a criança surda e de *integrá-la* (ainda não é inclusão) na sociedade.

Até o século XV, os Surdos – bem como todos os outros deficientes – tornaram-se alvo da Medicina e da religião católica. A primeira estava mais interessada em suas pesquisas e a segunda, em promover a caridade com pessoas tão desafortunadas, pois para ela a doença representava punição.

No Ocidente, os primeiros educadores de Surdos de que se tem notícia, começam a surgir a partir do século XVI. Um deles foi o médico, matemático e astrólogo italiano Gerolamo Cardano (1501-1576), cujo primeiro filho era Surdo. Cardano afirmava que a surdez não impedia os Surdos de receberem instrução. Ele fez tal afirmação depois de pesquisar e descobrir que a escrita representava os sons da fala ou das ideias do pensamento.

Outro foi Pedro Ponce de Leon (1510-1584), monge beneditino que viveu em um monastério na Espanha, em 1570, e usava sinais rudimentares para se comunicar, pois lá havia o Voto do Silêncio.

Strnadová, uma autora checa Surda, nos conta em seu livro[6] que foi dessa forma que se teve o registro da primeira vez que se fez uso do alfabeto manual: *"Não conversavam entre si em voz alta, porém seus dedos tagarelavam. Eram monges, mas não eram bobos"*. Acreditamos que a privação de comunicação que existia nesse mosteiro possibilitou a criação de outra forma de expressão, não muito diferente da que observamos na convivência com os Surdos.

Há registros de que uma família espanhola teve muitos descendentes Surdos por ter o costume, já mencionado anteriormente, de se casarem entre si para não dividirem os bens com estranhos. Dois membros dessa família foram para o mosteiro de Ponce de Leon e lá, junto dele, deram origem à Língua de Sinais. Ponce de Leon foi tutor de muitos Surdos e foi dado a ele o mérito de provar que a pessoa Surda era capaz, contrariando a afirmação anterior de Aristóteles. Seus alunos foram pessoas importantes que dominavam Filosofia, História, Matemática e outras ciências, o que fez com que o trabalho de Leon fosse reconhecido em toda a Europa. Pelo pouco que restou de registro de seu método, sabemos que seu trabalho iniciava com o ensino da escrita, por meio dos nomes dos objetos, e em seguida o ensino da fala, começando pelos fonemas.

Os nobres que tinham em sua família um descendente Surdo começaram a educá-lo, pois os primogênitos Surdos não tinham direito à herança se não aprendessem a falar, o que colocava em risco toda a riqueza da família. Se falassem teriam garantidos sua posição e seu reconhecimento como cidadão.

No século XVI, a grande revolução se deu pela concepção de que a compreensão da ideia não dependia da audição de palavras.

Em 1620, o padre espanhol Juan Pablo Bonet (1579-1633), filólogo e soldado a serviço secreto do rei, considerado um dos primeiros preceptores de Surdos, criou o primeiro tratado de ensino de surdos-mudos[7] que iniciava com a escrita sistematizada pelo alfabeto, que foi editado na França com o nome de *Redação das letras e artes de ensinar os mudos a falar*. Bonet foi quem primeiro idealizou e desenhou o alfabeto manual. Ele, em seu livro, destaca como ideia principal que seria mais fácil para o Surdo aprender a ler se cada som da fala fosse substituído por uma forma visível.

---

[6] STRNADOVÁ, V. *Como é ser Surdo*. Rio de Janeiro: Babel Editora, 2000.

[7] Fique claro que sempre que esse termo aparecer, refere-se ao usado na época e que atualmente caiu em desuso.

Alguns estudiosos da língua também se dedicaram ao ensino dos Surdos e um exemplo é o holandês Van Helmont (1614-1699), que propunha a oralização do Surdo por meio do alfabeto da língua hebraica, pois, segundo ele, as letras hebraicas indicavam a posição da laringe e da língua ao reproduzir cada som. Helmont foi quem primeiro descreveu a leitura labial e o uso do espelho, que posteriormente foi aperfeiçoado por Amman, sobre quem mencionaremos a seguir.

Jacob Rodrigues Pereira (1715-1780) foi um educador de Surdos português (emigrou para a França ainda criança) que, embora usasse a Língua de Sinais com fluência, defendia a oralização dos Surdos.[8] Seu trabalho consistia na desmutização por meio da visão (usava um alfabeto digital especial e manipulava os órgãos da fala de seus alunos). Educou doze alunos, todos eles usuários de linguagem oral. Existem relatos que colocam em risco o seu método, ressaltando que ele era professor somente de alunos que não eram completamente Surdos, o que facilitava a oralização. Temos alguns estudos que indicam que a escrita não era vista como inserção do sujeito na sociedade, mas sim como uma tentativa de substituir o que lhe faltava, a fala.

Johann Conrad Amman (1669-1724) foi um médico e educador de Surdos suíço que aperfeiçoou os procedimentos de leitura labial por meio de espelhos e tato, percebendo as vibrações da laringe, método usado até hoje em terapias fonoaudiológicas.

Para Amman, o foco do seu trabalho era o Oralismo, pois acreditava que os Surdos eram pouco diferentes dos animais, devido à incapacidade de falar. Acreditava que "na voz residiria o sopro da vida, o espírito de Deus".[9] Era contra o uso da Língua de Sinais, acreditando que seu uso atrofiava a mente, impossibilitando o Surdo de, no futuro, desenvolver a fala por meio do pensamento. O segredo de seu método só foi descoberto após a sua morte. Relatos demonstram que usava o paladar para a aquisição da fala.

No século XVII, era percebido o grande interesse que os estudiosos tinham pela educação dos Surdos, principalmente porque tinham descoberto que esse tipo de educação possibilitava ganhos financeiros, pois as famílias abastadas que tinham descendentes Surdos pagavam grandes fortunas para que seus filhos aprendessem a falar e escrever.

Isso é observado em Thomas Braidwood (1715-1806), educador de Surdos inglês. Em 1760, fundou, em Edimburgo, a primeira escola na Grã-Bretanha como academia privada. Em 1783, transferiu-se para Londres e recomendou o uso de um alfabeto onde se utilizassem as duas mãos, que ainda hoje está em uso na Inglaterra.[10] Seus alunos aprendiam palavras escritas, seu significado, sua pronúncia e a leitura orofacial, além do alfabeto digital. Outras escolas que usavam o mesmo método que Braidwood eram organizadas por sua família e seu método era mantido em segredo para garantir seu monopólio. Quando Kinniburg (um de seus "discípulos") aprendeu o método com Braidwood, foi obrigado a manter segredo e pagar sempre metade do que ganhava ao "dono" do método. Certa vez, Kinniburg foi procurado por Thomas Gallaudet (1787-1851), educador ouvinte americano, que queria levar o método para os Estados Unidos, mas Kinniburg não aceitou a proposta.

O abade Charles-Michel de L'Epée (1712-1789) foi um educador filantrópico francês que ficou conhecido como "Pai dos Surdos"[11] e também um dos primeiros que defendeu o uso da Língua de Sinais. "Re-

---

[8] Texto do site http://pt.wikipedia.org/wiki/Jacob_Rodrigues_Pereira, consultado em 10 de fevereiro de 2009, às 17h30.

[9] MOURA, M. C. *Opus cit.*

[10] Texto do site http://www.casasonotone.com/?doc=surdez, consultado em 10 de fevereiro de 2009, às 17h45.

[11] Texto do site http://pt.wikipedia.org/wiki/Charles-Michel_de_l'%C3%89p%C3%A9e, consultado em 11 de fevereiro de 2009, às 9h10.

conheceu que a língua existia, desenvolvia-se e servia de base comunicativa essencial entre os Surdos".[12] L'Epée teve a disponibilidade de aprender a Língua de Sinais para poder se comunicar com os Surdos. Criou a primeira escola pública no mundo para Surdos em Paris, o Instituto Nacional para Surdos-Mudos, em 1760. L'Epée fazia demonstrações de seus alunos em praça pública, assim arrecadava dinheiro para continuar seu trabalho. Essas apresentações consistiam em perguntas feitas por escrito aos Surdos, confirmando que seu método era eficaz. L'Epée tinha grande interesse na educação religiosa dos Surdos e sabia que, para isso, era importante desenvolver uma forma de comunicação que garantisse o aprendizado de conhecimentos sagrados.

L'Epée referia-se à Língua de Sinais com respeito e a obra mais importante dele foi publicada em 1776 com o título *A verdadeira maneira de instruir os surdos-mudos*.

O século XVIII é considerado por muitos o período mais próspero da educação dos Surdos. Nesse século, houve a fundação de várias escolas para Surdos. Além disso, qualitativamente, a educação do Surdo também evoluiu, já que, por meio da Língua de Sinais, eles podiam aprender e dominar diversos assuntos e exercer diversas profissões.[13]

---

[12]MOURA, M. C. *Opus cit.*

[13]Texto do site http://www.adventistadapromessa.com.br/vilamedeiros/Departamentos/LIBRAS, consultado em 10 de fevereiro de 2009, às 16h15.

O Surdo na Idade Contemporânea

Os trabalhos realizados em instituições somente apareceram no final do século XVIII. Até essa época eram os preceptores (médicos, religiosos ou gramáticos) quem realizavam essa tarefa.

Sabemos que, antes de 1750, a maioria dos Surdos que nasciam não era alfabetizada ou instruída.

Em 1790, no lugar de L'Epée, Abbé Sicard (1742-1822) foi nomeado diretor do Instituto Nacional de Surdos-Mudos. Ele publicou dois livros: uma gramática geral e um relato detalhado de como havia treinado Jean Massieu (Surdo).

Com a morte de Sicard, foi nomeado como diretor do Instituto seu discípulo Massieu, um dos primeiros professores Surdos do mundo. Esse fato fez desencadear uma grande disputa pelo poder, envolvendo outros dois estudiosos da surdez, Itard e Gérando, ocasionando o afastamento de Massieu da direção do Instituto.

Jean-Marc Itard (1775-1838) foi um médico-cirurgião francês que se tornou médico residente do Instituto Nacional de Surdos-Mudos de Paris, em 1814. Ele estudara com Philipe Pinel, pai da Psiquiatria, e seguia os pensamentos do filósofo Condillac, para quem as sensações eram a base para o conhecimento humano e que reconhecia somente a experiência externa como fonte de conhecimento. Dentro dessa concepção era exigida a erradicação ou a "diminuição" da surdez para que o surdo tivesse acesso a esse conhecimento.[14]

Itard iniciou um trabalho com o Garoto Selvagem, em 1799, descrito no filme francês de 1970, *O Garoto Selvagem*, de François Truffaut. Trata-se de Victor, um menino encontrado nos bosques de Aveyron, por volta dos 12 anos de idade, deslocando-se de quatro, comendo bolotas de carvalho e levando uma vida de animal. Quando foi levado para Paris, em 1800, despertou um enorme interesse filosófico e pedagógico: Como ele pensava? Podia ser instruído? Itard trabalhou com o Garoto Selvagem por cinco anos e foi constatado que Victor nunca adquiriu linguagem, foi somente forçado a falar. A história de Victor é tão interessante que serviu de inspiração para um filme da Disney de nome *Mogly, O Menino Lobo*.

Itard[15] dedicou grande parte de seu tempo tentando entender quais as causas da surdez. Sua primeira constatação foi a de que a causa dela não era visível. Seus próximos passos foram dissecar cadáveres de Surdos, dar descargas elétricas em seus ouvidos, usar sanguessugas para provocar sangramentos e furar as membranas timpânicas de alunos, fazendo com que um deles fosse levado à morte e outros tivessem fraturas cranianas e infecções devido às suas intervenções. Itard nunca aprendeu a Língua de Sinais. Seu trabalho era todo voltado para a discriminação dos instrumentos musicais para posteriormente chegar à discriminação de palavras e criou o curso de articulação para surdos-mudos *aproveitáveis*.[16] Após 16 anos de trabalho incessante para chegar à oralização, Itard rendeu-se ao fato de que o Surdo só pode ser educado por meio da Língua de Sinais.

O barão de Gérando era filósofo, administrador, historiador e filantropo. Ganhou a disputa pelo cargo de diretor do Instituto Nacional de Surdos-Mudos de Paris, mencionada anteriormente. Gérando acreditava na superioridade do povo europeu e sua intenção era equiparar os selvagens aos europeus. Para ele, os Surdos entravam na categoria de selvagens e sua língua era vista como pobre quando comparada à língua oral e não deveria ser usada na educação. Com esta concepção, os professores Surdos da escola foram substituídos pelos professores ouvintes e a oralização era seu principal objetivo. "Os sinais deveriam ser banidos da educação".[17] Após anos de trabalho, reconheceu, antes de morrer, a importância do uso dos Sinais.

---

[14] Texto do site http://www.surdo.org.br/informacao.php?info=Historia&lg=pt, consultado em 11 de fevereiro de 2009, às 10h45.

[15] MOURA, M. C. *Opus cit*.

[16] Termo utilizado pelo autor citado.

[17] MOURA, M. C. *Opus cit*.

A educação dos Surdos nos Estados Unidos aconteceu com mais dificuldade do que na Europa, visto que o acesso à metodologia inglesa sempre era negado. Assim aconteceu com Thomas Gallaudet quando foi visitar Braidwood e Kinniburg, que não revelaram seu método. Gallaudet então procurou L'Epée no Instituto Nacional de Surdos-Mudos de Paris. Ele foi aceito para fazer um estágio e conheceu Laurent Clerc (1785-1869), um professor Surdo da escola. Posteriormente, Gallaudet convidou Clerc para retornarem aos Estados Unidos em 1816 para fundarem a primeira escola pública para Surdos daquele país. Abriram a escola em abril de 1817 (Hartford School) devido às doações que receberam. (Note uma diferença de mais de 50 anos de atraso entre a mesma iniciativa na Europa.) A Língua de Sinais usada na escola era inicialmente a francesa e gradualmente foi sendo modificada para se transformar na Língua Americana de Sinais.

O filho de Thomas Gallaudet, Edward Gallaudet, fundou em 1864 a primeira faculdade para Surdos, localizada em Washington. Após anos trabalhando com os Surdos, Edward resolveu fazer uma grande viagem, visitando outros países e outras instituições para verificar se seu método estava adequado. Voltou dessa viagem apoiando o trabalho de Oralismo e adotou "como papel da escola fornecer treinamento em articulação e em leitura orofacial para aqueles alunos que poderiam se beneficiar deste treinamento".[18]

No mesmo ano em que foi instituído o Oralismo, Clerc, que sempre defendeu o uso da Língua de Sinais, faleceu (1869). O Oralismo foi a principal forma de educação dos Surdos nos 80 anos posteriores.

A Universidade Gallaudet, como é chamada atualmente, é ainda a única escola superior de artes liberais para estudantes Surdos do mundo, e a primeira língua utilizada nas aulas da universidade foi a Língua de Sinais.

Outro defensor do Oralismo foi Alexander Graham Bell (1847-1922), cientista e inventor do telefone. Ele era filho de Surda e casado com Mabel, que perdera a audição quando jovem. Oralizada, ela não gostava de estar na presença dos Surdos. Para ele, a surdez era um desvio. Os Surdos deveriam se passar por ouvintes encaixados num mundo ouvinte e um aluno Surdo ter como professor um instrutor Surdo só serviria como empecilho para sua integração com a comunidade ouvinte. Bell acreditava que os Surdos deveriam estudar junto com os ouvintes, não como direito, mas para evitar que se unissem, que se casassem e criassem congregações. O fato de que os Surdos se casassem para ele representava um perigo para a sociedade. Criou o telefone em 1876 tentando criar um acessório para Surdos.

Veditz, ex-presidente da Associação Nacional dos Surdos, ressalta que Bell foi considerado "o mais temido inimigo dos surdos americanos".[19]

As instituições de educação de surdos se disseminaram por toda a Europa, e em 1878, em Paris, aconteceu o I Congresso Internacional de Surdos-Mudos, instituindo que o melhor método para a educação dos surdos consistia na articulação com leitura labial e no uso de gestos nas séries iniciais. Essa determinação somente durou dois anos, pois em 1880, em Milão, ocorreu o II Congresso Mundial de Surdos-Mudos, que promoveu uma votação para definir qual seria a melhor forma de educar uma pessoa Surda. A partir dessa votação com os participantes do congresso, foi recomendado que o melhor método seria o oral puro, abolindo oficialmente o uso da Língua de Sinais na educação dos Surdos. Vale ressaltar que apenas um Surdo participou do congresso, mas não teve direito de voto, sendo convidado a se retirar da sala de votação.

---

[18] MOURA, M. C. *Opus cit.*

[19] SACKS, O. W. *Opus cit.*

As determinações do Congresso foram:

- a fala é incontestavelmente superior aos Sinais e deve ter preferência na educação dos Surdos;
- o método oral puro deve ser preferido ao método combinado.

A partir do II Congresso Internacional de Surdos-Mudos, o método oral foi adotado em vários países da Europa, acreditando-se que esta era a melhor maneira para o Surdo receber a instrução no ambiente escolar.

Acreditamos que esta foi uma fase de extrema importância para entendermos o processo que se deu na educação dos Surdos. Quando eles já estavam em uma situação diferenciada, sendo instruídos, educados e usuários de uma língua que lhes permitia conhecimento de mundo, uma determinação mundial lhes colocou de novo em uma posição submissa, proibindo-os, a partir daquela data, de usarem a língua que lhes era de direito.

A partir da convivência que temos tido com as pessoas Surdas percebemos que se trata de uma comunidade que costuma, em sua maioria, conviver em "guetos", optar por casamentos entre si e estudar com os iguais. Muitos se mostram desconfiados quando os ouvintes se aproximam, pois se consideram incompreendidos. Podemos entender que este comportamento é resultado dessas ações de mais de dois séculos. Ainda colhemos frutos amargos delas.

Não podemos deixar de levar em conta que o passado foi necessário para chegarmos a um presente mais adequado e naquela época histórica aquelas ações eram consistentes.

Os Surdos, muitas vezes, foram usados, deslocados e colocados em situação de desconforto social que lhes causou muito sofrimento e tudo isso muito mais por não serem usuários de uma língua oral do que por serem Surdos.

O que observamos, fazendo esta retrospectiva histórica, é que muitos estudiosos defensores do Oralismo, depois de uma vida de tentativas, resolveram aceitar o uso da Língua de Sinais como possibilidade para o Surdo.

O Surdo no Século XX

Durante os 80 anos de proibição do uso de Sinais, os insucessos foram notados em todo o mundo. Os Surdos passavam por oito anos de escolaridade com poucas aquisições e saíam das escolas como sapateiros e costureiros.

Os Surdos que não se adaptavam ao Oralismo eram considerados retardados. Não era respeitada a dificuldade de alguns Surdos por causa de sua perda de audição severa e profunda. As pessoas somente estavam interessadas em fazer com que o Surdo fosse "normalizado" e que desenvolvesse a fala para que assim ninguém precisasse mudar ou sair da sua situação confortável. Quem deveria mudar era o Surdo. O que não se entendia é que, para a grande maioria deles, não era organicamente possível.

Na primeira avaliação sistemática do método oral, Binet e Simon (dois psicólogos criadores do teste de quociente de inteligência) concluíram que os Surdos não conseguiam realizar uma conversação, só podiam ser entendidos e entender aqueles a quem estavam acostumados.[20] O uso de Sinais só voltou a ser aceito como manifestação linguística a partir de 1970, com a nova metodologia criada, a Comunicação Total, que preconizava o uso de linguagem oral e sinalizada ao mesmo tempo.

Atualmente, o método mais usado em escolas que trabalham com alunos com surdez é o Bilinguismo, que usa como língua materna a Língua Brasileira de Sinais e como segunda língua, a Língua Portuguesa Escrita.

---

[20] MOURA, M. C. *Opus cit.*

História da educação de Surdos no Brasil

No Brasil, a educação dos surdos teve início durante o Segundo Império, com a chegada do educador francês Hernest Huet, ex-aluno surdo do Instituto de Paris, que trouxe o alfabeto manual francês e a Língua Francesa de Sinais. Deu-se origem à Língua Brasileira de Sinais, com grande influência da Língua Francesa. Huet apresentou documentos importantes para educar os Surdos, mas ainda não havia escolas especiais. Solicitou, então, ao Imperador Dom Pedro II,[21] um prédio para fundar, em 26 de setembro[22] de 1857, o Instituto dos Surdos-Mudos do Rio de Janeiro, atual Instituto Nacional de Educação dos Surdos – INES. O Instituto inicialmente utilizava a Língua dos Sinais, mas em 1911 passou a adotar o Oralismo puro, seguindo a determinação do Congresso Internacional de Surdos-Mudos de Milão. Dr. Menezes Vieira, que trabalhou no Instituto, defendia este método afirmando que nas relações sociais o indivíduo Surdo usaria a linguagem oral e não a escrita, sendo esta secundária para ele. Além disso, ele tinha como convicção ser um desperdício alfabetizar Surdos num país de analfabetos. Para ele, "a fala seria o único meio de restituir o surdo-mudo na sociedade".[23]

O Instituto tinha vagas para 100 alunos do Brasil todo e somente 30 eram financiadas pelo governo, que oferecia educação gratuita. Os alunos tinham de 9 a 14 anos e participavam de oficinas de sapataria, encadernação, pautação e douração.

O quarto diretor do Instituto, o médico Tobias Leite, apresentava um foco diferente do Dr. Menezes Vieira no que se refere à educação dos surdos. Para ele, o que era de primeira importância era a profissionalização, afirmando que "não tanto porque os surdos aprendem facilmente, mas porque são fidelíssimos executores das instruções e ordens do patrão".[24]

Entre os anos 1930 e 1947, o Instituto esteve sob a gestão do Dr. Armando Paiva Lacerda e durante esse período ele desenvolveu a Pedagogia Emendativa do Surdo-Mudo, destacando mais uma vez que o método oral seria a única maneira de o Surdo ser incluído na sociedade.

Na gestão do Dr. Armando Paiva Lacerda foi instituído, também, que os alunos do Instituto passassem por aplicações de testes a fim de verificar a inteligência e a aptidão para a oralização. Após esses testes, os alunos eram separados de acordo com suas capacidades. O objetivo era que as salas de aula fossem cada vez mais homogêneas, separadas de acordo com a seguinte classificação: surdos-mudos completos, surdos incompletos, semissurdos propriamente ditos, semissurdos.

A visão que este diretor tinha da educação dos Surdos pode ser demonstrada por meio da seguinte afirmação: *"Separados os anormais em classes homogêneas suaviza-se sobremaneira a tarefa educativa que é muito mais difícil e ingrata em relação a estas crianças"*.[25]

Em 1951, assume a direção do Instituto a Profa. Ana Rímoli de Faria Dória. O interessante é que após quase 100 anos de existência, essa era a primeira vez que um profissional da educação estava na direção deste Instituto. A grande inovação do período de sua gestão foi a implementação do Curso Normal de Formação de Professores para Surdos. Sendo o Instituto uma referência para todo o Brasil, recebia professores de todo o país para fazer o curso, que tinha duração de três anos. A metodologia usada era toda voltada para o Oralismo.

---

[21] Dom Pedro II tinha grande interesse na educação dos Surdos, pois tinha um neto Surdo, filho da princesa Isabel, que era casada com o conde D'Eu, parcialmente Surdo. In: SOARES, M. A. L. *A educação do Surdo no Brasil*. Bragança Paulista: Editora Autores Associados, 1999.

[22] Por esse motivo, o Dia do Surdo é comemorado nessa data.

[23] SOARES, M. A. L. *Opus cit*.

[24] idem.

[25] ibidem.

Na década de 1970, com a visita de Ivete Vasconcelos, educadora de surdos da Universidade Gallaudet, chegou ao Brasil a filosofia da Comunicação Total e, na década seguinte, a partir das pesquisas da professora linguista Lucinda Ferreira Brito sobre a Língua Brasileira de Sinais e da professora Eulalia Fernandes, sobre a educação dos surdos, o Bilinguismo passou a ser difundido. Atualmente, estas três filosofias educacionais ainda persistem paralelamente no Brasil.[26]

Outros institutos fizeram parte da história da educação dos Surdos no Brasil, como o Instituto Santa Teresinha, fundado em 1929, inicialmente em Campinas e transferido para São Paulo em 1933. Até o ano de 1970, funcionou como internato para meninas Surdas, passando depois dessa data a aceitar meninos Surdos e trabalhar com o conceito de integração no ensino regular. Atende atualmente até o Ensino Fundamental e é de natureza particular. Outra instituição é a Escola Municipal de Educação Especial Helen Keller, fundada em 1951 pelo então prefeito de São Paulo, Dr. Armando de Arruda Pereira. Outra instituição de suma importância é o Instituto Educacional São Paulo – IESP. Fundado em 1954, foi doado em 1969 para a PUC/SP e atualmente é referência para pesquisas e estudos na área da deficiência auditiva.

Em nossa experiência, temos percebido que o trabalho terapêutico com os Surdos e a sua capacidade de desenvolver a linguagem oral é possível. Tudo vai depender do seu resíduo auditivo, sua estimulação para a fala, o uso precoce de bons Aparelhos de Amplificação Sonora Individual e alguns outros fatores. Porém, somos contrárias à privação de estímulos que pode prejudicar o desenvolvimento social, intelectual e emocional dos alunos, como é o caso da privação do uso de Sinais. Acreditamos que o Oralismo é uma possibilidade, assim como o uso de Sinais também é. Cada caso deve ser avaliado individualmente e terá cuidados, ganhos e perdas diferentes. Acreditamos que os Surdos que puderem se desenvolver também pela linguagem oral terão algumas vantagens se comparados aos que se desenvolverem somente pela Língua de Sinais. Mas temos de pensar que a pessoa que não desenvolveu a linguagem oral, muitas vezes, não fez isso porque não queria, mas sim por uma limitação orgânica, por falta de investimento terapêutico, etc. O que gostaríamos de destacar é a palavra OPORTUNIDADE. Temos de oferecer oportunidades para que os Surdos se desenvolvam linguisticamente, pedagogicamente e como cidadãos. Se isso se der pela Língua de Sinais, estaremos lhes oferecendo essa possibilidade.

Em nosso contato diário com dois Surdos adultos que trabalham como instrutores de Língua Brasileira de Sinais pudemos perceber que, além do uso fluente na língua materna, eles puderam desenvolver a linguagem oral mesmo que com algumas dificuldades. Isso facilitou muito o acesso deles ao mundo do trabalho, dos estudos e social. O instrutor de LIBRAS consultado relatou em entrevista conosco:

> *"Acredito que o melhor para o Surdo é aprender a Língua Brasileira de Sinais, porém sinto que falar algumas palavras também me ajudou em alguns casos específicos. Penso que o que seria melhor é que o Surdo pudesse ter acesso às duas línguas, sempre dando prioridade à sua língua materna. Seria algo como 80% de LIBRAS e 20% de linguagem oral, mesmo sem ser perfeita. A fala ajuda."*

(Patrick Roberto Gaspar)

---

[26]Texto do site http://www.surdobrasil.hpg.ig.com.br/hipg.html, consultado em 11 de fevereiro de 2009, às 11h55.

Muitas outras escolas especiais foram importantes para a educação do Surdo no Brasil e no mundo. Hoje, temos de ter consciência de nosso papel como educadores, terapeutas e familiares das pessoas com surdez, de que temos de nos unir e nos empenhar para fazer com que essa barreira comunicativa possa, cada vez mais, se estreitar e possamos viver num mundo com as mesmas oportunidades para todos, independentemente de suas características.

Um breve panorama das leis em vigência no Brasil

Acreditamos que a legislação, que vigorou no passado e vigora no presente, somada ao panorama histórico, nos indica por quais caminhos estamos seguindo, além de podermos vislumbrar o que o futuro nos reserva.

A primeira legislação a que nos referimos é o Código Civil Brasileiro,[27] datado de 1º de janeiro de 1916, na sua Lei nº 3.071, §5º que nos diz:

"São absolutamente incapazes de exercer pessoalmente os atos da vida civil:

I - os menores de 16 (dezesseis) anos;

II - os loucos de todos os gêneros;

III - os Surdos-Mudos, que não puderem exprimir a sua vontade;

IV - os ausentes, declarados tais por ato do juiz."

Se pensarmos nesta lei, nos dias atuais, perceberemos como está ultrapassada, mas pensando que este é um recorte de quase 90 anos atrás, condiz com o que se acreditava na época. O que ficou foi o preconceito e o estigma de que o Surdo é Mudo, que lhe tem tirado o direito de se pronunciar, "de exprimir sua vontade".

Sabemos que, na revisão da Constituição Federal[28] de 1988, o seu artigo 208, inciso III, determina que *"o dever do Estado com a educação será efetivado mediante a garantia de atendimento educacional especializado aos portadores de deficiência, preferencialmente na rede regular de ensino"*.

Curioso como a lei que regulamenta a Educação Especial indica a inclusão como apenas uma proposta de trabalho. Este aspecto é observado pelo termo "preferencialmente". Preferência não garante o acesso.

Em 1990, em Jomtien, na Tailândia, ocorreu uma Conferência Mundial convocada, entre outras chefias executivas, pela Unicef, pela Unesco, pelo Banco Mundial e pelo PNUD. A Conferência reuniu 1.500 participantes de 155 países que elaboraram uma Declaração Mundial sobre Educação para Todos que traz *"um consenso mundial sobre o papel da educação fundamental e traduz-se em compromisso de garantir o atendimento às necessidades básicas de aprendizagem a todas as crianças, jovens e adultos".*[29]

Depois de quatro anos, realizou-se, em Salamanca, na Espanha, a Conferência Mundial Sobre Necessidades Educativas Especiais. Além de reafirmarem os princípios da Declaração Mundial sobre Educação para Todos, foram declaradas regras sobre a equalização de oportunidades para as pessoas com deficiência. Tem como princípio adotado para regulamentar a Educação Especial as seguintes Linhas de Ação:

"todas as escolas deveriam acomodar todas as crianças independentemente de suas condições físicas, intelectuais, sociais, emocionais, linguísticas ou outras. Deveriam incluir crianças deficientes e superdotadas, crianças de rua e que trabalham, crianças de origem remota ou de população nômade, crianças pertencentes a minorias linguísticas, étnicas ou culturais

---

[27]Texto do site http://www.planalto.gov.br/ccivil_03/LEIS/L3071.htm, consultado em 12 de fevereiro de 2009, às 14h25.

[28]Texto do site http://www.planalto.gov.br/ccivil_03/constituicao/constitui%C3%A7ao.htm, consultado em 12 de fevereiro de 2009, às 14h27.

[29]Texto do site http://www.unisc.br/universidade/estrutura_administrativa/nucleos/naac/docs/decretos/declaracao_jomtien_1990.pdf, consultado em 12 de fevereiro de 2009, às 14h30.

> *e crianças de outros grupos em desvantagem ou marginalizados... No contexto destas Linhas de Ação o termo 'necessidades educacionais especiais' refere-se a todas aquelas crianças ou jovens cujas necessidades se originam em função de deficiências ou dificuldades de aprendizagem... As escolas têm que encontrar a maneira de educar com êxito todas as crianças, inclusive as que têm deficiências graves".*[30]

Entendemos que a Declaração de Salamanca foi um marco muito importante no que se refere à educação dos alunos com deficiência. O que anterior a esta declaração era regra, ou seja, a Educação Especial, a educação institucionalizada, após esta, passou a ser exceção. Por meio da Declaração de Salamanca foi fundamentado o direito de que alunos com deficiência ou não pudessem estudar juntos. A Educação Especial começa a dar espaço para a Educação Inclusiva.

A legislação que regulamenta oficialmente a Língua Brasileira de Sinais é datada de 24 de abril de 2002 e recebe o número 10.436:

> *"Art. 1º - É reconhecida como meio legal de comunicação e expressão a Língua Brasileira de Sinais – Libras e outros recursos de expressão a ela associados.*
>
> *Parágrafo único – Entende-se como Língua Brasileira de Sinais Libras – a forma de comunicação e expressão, em que o sistema linguístico de natureza visual-motora, como estrutura gramatical própria, constituem um sistema linguístico de transmissão de ideias e fatos, oriundos de comunidades de pessoas surdas do Brasil."*[31]

Vale prestar atenção na data desta lei. Foi a primeira vez que se reconheceu a Língua Brasileira de Sinais como segunda língua oficial do Brasil e que pode ser usada pelas pessoas Surdas.

Para que uma lei seja cumprida, é necessária a criação de um decreto que a regulamente. E foi com este propósito que foi elaborado o decreto de suma importância para que a educação dos Surdos fosse vista com a seriedade que merece. Devido à importância do documento, o apresentaremos na íntegra.

---

[30] Texto do site http://portal.mec.gov.br/seesp/arquivos/pdf/salamanca.pdf, consultado em 12 de fevereiro de 2009, às 14h32.

[31] Texto do site http://www.leidireto.com.br/lei-10436.html, consultado em 12 de fevereiro de 2009, às 14h33.

Decreto nº 5.626, de 22 de dezembro de 2005[32]

Regulamenta a Lei nº 10.436, de 24 de abril de 2002,

que dispõe sobre a Língua Brasileira de Sinais - Libras,

e o art. 18 da Lei nº 10.098, de 19 de dezembro de 2000.

O PRESIDENTE DA REPÚBLICA, no uso das atribuições que lhe confere o art. 84, inciso IV, da Constituição, e tendo em vista o disposto na Lei nº 10.436, de 24 de abril de 2002, e no art. 18 da Lei nº 10.098, de 19 de dezembro de 2000,

DECRETA:

CAPÍTULO I

DAS DISPOSIÇÕES PRELIMINARES

Art. 1º Este Decreto regulamenta a Lei nº 10.436, de 24 de abril de 2002, e o art. 18 da Lei nº 10.098, de 19 de dezembro de 2000.

Art. 2º Para os fins deste Decreto, considera-se pessoa surda aquela que, por ter perda auditiva, compreende e interage com o mundo por meio de experiências visuais, manifestando sua cultura principalmente pelo uso da Língua Brasileira de Sinais - Libras.

Parágrafo único. Considera-se deficiência auditiva a perda bilateral, parcial ou total, de quarenta e um decibéis (dB) ou mais, aferida por audiograma nas frequências de 500Hz, 1.000Hz, 2.000Hz e 3.000Hz.

CAPÍTULO II

DA INCLUSÃO DA LIBRAS COMO DISCIPLINA CURRICULAR

Art. 3º A Libras deve ser inserida como disciplina curricular obrigatória nos cursos de formação de professores para o exercício do magistério, em nível médio e superior, e nos cursos de Fonoaudiologia, de instituições de ensino, públicas e privadas, do sistema federal de ensino e dos sistemas de ensino dos Estados, do Distrito Federal e dos Municípios.

§ 1º Todos os cursos de licenciatura, nas diferentes áreas do conhecimento, o curso normal de nível médio, o curso normal superior, o curso de Pedagogia e o curso de Educação Especial são considerados cursos de formação de professores e profissionais da educação para o exercício do magistério.

§ 2º A Libras constituir-se-á em disciplina curricular optativa nos demais cursos de educação superior e na educação profissional, a partir de um ano da publicação deste Decreto.

---

[32] Texto do site http://www.planalto.gov.br/ccivil_03/_ato2004-2006/2005/decreto/D5626.htm, consultado em 12 de fevereiro de 2009, às 14h36.

CAPÍTULO III

DA FORMAÇÃO DO PROFESSOR DE LIBRAS E DO INSTRUTOR DE LIBRAS

Art. 4º A formação de docentes para o ensino de Libras nas séries finais do ensino fundamental, no ensino médio e na educação superior deve ser realizada em nível superior, em curso de graduação de licenciatura plena em Letras: Libras ou em Letras: Libras/Língua Portuguesa como segunda língua.

Parágrafo único. As pessoas surdas terão prioridade nos cursos de formação previstos no **caput**.

Art. 5º A formação de docentes para o ensino de Libras na educação infantil e nos anos iniciais do ensino fundamental deve ser realizada em curso de Pedagogia ou curso normal superior, em que Libras e Língua Portuguesa escrita tenham constituído línguas de instrução, viabilizando a formação bilíngue.

§ 1º Admite-se como formação mínima de docentes para o ensino de Libras na educação infantil e nos anos iniciais do ensino fundamental, a formação ofertada em nível médio na modalidade normal, que viabilizar a formação bilíngue, referida no **caput**.

§ 2º As pessoas surdas terão prioridade nos cursos de formação previstos no **caput**.

Art. 6º A formação de instrutor de Libras, em nível médio, deve ser realizada por meio de:

I - cursos de educação profissional;

II - cursos de formação continuada promovidos por instituições de ensino superior; e

III - cursos de formação continuada promovidos por instituições credenciadas por secretarias de educação.

§ 1º A formação do instrutor de Libras pode ser realizada também por organizações da sociedade civil representativa da comunidade surda, desde que o certificado seja convalidado por pelo menos uma das instituições referidas nos incisos II e III.

§ 2º As pessoas surdas terão prioridade nos cursos de formação previstos no **caput**.

Art. 7º Nos próximos dez anos, a partir da publicação deste Decreto, caso não haja docente com título de pós-graduação ou de graduação em Libras para o ensino dessa disciplina em cursos de educação superior, ela poderá ser ministrada por profissionais que apresentem pelo menos um dos seguintes perfis:

I - professor de Libras, usuário dessa língua com curso de pós-graduação ou com formação superior e certificado de proficiência em Libras, obtido por meio de exame promovido pelo Ministério da Educação;

II - instrutor de Libras, usuário dessa língua com formação de nível médio e com certificado obtido por meio de exame de proficiência em Libras, promovido pelo Ministério da Educação;

III - professor ouvinte bilíngue: Libras - Língua Portuguesa, com pós-graduação ou formação superior e com certificado obtido por meio de exame de proficiência em Libras, promovido pelo Ministério da Educação.

§ 1º Nos casos previstos nos incisos I e II, as pessoas surdas terão prioridade para ministrar a disciplina de Libras.

§ 2º A partir de um ano da publicação deste Decreto, os sistemas e as instituições de ensino da educação básica e as de educação superior devem incluir o professor de Libras em seu quadro do magistério.

Art. 8º O exame de proficiência em Libras, referido no art. 7º, deve avaliar a fluência no uso, o conhecimento e a competência para o ensino dessa língua.

§ 1º O exame de proficiência em Libras deve ser promovido, anualmente, pelo Ministério da Educação e instituições de educação superior por ele credenciadas para essa finalidade.

§ 2º A certificação de proficiência em Libras habilitará o instrutor ou o professor para a função docente.

§ 3º O exame de proficiência em Libras deve ser realizado por banca examinadora de amplo conhecimento em Libras, constituída por docentes surdos e linguistas de instituições de educação superior.

Art. 9º A partir da publicação deste Decreto, as instituições de ensino médio que oferecem cursos de formação para o magistério na modalidade normal e as instituições de educação superior que oferecem cursos de Fonoaudiologia ou de formação de professores devem incluir Libras como disciplina curricular, nos seguintes prazos e percentuais mínimos:

I - até três anos, em vinte por cento dos cursos da instituição;

II - até cinco anos, em sessenta por cento dos cursos da instituição;

III - até sete anos, em oitenta por cento dos cursos da instituição; e

IV - dez anos, em cem por cento dos cursos da instituição.

Parágrafo único. O processo de inclusão da Libras como disciplina curricular deve iniciar-se nos cursos de Educação Especial, Fonoaudiologia, Pedagogia e Letras, ampliando-se progressivamente para as demais licenciaturas.

Art. 10. As instituições de educação superior devem incluir a Libras como objeto de ensino, pesquisa e extensão nos cursos de formação de professores para a educação básica, nos cursos de Fonoaudiologia e nos cursos de Tradução e Interpretação de Libras - Língua Portuguesa.

Art. 11. O Ministério da Educação promoverá, a partir da publicação deste Decreto, programas específicos para a criação de cursos de graduação:

I - para formação de professores surdos e ouvintes, para a educação infantil e anos iniciais do ensino fundamental, que viabilize a educação bilíngue: Libras - Língua Portuguesa como segunda língua;

II - de licenciatura em Letras: Libras ou em Letras: Libras/Língua Portuguesa, como segunda língua para surdos;

III - de formação em Tradução e Interpretação de Libras - Língua Portuguesa.

Art. 12. As instituições de educação superior, principalmente as que ofertam cursos de Educação Especial, Pedagogia e Letras, devem viabilizar cursos de pós-graduação para a formação de professores para o ensino de Libras e sua interpretação, a partir de um ano da publicação deste Decreto.

Art. 13. O ensino da modalidade escrita da Língua Portuguesa, como segunda língua para pessoas surdas, deve ser incluído como disciplina curricular nos cursos de formação de professores para a educação infantil e para os anos iniciais do ensino fundamental, de nível médio e superior, bem como nos cursos de licenciatura em Letras com habilitação em Língua Portuguesa.

Parágrafo único. O tema sobre a modalidade escrita da língua portuguesa para surdos deve ser incluído como conteúdo nos cursos de Fonoaudiologia.

CAPÍTULO IV

DO USO E DA DIFUSÃO DA LIBRAS E DA LÍNGUA PORTUGUESA PARA O ACESSO DAS PESSOAS SURDAS À EDUCAÇÃO

Art. 14. As instituições federais de ensino devem garantir, obrigatoriamente, às pessoas surdas acesso à comunicação, à informação e à educação nos processos seletivos, nas atividades e nos conteúdos curriculares desenvolvidos em todos os níveis, etapas e modalidades de educação, desde a educação infantil até à superior.

§ 1º Para garantir o atendimento educacional especializado e o acesso previsto no **caput**, as instituições federais de ensino devem:

I - promover cursos de formação de professores para:

a) o ensino e uso da Libras;

b) a tradução e interpretação de Libras - Língua Portuguesa; e

c) o ensino da Língua Portuguesa, como segunda língua para pessoas surdas;

II - ofertar, obrigatoriamente, desde a educação infantil, o ensino da Libras e também da Língua Portuguesa, como segunda língua para alunos surdos;

III - prover as escolas com:

a) professor de Libras ou instrutor de Libras;

b) tradutor e intérprete de Libras - Língua Portuguesa;

c) professor para o ensino de Língua Portuguesa como segunda língua para pessoas surdas; e

d) professor regente de classe com conhecimento acerca da singularidade linguística manifestada pelos alunos surdos;

IV - garantir o atendimento às necessidades educacionais especiais de alunos surdos, desde a educação infantil, nas salas de aula e, também, em salas de recursos, em turno contrário ao da escolarização;

V - apoiar, na comunidade escolar, o uso e a difusão de Libras entre professores, alunos, funcionários, direção da escola e familiares, inclusive por meio da oferta de cursos;

VI - adotar mecanismos de avaliação coerentes com aprendizado de segunda língua, na correção das provas escritas, valorizando o aspecto semântico e reconhecendo a singularidade linguística manifestada no aspecto formal da Língua Portuguesa;

VII - desenvolver e adotar mecanismos alternativos para a avaliação de conhecimentos expressos em Libras, desde que devidamente registrados em vídeo ou em outros meios eletrônicos e tecnológicos;

VIII - disponibilizar equipamentos, acesso às novas tecnologias de informação e comunicação, bem como recursos didáticos para apoiar a educação de alunos surdos ou com deficiência auditiva.

§ 2º O professor da educação básica, bilíngue, aprovado em exame de proficiência em tradução e interpretação de Libras - Língua Portuguesa, pode exercer a função de tradutor e intérprete de Libras - Língua Portuguesa, cuja função é distinta da função de professor docente.

§ 3º As instituições privadas e as públicas dos sistemas de ensino federal, estadual, municipal e do Distrito Federal buscarão implementar as medidas referidas neste artigo como meio de assegurar atendimento educacional especializado aos alunos surdos ou com deficiência auditiva.

Art. 15. Para complementar o currículo da base nacional comum, o ensino de Libras e o ensino da modalidade escrita da Língua Portuguesa, como segunda língua para alunos surdos, devem ser ministrados em uma perspectiva dialógica, funcional e instrumental, como:

I - atividades ou complementação curricular específica na educação infantil e anos iniciais do ensino fundamental; e

II - áreas de conhecimento, como disciplinas curriculares, nos anos finais do ensino fundamental, no ensino médio e na educação superior.

Art. 16. A modalidade oral da Língua Portuguesa, na educação básica, deve ser ofertada aos alunos surdos ou com deficiência auditiva, preferencialmente em turno distinto ao da escolarização, por meio de ações integradas entre as áreas da saúde e da educação, resguardado o direito de opção da família ou do próprio aluno por essa modalidade.

Parágrafo único. A definição de espaço para o desenvolvimento da modalidade oral da Língua Portuguesa e a definição dos profissionais de Fonoaudiologia para atuação com alunos da educação básica são de competência dos órgãos que possuam estas atribuições nas unidades federadas.

CAPÍTULO V

DA FORMAÇÃO DO TRADUTOR E INTÉRPRETE DE LIBRAS - LÍNGUA PORTUGUESA

Art. 17. A formação do tradutor e intérprete de Libras - Língua Portuguesa deve efetivar-se por meio de curso superior de Tradução e Interpretação, com habilitação em Libras - Língua Portuguesa.

Art. 18. Nos próximos dez anos, a partir da publicação deste Decreto, a formação de tradutor e intérprete de Libras - Língua Portuguesa, em nível médio, deve ser realizada por meio de:

I - cursos de educação profissional;

II - cursos de extensão universitária; e

III - cursos de formação continuada promovidos por instituições de ensino superior e instituições credenciadas por secretarias de educação.

Parágrafo único. A formação de tradutor e intérprete de Libras pode ser realizada por organizações da sociedade civil representativas da comunidade surda, desde que o certificado seja convalidado por uma das instituições referidas no inciso III.

Art. 19. Nos próximos dez anos, a partir da publicação deste Decreto, caso não haja pessoas com a titulação exigida para o exercício da tradução e interpretação de Libras - Língua Portuguesa, as instituições federais de ensino devem incluir, em seus quadros, profissionais com o seguinte perfil:

I - profissional ouvinte, de nível superior, com competência e fluência em Libras para realizar a interpretação das duas línguas, de maneira simultânea e consecutiva, e com aprovação em exame de proficiência, promovido pelo Ministério da Educação, para atuação em instituições de ensino médio e de educação superior;

II - profissional ouvinte, de nível médio, com competência e fluência em Libras para realizar a interpretação das duas línguas, de maneira simultânea e consecutiva, e com aprovação em exame de proficiência, promovido pelo Ministério da Educação, para atuação no ensino fundamental;

III - profissional surdo, com competência para realizar a interpretação de línguas de sinais de outros países para a Libras, para atuação em cursos e eventos.

Parágrafo único. As instituições privadas e as públicas dos sistemas de ensino federal, estadual, municipal e do Distrito Federal buscarão implementar as medidas referidas neste artigo como meio de assegurar aos alunos surdos ou com deficiência auditiva o acesso à comunicação, à informação e à educação.

Art. 20. Nos próximos dez anos, a partir da publicação deste Decreto, o Ministério da Educação ou instituições de ensino superior por ele credenciadas para essa finalidade promoverão, anualmente, exame nacional de proficiência em tradução e interpretação de Libras - Língua Portuguesa.

Parágrafo único. O exame de proficiência em tradução e interpretação de Libras - Língua Portuguesa deve ser realizado por banca examinadora de amplo conhecimento dessa função, constituída por docentes surdos, linguistas e tradutores e intérpretes de Libras de instituições de educação superior.

Art. 21. A partir de um ano da publicação deste Decreto, as instituições federais de ensino da educação básica e da educação superior devem incluir, em seus quadros, em todos os níveis, etapas e modalidades, o tradutor e intérprete de Libras - Língua Portuguesa, para viabilizar o acesso à comunicação, à informação e à educação de alunos surdos.

§ 1º O profissional a que se refere o **caput** atuará:

I - nos processos seletivos para cursos na instituição de ensino;

II - nas salas de aula para viabilizar o acesso dos alunos aos conhecimentos e conteúdos curriculares, em todas as atividades didático-pedagógicas; e

III - no apoio à acessibilidade aos serviços e às atividades-fim da instituição de ensino.

§ 2º As instituições privadas e as públicas dos sistemas de ensino federal, estadual, municipal e do Distrito Federal buscarão implementar as medidas referidas neste artigo como meio de assegurar aos alunos surdos ou com deficiência auditiva o acesso à comunicação, à informação e à educação.

CAPÍTULO VI
DA GARANTIA DO DIREITO À EDUCAÇÃO DAS PESSOAS SURDAS OU COM DEFICIÊNCIA AUDITIVA

Art. 22. As instituições federais de ensino responsáveis pela educação básica devem garantir a inclusão de alunos surdos ou com deficiência auditiva, por meio da organização de:

I - escolas e classes de educação bilíngue, abertas a alunos surdos e ouvintes, com professores bilíngues, na educação infantil e nos anos iniciais do ensino fundamental;

II - escolas bilíngues ou escolas comuns da rede regular de ensino, abertas a alunos surdos e ouvintes, para os anos finais do ensino fundamental, ensino médio ou educação profissional, com docentes das diferentes áreas do conhecimento, cientes da singularidade linguística dos alunos surdos, bem como com a presença de tradutores e intérpretes de Libras - Língua Portuguesa.

§ 1º São denominadas escolas ou classes de educação bilíngue aquelas em que a Libras e a modalidade escrita da Língua Portuguesa sejam línguas de instrução utilizadas no desenvolvimento de todo o processo educativo.

§ 2º Os alunos têm o direito à escolarização em um turno diferenciado ao do atendimento educacional especializado para o desenvolvimento de complementação curricular, com utilização de equipamentos e tecnologias de informação.

§ 3º As mudanças decorrentes da implementação dos incisos I e II implicam a formalização, pelos pais e pelos próprios alunos, de sua opção ou preferência pela educação sem o uso de Libras.

§ 4º O disposto no § 2º deste artigo deve ser garantido também para os alunos não usuários da Libras.

Art. 23. As instituições federais de ensino, de educação básica e superior, devem proporcionar aos alunos surdos os serviços de tradutor e intérprete de Libras - Língua Portuguesa em sala de aula e em outros espaços educacionais, bem como equipamentos e tecnologias que viabilizem o acesso à comunicação, à informação e à educação.

§ 1º Deve ser proporcionado aos professores acesso à literatura e informações sobre a especificidade linguística do aluno surdo.

§ 2º As instituições privadas e as públicas dos sistemas de ensino federal, estadual, municipal e do Distrito Federal buscarão implementar as medidas referidas neste artigo como meio de assegurar aos alunos surdos ou com deficiência auditiva o acesso à comunicação, à informação e à educação.

Art. 24. A programação visual dos cursos de nível médio e superior, preferencialmente os de formação de professores, na modalidade de educação a distância, deve dispor de sistemas de acesso à informação como janela com tradutor e intérprete de Libras - Língua Portuguesa e subtitulação por meio do sistema de legenda oculta, de modo a reproduzir as mensagens veiculadas às pessoas surdas, conforme prevê o Decreto nº 5.296, de 2 de dezembro de 2004.

CAPÍTULO VII
DA GARANTIA DO DIREITO À SAÚDE DAS PESSOAS SURDAS OU COM DEFICIÊNCIA AUDITIVA

Art. 25. A partir de um ano da publicação deste Decreto, o Sistema Único de Saúde - SUS e as empresas que detêm concessão ou permissão de serviços públicos de assistência à saúde, na perspectiva da inclusão plena das pessoas surdas ou com deficiência auditiva em todas as esferas da vida social, devem garantir, prioritariamente aos alunos matriculados nas redes de ensino da educação básica, a atenção integral à sua saúde, nos diversos níveis de complexidade e especialidades médicas, efetivando:

I - ações de prevenção e desenvolvimento de programas de saúde auditiva;

II - tratamento clínico e atendimento especializado, respeitando as especificidades de cada caso;

III - realização de diagnóstico, atendimento precoce e do encaminhamento para a área de educação;

IV - seleção, adaptação e fornecimento de prótese auditiva ou aparelho de amplificação sonora, quando indicado;

V - acompanhamento médico e fonoaudiológico e terapia fonoaudiológica;

VI - atendimento em reabilitação por equipe multiprofissional;

VII - atendimento fonoaudiológico às crianças, adolescentes e jovens matriculados na educação básica, por meio de ações integradas com a área da educação, de acordo com as necessidades terapêuticas do aluno;

VIII - orientações à família sobre as implicações da surdez e sobre a importância para a criança com perda auditiva ter, desde seu nascimento, acesso à Libras e à Língua Portuguesa;

IX - atendimento às pessoas surdas ou com deficiência auditiva na rede de serviços do SUS e das empresas que detêm concessão ou permissão de serviços públicos de assistência à saúde, por profissionais capacitados para o uso de Libras ou para sua tradução e interpretação; e

X - apoio à capacitação e formação de profissionais da rede de serviços do SUS para o uso de Libras e sua tradução e interpretação.

§ 1º O disposto neste artigo deve ser garantido também para os alunos surdos ou com deficiência auditiva não usuários da Libras.

§ 2º O Poder Público, os órgãos da administração pública estadual, municipal, do Distrito Federal e as empresas privadas que detêm autorização, concessão ou permissão de serviços públicos de assistência à saúde buscarão implementar as medidas referidas no art. 3º da Lei nº 10.436, de 2002, como meio de assegurar, prioritariamente, aos alunos surdos ou com deficiência auditiva matriculados nas redes de ensino da educação básica, a atenção integral à sua saúde, nos diversos níveis de complexidade e especialidades médicas.

CAPÍTULO VIII
DO PAPEL DO PODER PÚBLICO E DAS EMPRESAS QUE DETÊM CONCESSÃO OU PERMISSÃO DE SERVIÇOS PÚBLICOS, NO APOIO AO USO E DIFUSÃO DA LIBRAS

Art. 26. A partir de um ano da publicação deste Decreto, o Poder Público, as empresas concessionárias de serviços públicos e os órgãos da administração pública federal, direta e indireta devem garantir às pessoas surdas o tratamento diferenciado, por meio do uso e difusão de Libras e da tradução e interpretação de Libras - Língua Portuguesa, realizados por servidores e empregados capacitados para essa função, bem como o acesso às tecnologias de informação, conforme prevê o **Decreto nº 5.296, de 2004**.

§ 1º As instituições de que trata o **caput** devem dispor de, pelo menos, cinco por cento de servidores, funcionários e empregados capacitados para o uso e interpretação da Libras.

§ 2º O Poder Público, os órgãos da administração pública estadual, municipal e do Distrito Federal, e as empresas privadas que detêm concessão ou permissão de serviços públicos buscarão implementar as medidas referidas neste artigo como meio de assegurar às pessoas surdas ou com deficiência auditiva o tratamento diferenciado, previsto no **caput**.

Art. 27. No âmbito da administração pública federal, direta e indireta, bem como das empresas que detêm concessão e permissão de serviços públicos federais, os serviços prestados por servidores e empregados capacitados para utilizar a Libras e realizar a tradução e interpretação de Libras - Língua Portuguesa estão sujeitos a padrões de controle de atendimento e a avaliação da satisfação do usuário dos serviços públicos, sob a coordenação da Secretaria de Gestão do Ministério do Planejamento, Orçamento e Gestão, em conformidade com o **Decreto nº 3.507, de 13 de junho de 2000**.

Parágrafo único. Caberá à administração pública no âmbito estadual, municipal e do Distrito Federal disciplinar, em regulamento próprio, os padrões de controle do atendimento e avaliação da satisfação do usuário dos serviços públicos, referido no **caput**.

CAPÍTULO IX
DAS DISPOSIÇÕES FINAIS

Art. 28. Os órgãos da administração pública federal, direta e indireta, devem incluir em seus orçamentos anuais e plurianuais dotações destinadas a viabilizar ações previstas neste Decreto, prioritariamente as relativas à formação, capacitação e qualificação de professores, servidores e empregados para o uso e difusão da Libras e à realização da tradução e interpretação de Libras - Língua Portuguesa, a partir de um ano da publicação deste Decreto.

Art. 29. O Distrito Federal, os Estados e os Municípios, no âmbito de suas competências, definirão os instrumentos para a efetiva implantação e o controle do uso e difusão de Libras e de sua tradução e interpretação, referidos nos dispositivos deste Decreto.

Art. 30. Os órgãos da administração pública estadual, municipal e do Distrito Federal, direta e indireta, viabilizarão as ações previstas neste Decreto com dotações específicas em seus orçamentos anuais e plurianuais, prioritariamente as relativas à formação, capacitação e qualificação de professores, servidores e empregados para o uso e difusão da Libras e à realização da tradução e interpretação de Libras - Língua Portuguesa, a partir de um ano da publicação deste Decreto.

Art. 31. Este Decreto entra em vigor na data de sua publicação.

Brasília, 22 de dezembro de 2005; 184º da Independência e 117º da República.

LUIZ INÁCIO LULA DA SILVA

Fernando Haddad

Por meio desse decreto podemos visualizar que tipo de sociedade teremos daqui um certo tempo, contanto que esta determinação seja cumprida. Tanto no convívio social, quanto na educação ou no ambiente de trabalho, a inclusão das pessoas com deficiência auditiva acontecerá de forma mais efetiva e com qualidade.

Para termos uma ideia, o Censo de 2000 indica que no Brasil temos cerca de 5,7 milhões de Surdos, sendo que cerca de 70% da deficiência auditiva é causada por rubéola contraída pela mãe no primeiro trimestre de gravidez, o que poderia ser evitado com uma campanha de vacinação para mulheres em idade fértil.

A língua de sinais

As línguas de sinais são naturais, pois surgiram do convívio entre as pessoas. Elas podem ser comparadas à complexidade e à expressividade das línguas orais, pois pode ser passado qualquer conceito, concreto ou abstrato, emocional ou racional, complexo ou simples por meio delas. Trata-se de línguas organizadas e não de simples junção de gestos. Por este motivo, por terem regras e serem totalmente estruturadas, são chamadas de LÍNGUAS.

As línguas de sinais distinguem-se das línguas orais porque se utilizam de um meio visual-espacial e oral-auditivo, ou seja, na elaboração das línguas de sinais precisamos olhar os movimentos que o emissor[33] realiza para entender sua mensagem. Já na língua oral precisamos apenas ouvi-lo, sem necessariamente estar olhando para ele. Um exemplo é um casal de ouvintes que conversa mesmo quando um deles está na cozinha e o outro na sala. Já nas línguas de sinais esta situação é impossível, pois precisamos estar ao alcance da visão para que o sinal seja notado e percebido pelo receptor.[34]

As línguas de sinais possuem mecanismos morfológicos, sintáticos e semânticos. O canal usado nas línguas de sinais (o espaço) pode contribuir muito para a produção de sinais que estejam mais em contato com a realidade do que puramente as palavras. O sinal de árvore na Língua Brasileira de Sinais é representado por uma das mãos sendo o tronco e a outra as folhas, o que é muito mais significativo do que a palavra ÁRVORE.

Como todas as outras, as línguas de sinais são vivas, pois estão em constante transformação com novos sinais, sendo introduzidos pela comunidade Surda de acordo com a sua necessidade.

As línguas de sinais não são universais. Cada uma tem a sua própria estrutura gramatical e assim, como não temos uma língua oral única, também não temos apenas uma língua de sinais. A língua de sinais, assim como a língua oral, é a representação da cultura de um povo. Mesmo países com a mesma língua oral possuem línguas de sinais diferentes. Um exemplo é o caso de Brasil e Portugal. Por mais que estes países possuam a mesma língua oral, possuem línguas de sinais diferentes, com características próprias. O contrário acontece com os Estados Unidos e o Canadá, que possuem a mesma língua oral e a mesma língua de sinais.

A Língua Brasileira de Sinais

A Língua Brasileira de Sinais é a língua de sinais utilizada pelas pessoas Surdas que vivem no Brasil e tem como sigla a inicial das palavras, sendo também chamada de Libras.

A Língua Brasileira de Sinais, como descrito anteriormente, também é uma língua de modalidade gestual-visual.

O que chamamos de palavra na língua oral chamamos de sinal nas línguas de sinais, não podendo ser chamado de gesto ou mímica, pois não possui estas características.

Da mesma forma que temos nas línguas orais pontos de articulações dos fonemas, temos na língua de sinais pontos de articulações que são expressados por toques no corpo do usuário da língua ou no espaço neutro.

Para a confecção de um sinal na Língua Brasileira de Sinais, precisaremos usar os cinco parâmetros desta língua, que são:

---

[33]Quem passa a mensagem.

[34]Quem recebe a mensagem.

• Configuração das Mãos (CM): são as formas que colocamos as mãos para a execução do sinal. Pode ser representado por uma letra do alfabeto, dos números ou outras formas de colocar a mão no momento inicial do sinal. A Configuração das Mãos é a representação de como estará a mão de dominância (direita para os destros e esquerda para os canhotos) no momento inicial do sinal. Alguns sinais também podem ser representados pelas duas mãos.

• Ponto de Articulação (PA): é o lugar onde incide a mão configurada para a execução do sinal. O ponto de articulação pode ser alguma parte do corpo ou o sinal poderá ser realizado num espaço neutro vertical (ao lado do corpo) ou espaço neutro horizontal (na frente do corpo).

• Movimento (M): alguns sinais têm movimento, outros não, são sinais estáticos. Movimento é a deslocação da mão no espaço na execução do sinal.

• Orientação ou Direcionalidade (O/D): é a direção que o sinal terá para ser executado.

• Expressão facial e/ou corporal (EF/C): muitos sinais necessitam de um complemento facial e até corporal para fazer com que sejam compreendidos. A expressão facial são as feições feitas pelo rosto para dar vida e entendimento ao sinal executado.

Para a realização de um sinal precisaremos atentar para cada um destes parâmetros, visto que uma pequena mudança já poderá significar outro sinal.

Para utilizar a apostila de Língua Brasileira de Sinais você terá três informações para cada um dos sinais apresentados:

1) o sinal ilustrado;

2) o desenho e a palavra correspondente ao sinal; e

3) a descrição dos cinco parâmetros para a execução do sinal.

Agora você já está preparado para mergulhar neste novo mundo e se maravilhar com tanta criatividade e beleza. Bons estudos e faça bom uso deste conhecimento.

Bibliografia[35]

MAZZOTA, M. J. S. *Educação Especial no Brasil: História e Políticas públicas*. São Paulo: Cortez, 1996.

MOURA, M. C. *O Surdo – Caminhos para uma Nova Identidade*. Rio de Janeiro: Editora Revinter, 2000.

SACKS, O. W. *Vendo Vozes: Uma Jornada pelo Mundo dos Surdos*. Rio de Janeiro: Imago Editora, 1990.

SASSAKI, R. K. *Inclusão: Construindo uma Sociedade para Todos*. Rio de Janeiro: WVA, 1997.

SOARES, M. A. L. *A Educação do Surdo no Brasil*. Bragança Paulista: Editora Autores Associados, 1999.

STRNADOVÁ, V. *Como É Ser Surdo*. Rio de Janeiro: Babel Editora, 2000.

---

[35] Todos os textos da bibliografia usados neste trabalho tiveram a ortografia atualizada.

ALFABETO

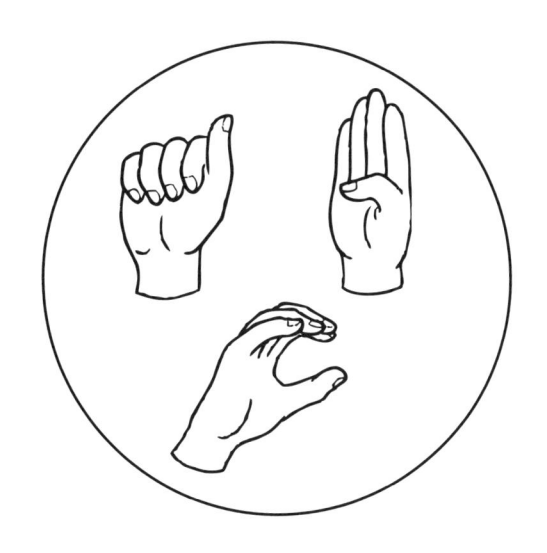

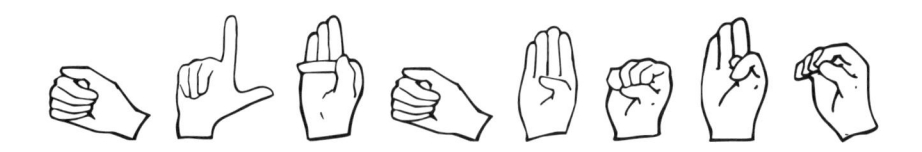

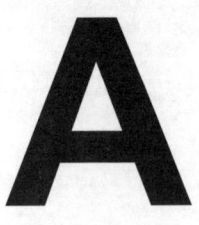

	LETRA **A**	Mão fechada com palma para a frente, polegar encostado ao lado do indicador.
	LETRA **B**	Mão aberta com dedos apontados para cima e unidos com palma para a frente, polegar dobrado tocando a palma da mão.
	LETRA **C**	Mão com dedos curvados e unidos.
	LETRA **D**	Mão com indicador apontado para cima enquanto os demais dedos formam um círculo.
	LETRA **E**	Mão com dedos curvados, palma para a frente.

	LETRA	
	F	Mão com dedo mínimo, anular e médio apontados para cima e dedo indicador flexionado apontado para a frente e dedo polegar encostado ao lado do dedo indicador.
	LETRA **G**	Mão com dedo mínimo, anular e médio dobrados e encostados na palma. Dedo indicador apontado para cima com palma para a frente e dedo polegar encostado na lateral do dedo indicador.
	LETRA **H**	Mão com dedo mínimo e anular dobrados e encostados na palma. Dedos médio e indicador apontados para cima. Dedo polegar colocado entre o dedo indicador e o dedo médio. Girar a mão pelo pulso, ficando a palma para dentro.
	LETRA **I**	Mão fechada com palma para a frente com dedo mínimo apontado para cima.
	LETRA **J**	Mão fechada com palma para a frente com dedo mínimo apontado para cima. Girar a mão pelo pulso, ficando a palma para dentro.

	LETRA **K**	Mão com dedo mínimo e anular dobrados e encostados na palma. Dedo médio e indicador apontados para cima. Dedo polegar colocado entre o dedo indicador e o dedo médio. Mover a mão para cima.
	LETRA **L**	Mão com dedo mínimo, anular e médio dobrados e encostados na palma. Dedo indicador apontado para cima com palma para a frente e dedo polegar apontando para a esquerda, distante da lateral do dedo indicador.
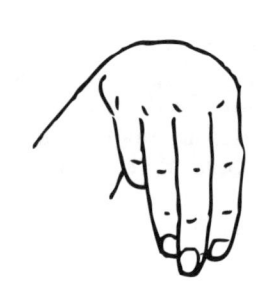	LETRA **M**	Mão com dedo indicador, médio e anular apontados para baixo e distendidos, demais dedos dobrados e unidos, escondidos.
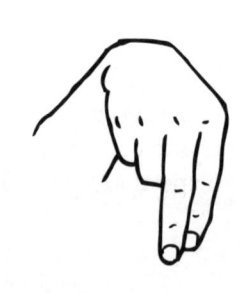	LETRA **N**	Mão com dedo indicador e médio apontados para baixo, distendidos e unidos, demais dedos dobrados e unidos, escondidos.
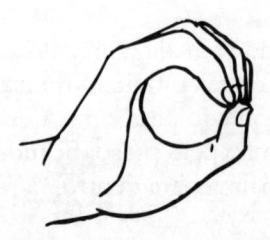	LETRA **O**	Mão com dedos unidos fazendo o formato de um círculo, palma para a esquerda.

LETRA P

Mão com dedo mínimo e anular dobrados e encostados na palma. Dedos médio e indicador apontados para a frente. Dedo polegar colocado entre o dedo indicador e o dedo médio.

LETRA Q

Mão com dedo mínimo, anular e médio dobrados e encostados na palma. Dedo indicador apontado para baixo com palma para dentro e dedo polegar encostado na lateral do dedo indicador.

LETRA R

Mão com palma para a frente com dedos mínimo, anular e polegar dobrados e unidos na frente da palma. Dedo médio e indicador cruzados com dedo indicador à frente.

LETRA S

Mão fechada com palma para a frente com polegar à frente dos demais dedos.

LETRA T

Mão com dedo mínimo, anular e médio apontados para cima, dedo indicador flexionado apontado para a frente e dedo polegar encostado do lado de dentro do dedo indicador.

	LETRA U	Mão com palma para a frente, com dedo indicador e médio apontados para cima, distendidos e unidos, demais dedos dobrados e unidos à frente da palma.
	LETRA V	Mão com palma para a frente, com dedo indicador e médio apontados para cima, distendidos e separados, demais dedos dobrados e unidos à frente da palma.
	LETRA W	Mão com dedo indicador, médio e anular apontados para cima, distendidos e separados, demais dedos dobrados e unidos à frente da palma.
	LETRA X	Mão com dedo indicador esticado e demais dedos fechados, mover a mão para trás e ao mesmo tempo flexionar o dedo indicador.
	LETRA Y	Mão com palma para a frente, dedos polegar e mínimo distendidos, demais dedos fechados.

	LETRA	
	Z	Mão com indicador apontado para cima, enquanto os demais dedos formam um círculo. Desenhar no ar a letra Z.
	LETRA	
	Ç	Mão com dedos curvados e unidos. Balançar a mão para a frente e para trás.
	ACENTO AGUDO ´	Mão com indicador apontado para cima, enquanto os demais dedos ficam fechados, palma para a frente. Mover a mão em diagonal para baixo, dobrando o pulso.
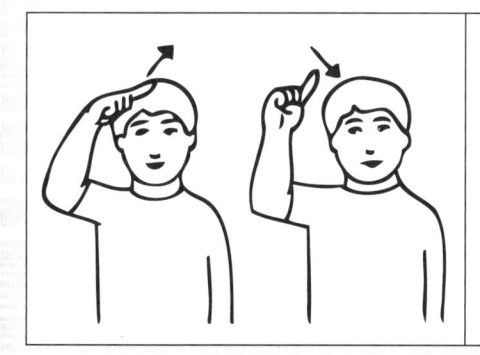	ACENTO CIRCUNFLEXO ^	Mão com indicador apontado para a frente, enquanto os demais dedos ficam fechados, com a palma para baixo. Desenhar no ar o acento circunflexo.
	ACENTO TIL ~	Mão com indicador apontado para a frente, enquanto os demais dedos ficam fechados, com a palma para baixo. Mover a mão lentamente para cima, para baixo, diagonalmente para a direita e para cima.

NÚMEROS

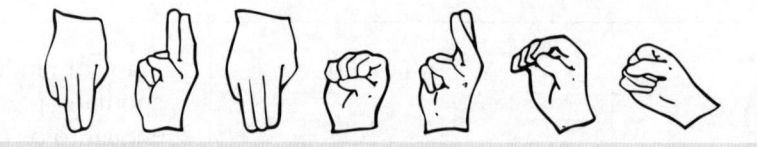

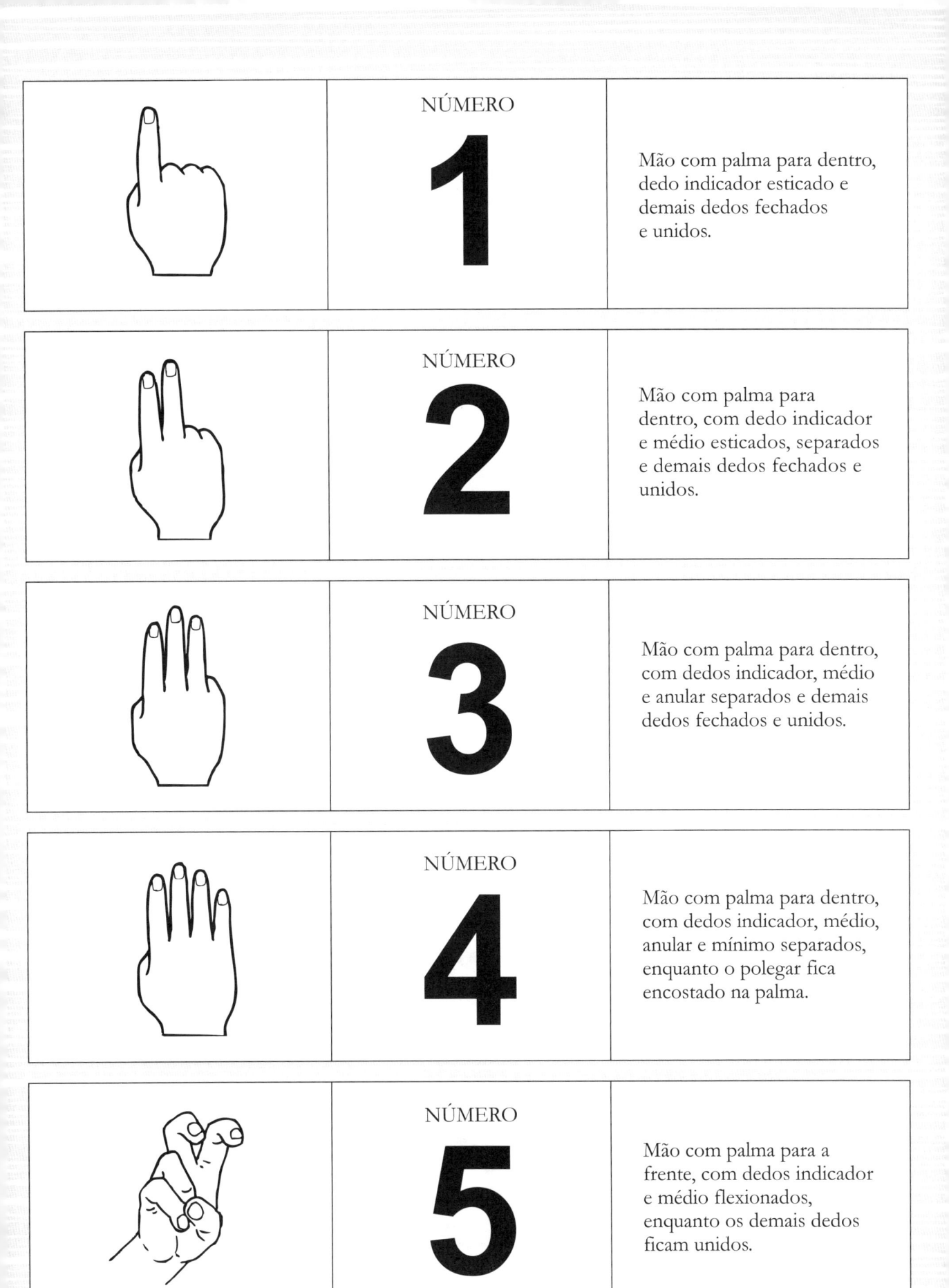

	NÚMERO 1	Mão com palma para dentro, dedo indicador esticado e demais dedos fechados e unidos.
	NÚMERO 2	Mão com palma para dentro, com dedo indicador e médio esticados, separados e demais dedos fechados e unidos.
	NÚMERO 3	Mão com palma para dentro, com dedos indicador, médio e anular separados e demais dedos fechados e unidos.
	NÚMERO 4	Mão com palma para dentro, com dedos indicador, médio, anular e mínimo separados, enquanto o polegar fica encostado na palma.
	NÚMERO 5	Mão com palma para a frente, com dedos indicador e médio flexionados, enquanto os demais dedos ficam unidos.

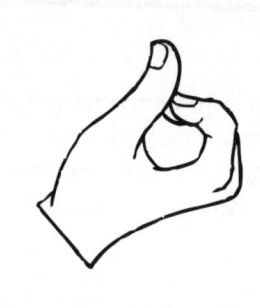	**NÚMERO** **6**	Mão direita com palma para cima, dedo polegar apontando para cima, demais dedos curvados e fechados, tocando a parte interna do polegar.
	**NÚMERO** **7**	Mão direita com palma para dentro, dedo indicador apontado para baixo, polegar encostado ao lado do indicador. Demais dedos fechados e encostados na palma.
	**NÚMERO** **8**	Mão fechada com palma para fora.
	**NÚMERO** **9**	Mão com palma para baixo, dedo polegar apontando para baixo, demais dedos curvados e fechados, tocando a parte interna do polegar.
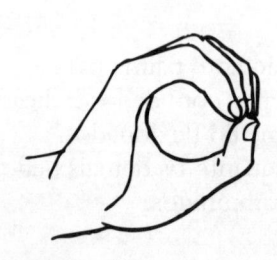	**NÚMERO** **0**	Mão com dedos unidos, fazendo o formato de um círculo.

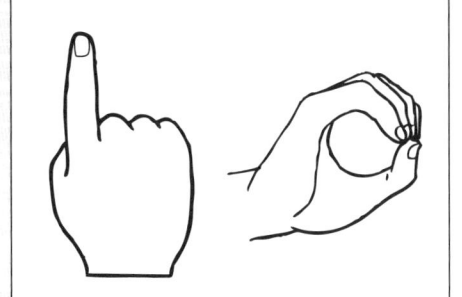	NÚMERO **10**	Fazer o sinal de 1 e, em seguida, fazer o sinal de 0.
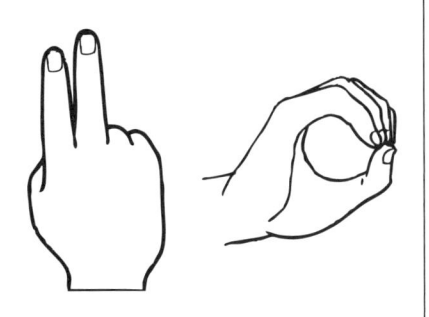	NÚMERO **20**	Fazer o sinal de 2 e, em seguida, fazer o sinal de 0.
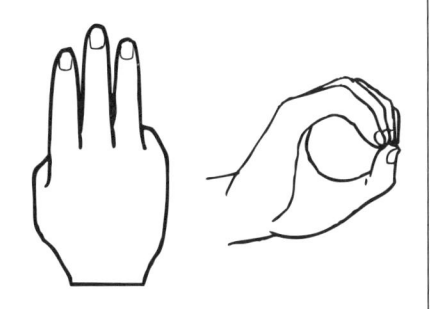	NÚMERO **30**	Fazer o sinal de 3 e, em seguida, fazer o sinal de 0.
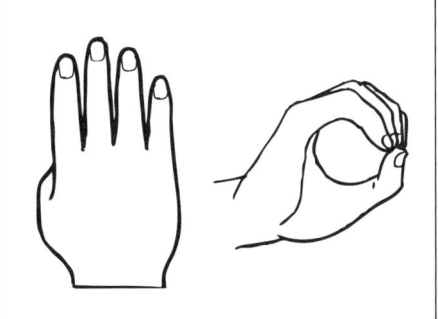	NÚMERO **40**	Fazer o sinal de 4 e, em seguida, fazer o sinal de 0.
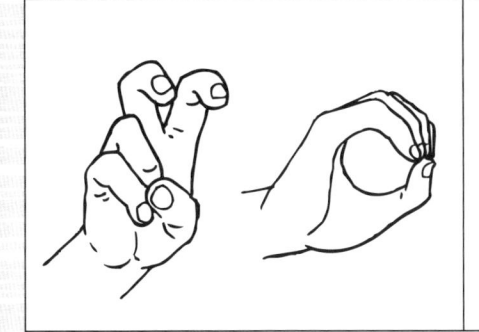	NÚMERO **50**	Fazer o sinal de 5 e, em seguida, fazer o sinal de 0.

| | NÚMERO
60 | Fazer o sinal de 6 e, em seguida, o sinal de 0. |

| | NÚMERO
70 | Fazer o sinal de 7 e, em seguida, o sinal de 0. |

| | NÚMERO
80 | Fazer o sinal de 8 e, em seguida, o sinal de 0. |

| | NÚMERO
90 | Fazer o sinal de 9 e, em seguida, o sinal de 0. |

| | NÚMERO
100 | Fazer o sinal de 1, o sinal de 0 e, em seguida, mais um sinal de 0 afastado do ponto inicial. |

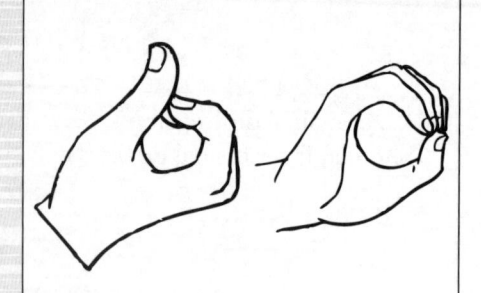

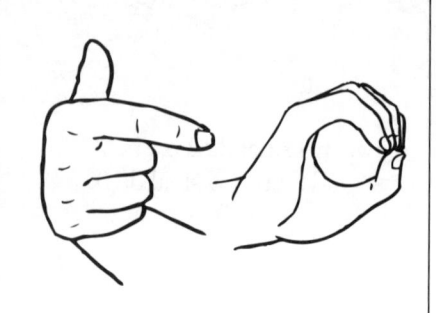

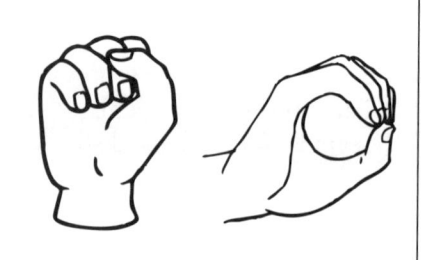

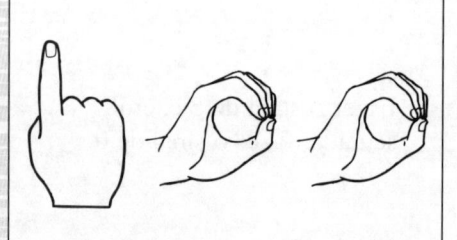

CALENDÁRIO

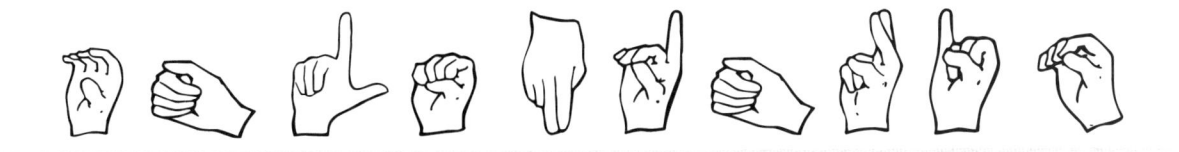

AMANHÃ

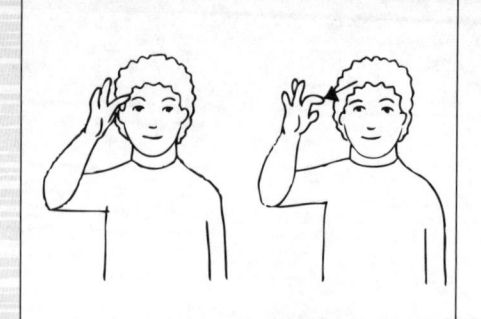

CM: mão direita aberta com palma para a esquerda
PA: tocando a têmpora
M: raspar o dedo médio
O: para baixo

ANO

CM: mãos em "S" sobrepostas com palmas para dentro
PA: à frente
M: círculo vertical para a frente
O: para a frente e para baixo e depois para dentro e para cima

ANO QUE VEM

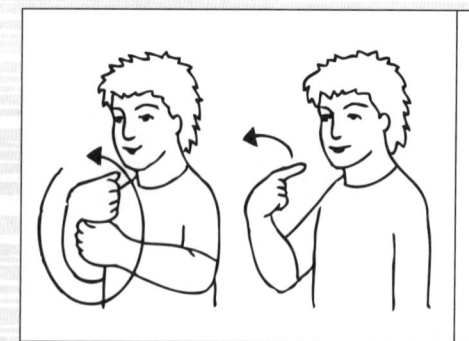

Fazer o sinal de ano e em seguida:
CM: mão direita em "D" com palma para dentro
PA: à frente
M: arco
O: para a frente

ANTES

CM: mão direita em "L", palma para baixo, com indicador apontando para a frente
PA: polegar tocando a palma da mão esquerda
M: girar pelos pulsos
O: para cima, com indicador apontando para cima

DEPOIS

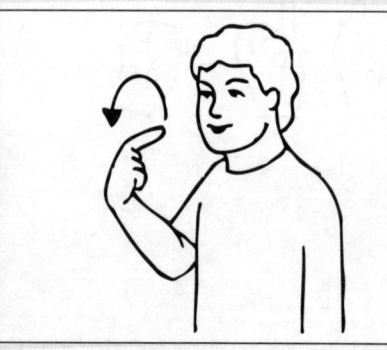

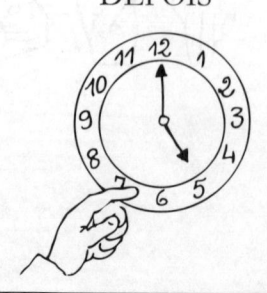

CM: mão direita em "D" com palma para dentro
PA: à frente
M: arco
O: para a frente

DIA

CM: mão em "D" com palma para fora
PA: tocando a lateral da cabeça
M: afastar
O: para fora

FERIADO

CM: mão direita aberta com palma para dentro
PA: tocando as axilas
M: oscilar os dedos
O: sem orientação
Em seguida, fazer o sinal de vermelho (p. 109).

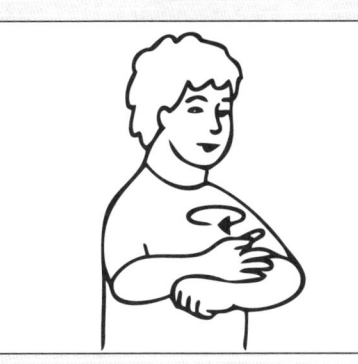

FÉRIAS

CM: mão direita em "F" com palma para dentro
PA: sob o dorso da mão esquerda
M: oscilar os dedos
O: circular

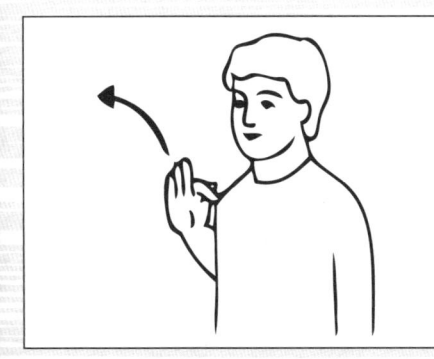

FUTURO

CM: mão direita em "F" com palma para a esquerda
PA: à frente
M: arco
O: para a frente

HOJE

CM: mãos abertas, com palmas para cima
PA: à frente
M: girar pelos pulsos
O: para baixo e para dentro

	HORA 	CM: mão direita em "D" com palma para baixo PA: acima do dorso da mão esquerda M: aproximar O: para baixo
	MANHÃ 	CM: mão direita em "5" com palma para a esquerda PA: à frente M: aproximar da palma da mão esquerda O: para baixo e para a esquerda
	MÊS 	CM: mão direita em "A" com palma para fora PA: ao lado do dedo indicador com palma para fora M: raspar O: para baixo
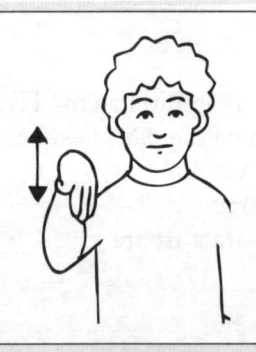	MINUTO 	CM: mão direita em "M" com palma para dentro PA: à frente M: duas vezes O: para baixo e para cima
	NOITE 	CM: mão aberta com palma para baixo PA: no dorso da mão esquerda fechada M: raspar O: para a frente

	ONTEM	CM: mão direita em "L" com palma para baixo PA: tocando a bochecha M: girar pelo pulso O: para cima
	PASSADO	CM: mão direita aberta com palma para dentro PA: ao lado da cabeça M: repetitivo O: para dentro e para fora
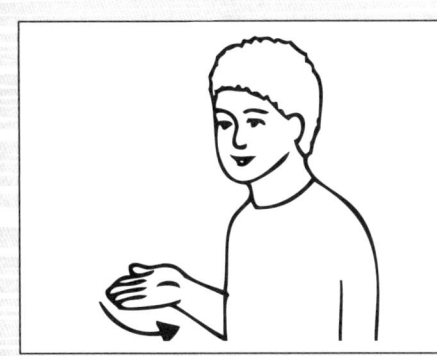	PRESENTE	CM: mão direita aberta com palma para a esquerda PA: à frente M: girar pelos pulsos O: para baixo e para a esquerda
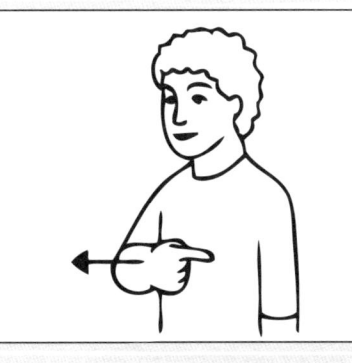	SEMANA	CM: mão direita em "D" com palma para dentro PA: à frente M: afastar O: para a frente
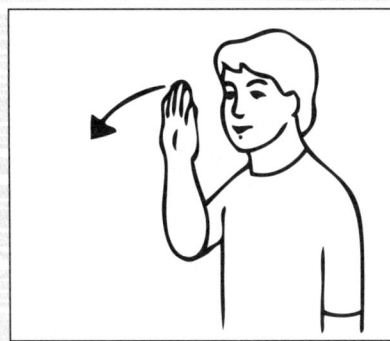	TARDE	CM: mão direita com palma para a frente PA: lateral da cabeça M: arco O: para baixo

	 **DOMINGO** 3	CM: mão direita em "D" com palma para a esquerda PA: ao lado do rosto M: circular O: para a direita e para baixo e para a esquerda e para cima
	 **SEGUNDA-FEIRA** 4	CM: mão direita em "2" com palma para a frente PA: ao lado da têmpora M: várias vezes, aproximar e afastar O: para dentro e para fora
	 **TERÇA-FEIRA** 5	CM: mão direita em "3" com palma para a frente PA: ao lado da têmpora M: várias vezes, aproximar e afastar O: para dentro e para fora
	 **QUARTA-FEIRA** 6	CM: mão direita em "4" com palma para a frente PA: ao lado da têmpora M: várias vezes, aproximar e afastar O: para dentro e para fora
	 **QUINTA-FEIRA** 7	CM: mão direita em "5" com palma para a frente PA: ao lado da têmpora M: várias vezes, aproximar e afastar O: para dentro e para fora

	SEXTA-FEIRA 8	CM: mão direita em "X" com palma para trás PA: tocando a bochecha M: raspar O: para trás e para a frente
	 SÁBADO 9	CM: mão direita em "S" com palma para a esquerda PA: à frente da boca M: abrir e fechar várias vezes O: sem orientação
	 JANEIRO	Fazer o sinal de mês (p. 58) e, em seguida: CM: mão direita em "I" com palma para baixo, dedo mínimo apontando para a frente PA: à frente M: girar pelo pulso O: para dentro
	 FEVEREIRO	Fazer o sinal de mês (p. 58) e, em seguida: CM: mão esquerda aberta com palma para dentro, mão direita em "D" com palma para a esquerda, lado a lado PA: à frente do rosto M: balançar O: para a direita e para a esquerda
	 MARÇO	Fazer o sinal de mês (p. 58) e, em seguida: CM: mão direita em "U" com palma para baixo PA: encostar no queixo M: afastar e oscilar os dedos O: para a frente

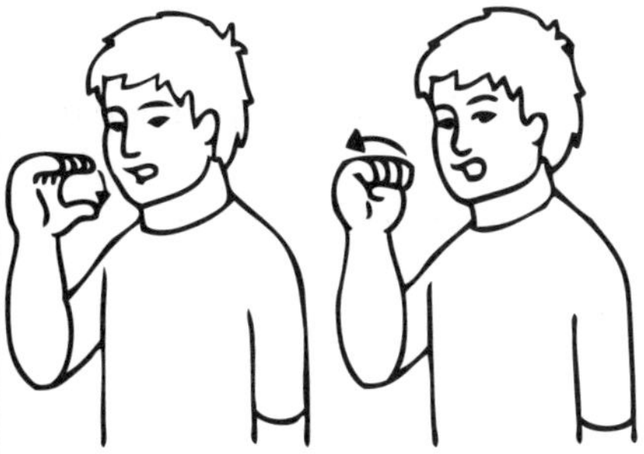

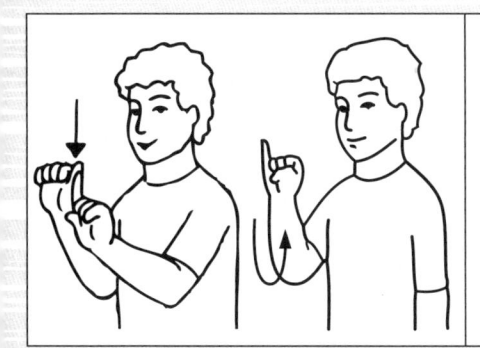

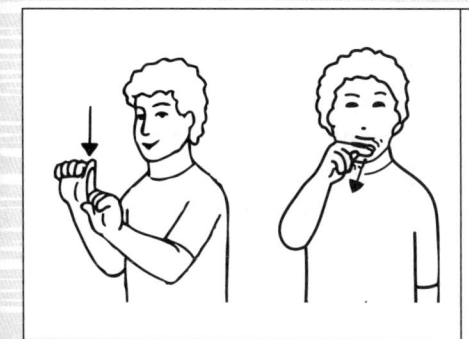

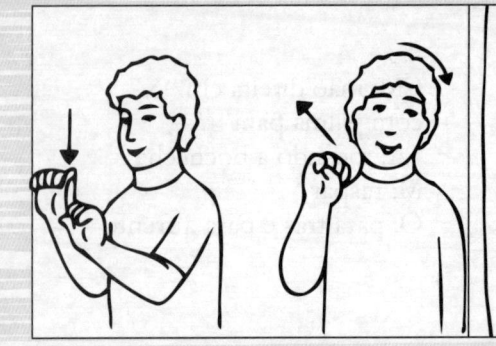

Fazer o sinal de mês (p. 58) e, em seguida:
CM: mão direita em "A", palma para fora
PA: tocando o pescoço na sua lateral
M: afastar
O: para a direita

CM: mão em "D", palma para baixo
PA: ao lado do pescoço
M: aproximar
O: para dentro

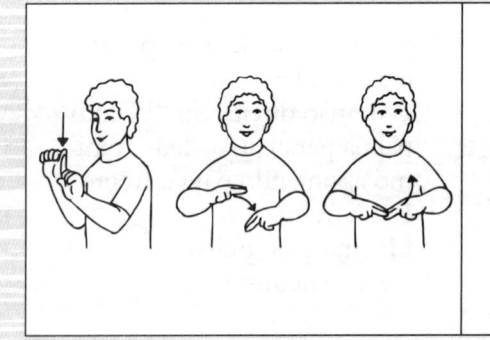

Fazer o sinal de mês (p. 58) e, em seguida:
CM: mãos em U, palma para baixo, sobrepostas e cruzadas
PA: à frente, altura do abdome
M: raspar, aproximar e afastar
O: para cima e para baixo

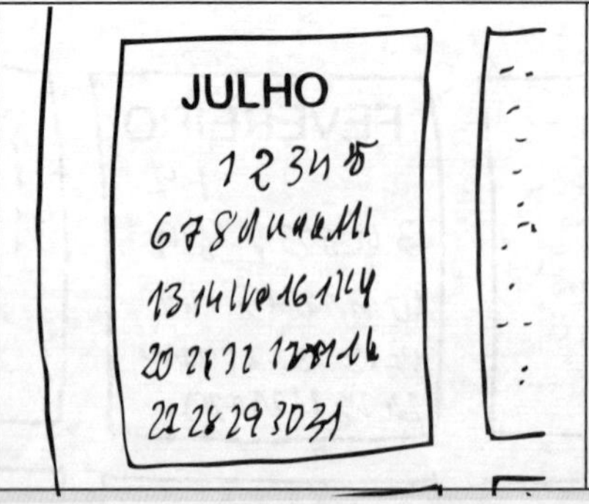

Fazer o sinal de mês (p. 58) e, em seguida:
CM: mão direita em "I", palma para baixo, mínimo apontando para a frente
PA: à frente, altura do abdome
M: girar pelo pulso, circular, mudando a mão para a letra "L"
O: para baixo e para cima

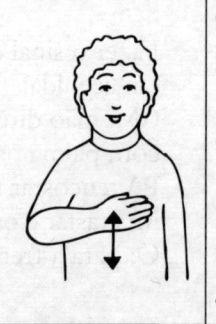

Fazer o sinal de mês (p. 58) e, em seguida:
CM: mão direita com palma para dentro
PA: tocando o peito
M: esfregar, duas vezes
O: para baixo e para cima

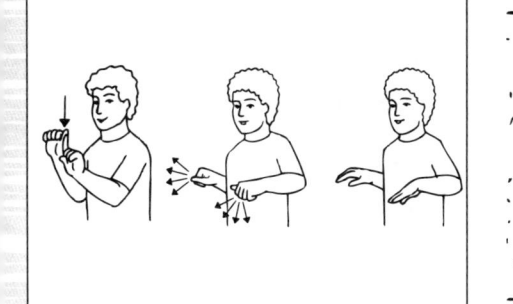

	SETEMBRO	Fazer o sinal de mês (p. 58) e, em seguida: CM: mãos em "A", palmas para baixo, lado a lado PA: ao lado do corpo, altura da cintura M: abrir e fechar O: para a esquerda
	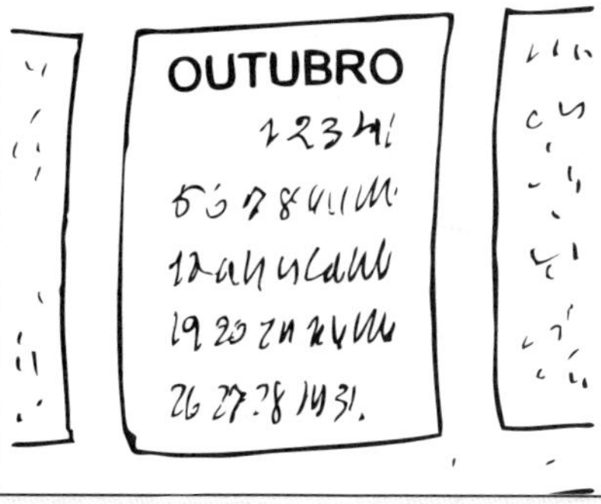 **OUTUBRO**	Fazer o sinal de mês (p. 58) e, em seguida: CM: mão direita em "O", palma para fora PA: ao lado do corpo, altura dos ombros M: girar pelos pulsos, várias vezes O: para a esquerda e para fora
	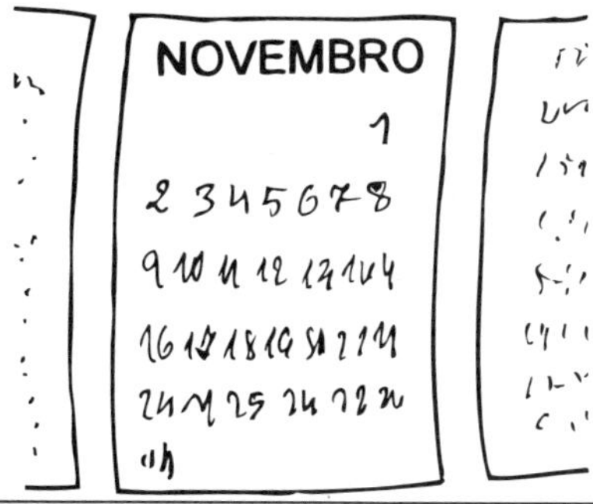 **NOVEMBRO**	Fazer o sinal de mês (p. 58) e, em seguida: CM: mão direita em "N", palma para dentro, com dedos apontando para baixo PA: ao lado do corpo, altura do abdome M: várias vezes O: para cima e para baixo
	 **DEZEMBRO**	Fazer o sinal de mês (p. 58) e, em seguida: CM: mão direita em "C", palma para cima PA: tocando o queixo M: sem movimento O: para baixo
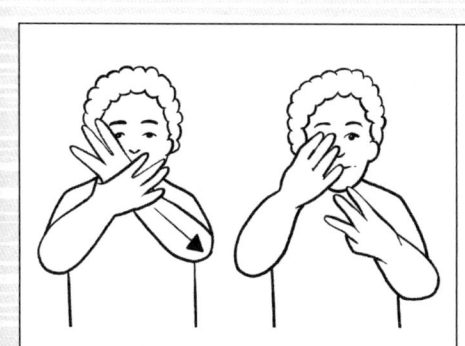	**ESTAÇÕES DO ANO**	CM: mão em "W", palma para dentro PA: à frente e sobreposta da mão em "B", palma para dentro M: raspar O: para baixo

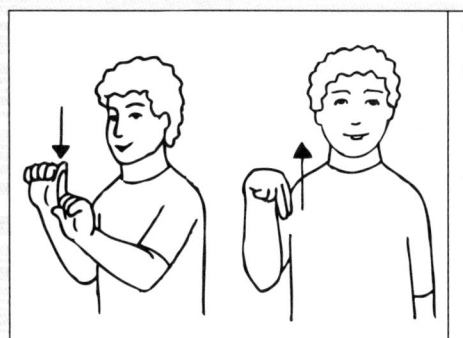

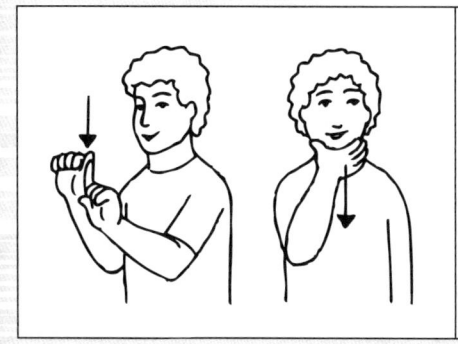

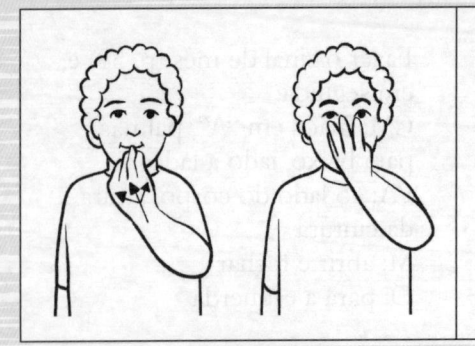

		PRIMAVERA	
			CM: mão direita com os dedos unidos, palma para dentro PA: à frente da boca M: abrir O: para cima
		VERÃO	
			CM: mão direita aberta com palma para dentro PA: ao lado da cabeça M: aproximar e afastar, várias vezes O: para a frente e para trás EF/C: assoprar
		OUTONO	
			CM: mão direita aberta com palma para baixo PA: à frente, com a palma direita tocando a ponta do dedo indicador da mão esquerda M: balançar várias vezes O: para baixo e para a direita
		INVERNO	
			CM: mãos fechadas, palma a palma PA: à frente, próximo do corpo lateralmente M: aproximar e afastar O: tremular as mãos para os lados EF/C: encolher os ombros

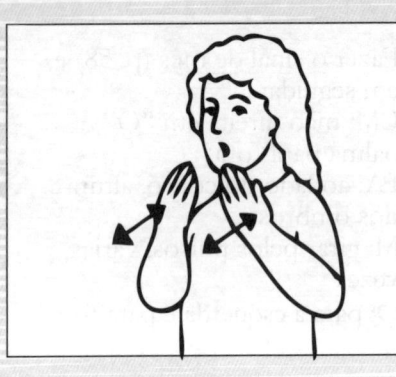

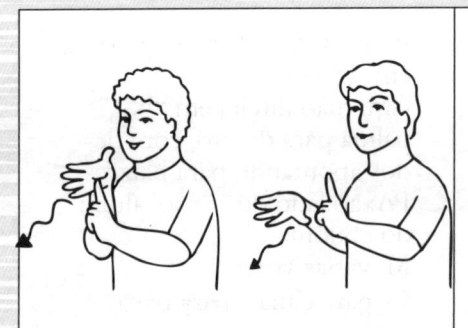

IDENTIDADE/ CUMPRIMENTOS

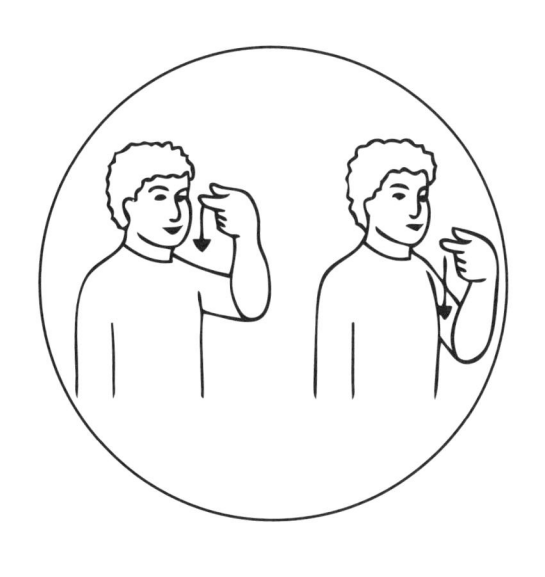

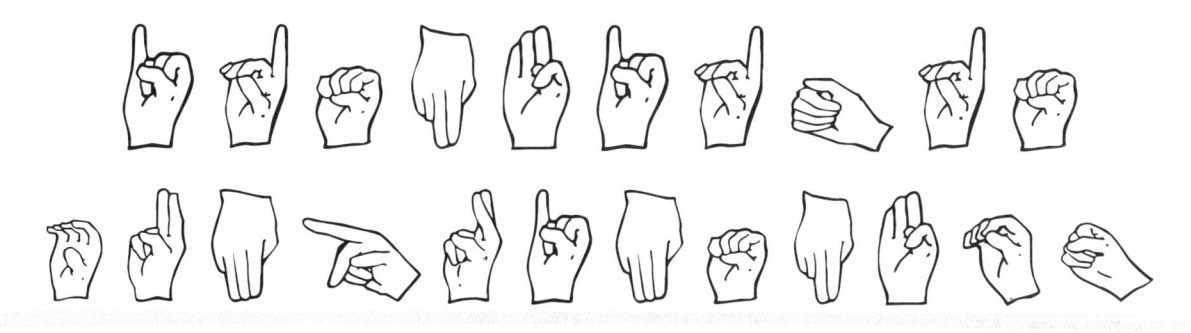

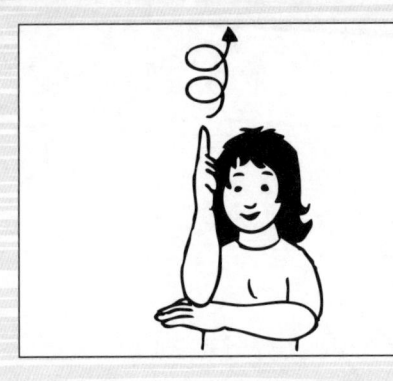

	ALTURA 	CM: mão direita em "D" com palma para a esquerda PA: cotovelo da mão direita tocando o dorso da mão esquerda M: girar em círculos, em espiral O: para cima
	BEM/BOM 	CM: mão direita com pontas dos dedos unidas com palma para dentro PA: à frente da boca M: abrir O: para a frente EF/C: expressão de feliz e boca semiaberta
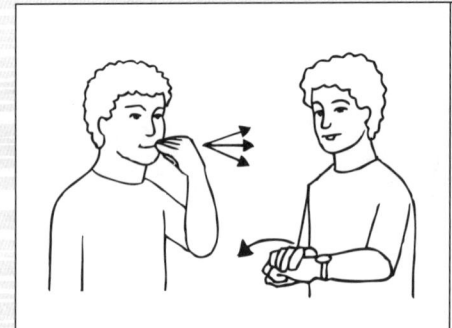	BOA-NOITE 	Fazer o sinal de bom e o sinal de noite.
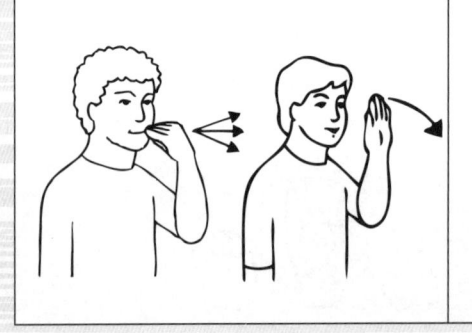	BOA-TARDE 	Fazer o sinal de bom e o sinal de tarde.
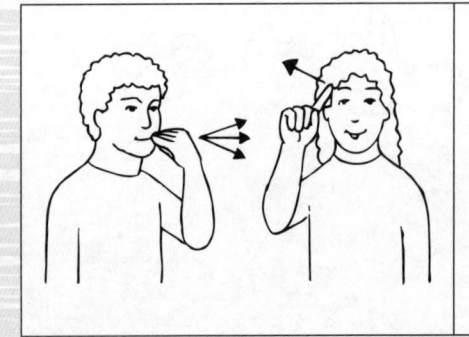	BOM-DIA 	Fazer o sinal de bom e o sinal de dia.

		CUMPRIMENTO 	CM: mão direita aberta com palma para dentro PA: segurando o dorso da mão esquerda com a palma para dentro M: sem movimento O: para cima e para baixo EF/C: sobrancelhas arqueadas
		DESCULPE 	CM: mão direita em "Y" com palma para dentro PA: tocando o queixo M: sem movimento O: sem orientação EF/C: expressão de arrependimento.
		IDADE 	CM: mão direita em "Y" com palma para dentro PA: tocando o peito M: raspar várias vezes O: para cima e para baixo
		MEU NOME 	CM: mão direita em "U" com palma para dentro e dedos apontados para a esquerda PA: à frente do peito M: arco O: para a direita
		MEU SINAL 	CM: mão direita em "A" com palma para a esquerda PA: à frente, próxima do peito M: girar pelo pulso O: para dentro

	NASCIMENTO 	CM: mãos abertas, palma a palma, com dedos apontados para baixo PA: à frente M: girar pelos pulsos O: para baixo e para a frente
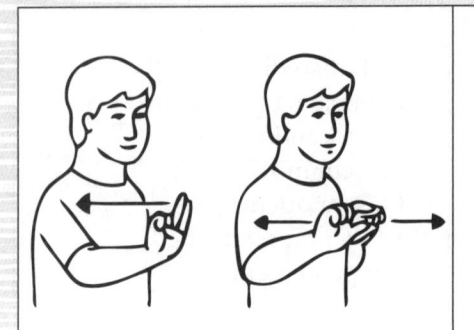	NOME COMPLETO 	Fazer o sinal de nome (p. 67) e, em seguida: CM: mãos com dedos indicador e polegar aproximados e demais dedos fechados com palma para a frente PA: à frente M: afastar O: para os lados
	OBRIGADA 	CM: mão direita aberta com palma para dentro PA: tocando a testa M: arco O: para a frente
	OI 	CM: mão direita aberta com palma para fora PA: à frente M: sem movimento O: para a direita
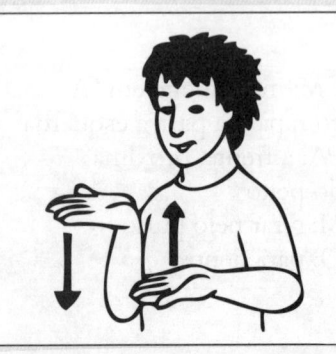	PESO 	CM: mãos abertas com palmas para cima PA: à frente M: alternado O: para cima e para baixo

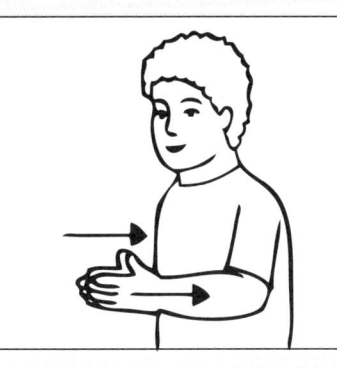

		POR FAVOR/COM LICENÇA 	CM: mãos abertas, palma a palma PA: à frente M: unidos pelas pontas dos dedos O: para dentro EF/C: sobrancelhas franzidas
		PRAZER EM CONHECER 	CM: mão direita aberta, palma para dentro PA: tocando no peito M: esfregar O: circular EF/C: expressão de satisfação Em seguida, fazer sinal de conhecer (p. 250).
		SAUDADE 	CM: mão direita em "A", palma para dentro PA: tocando o peito M: esfregar O: circular EF/C: sobrancelhas franzidas
		SEU NOME 	CM: mão direita em "U" com palma para fora PA: à frente M: arco O: para a direita
		SEU SINAL 	CM: mão direita em "A", palma para baixo PA: à frente, próxima do peito M: girando pelo pulso O: para a frente, palma para cima

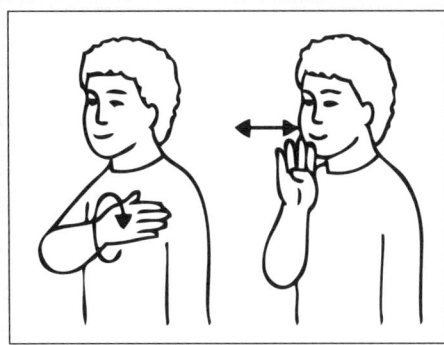

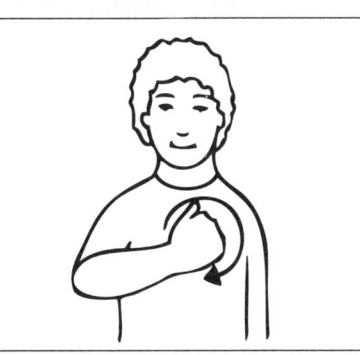

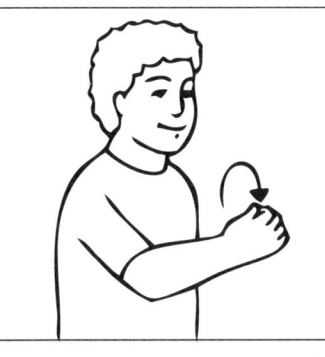

TCHAU/ATÉ LOGO

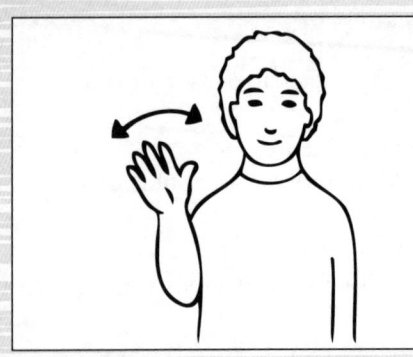

CM: mão aberta palma para fora
PA: ao lado do corpo
M: girar pelos pulsos
O: para a direita e para a esquerda

TUDO BEM

Fazer o sinal de bem (p. 66) e, em seguida:
CM: mão direita fechada, polegar esticado
PA: à frente
M: sem movimento
O: sem orientação

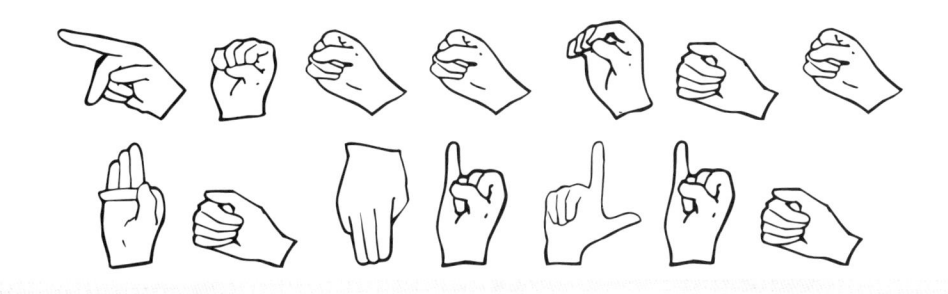

PESSOAS/ FAMÍLIA

ADULTO

CM: mão direita aberta com palma para baixo
PA: ao lado da cabeça
M: sem movimento
O: sem orientação

AFILHADO

CM: mão direita com as pontas dos dedos juntas e apontadas para baixo
PA: tocando a testa
M: raspando
O: para trás

AMIGO

CM: mão direita aberta com palma para cima
PA: tocando o peito do lado esquerdo
M: duas vezes, aproximando e afastando
O: para a frente e para trás

BEBÊ

CM: mãos abertas e sobrepostas com palmas para cima
PA: tocando os cotovelos contrários
M: arco
O: para a direita e para a esquerda

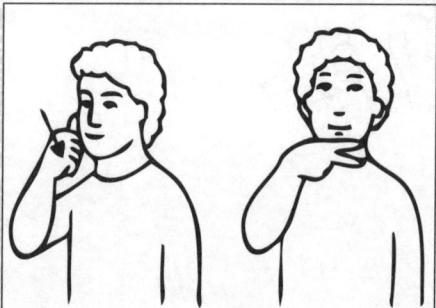

BISAVÓ

Fazer o sinal de mulher (p. 77) e, em seguida:
CM: mão direita em "V" com palma para dentro
PA: tocando o queixo
M: sem movimento
O: sem orientação

BISAVÔ

Fazer o sinal de homem (p. 75) e, em seguida:
CM: mão direita em "V" com palma para dentro
PA: tocando o queixo
M: sem movimento
O: sem orientação

CRIANÇA

CM: mão direita, palma para baixo com dedos apontando para a frente
PA: ao lado do corpo, altura da cintura
M: sem movimento
O: sem orientação

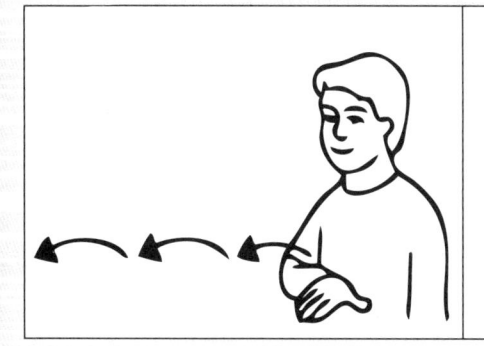

CRIANÇAS

CM: mão direita, palma para baixo com dedos apontando para a frente
PA: ao lado do corpo, altura da cintura
M: arco, duas vezes
O: para a direita

CUNHADA

Fazer o sinal de mulher (p. 77) e, em seguida:
CM: mão direita em "C", com palma para a esquerda
PA: à frente do peito
M: sem movimento
O: para a direita

CUNHADO

Fazer o sinal de homem (p. 75) e, em seguida:
CM: mão direita em "C", com palma para a esquerda
PA: à frente do peito
M: sem movimento
O: para a direita

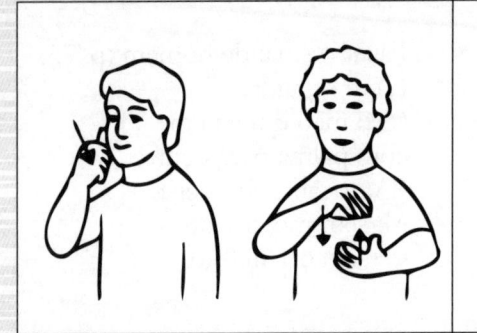	**ESPOSA** 	Fazer o sinal de mulher (p. 77) e, em seguida: CM: mãos em "C", palma a palma PA: à frente do peito M: aproximar O: mão esquerda para cima e mão direita para baixo
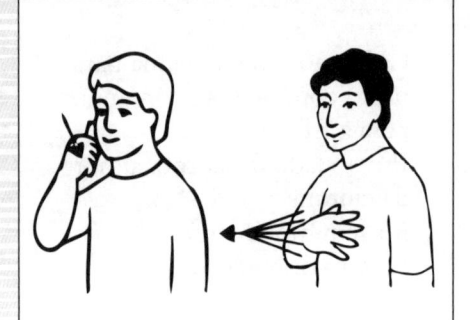	**FILHA** 	Fazer o sinal de mulher (p. 77) e, em seguida: CM: mão direita aberta com palma para dentro PA: tocando o lado esquerdo do peito M: fechando a mão com as pontas dos dedos unidas O: para a frente
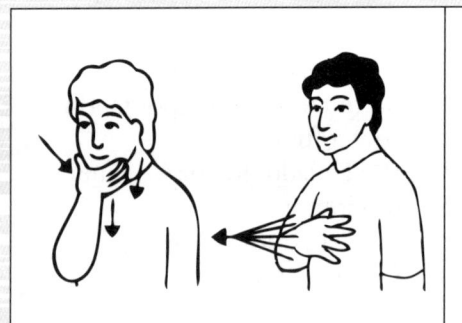	**FILHO** 	Fazer o sinal de homem (p. 75) e, em seguida: CM: mão direita aberta com palma para dentro PA: tocando o lado esquerdo do peito M: fechando a mão com as pontas dos dedos unidas O: para a frente
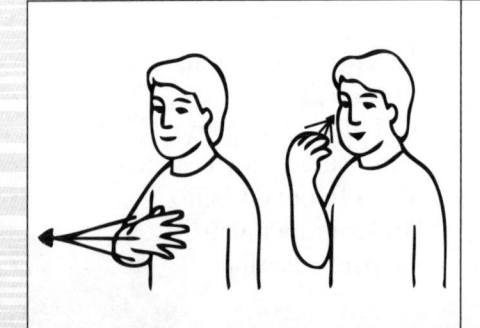	**FILHO ADOTIVO** 	Fazer o sinal de filho (nesta página) e, em seguida: CM: mão direita em "C", palma para trás PA: tocando a bochecha direita M: fechando O: para trás
	**GÊMEOS** 	CM: mãos em "D" com palma para baixo e dedos indicadores apontados para a frente, unidos pelas laterais PA: à frente M: afastar O: para os lados opostos

	GENRO 	CM: mão direita em "G" com palma para baixo e dedo indicador apontando para a esquerda PA: tocando o peito do lado esquerdo M: balançar duas vezes o dedo indicador O: para cima e para baixo
	HOMEM 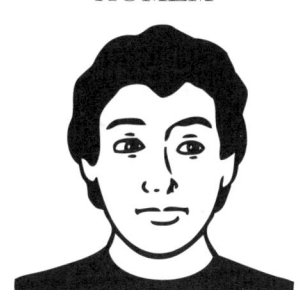	CM: mão direita em "C", palma para cima PA: tocando abaixo do queixo M: afastar O: para baixo
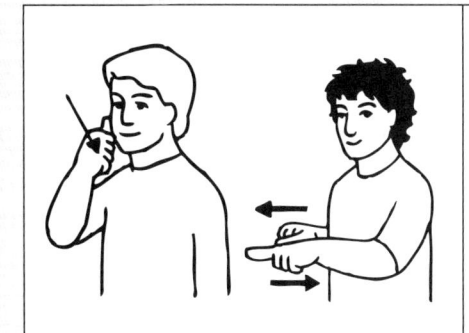	IRMÃ 	Fazer o sinal de mulher (p. 77) e, em seguida: CM: mãos em "D", palmas para baixo, dedos apontando para a frente PA: à frente M: alternado O: para a frente e para trás
	IRMÃO 	Fazer o sinal de homem (p. 75) e, em seguida: CM: mãos em "D", palmas para baixo, dedos apontando para a frente PA: à frente M: alternado O: para a frente e para trás
	JOVEM 	CM: mãos abertas com palma para cima PA: à frente M: curvar os dedos O: para dentro

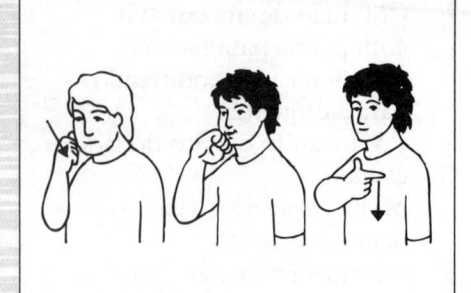

		MADRASTA 	Fazer o sinal de mãe (desta página) e, em seguida: CM: mão direita em "L", com palma para dentro e indicador apontando para a esquerda PA: à frente do peito M: duas vezes O: para cima e para baixo
		MADRINHA 	Fazer o sinal de mulher (p. 77) e, em seguida: CM: mão direita com pontas dos dedos unidas e palma para trás PA: tocando a testa M: raspando O: para trás
		MÃE 	Fazer o sinal de mulher (p. 77) e, em seguida: CM: mão direita fechada com palma para fora PA: tocando a boca M: sem movimento O: sem orientação
		MARIDO 	Fazer o sinal de homem (p. 75) e, em seguida: CM: mãos em "C", palma a palma PA: à frente M: aproximar O: mão esquerda para cima e mão direita para baixo
		MENINA 	Fazer o sinal de mulher (p. 77) e, em seguida, fazer o sinal de criança (p. 73).

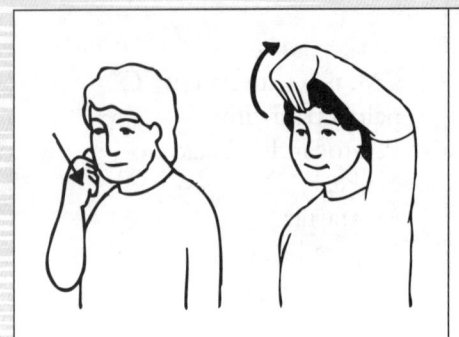

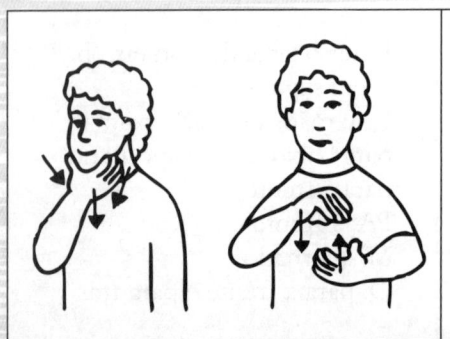

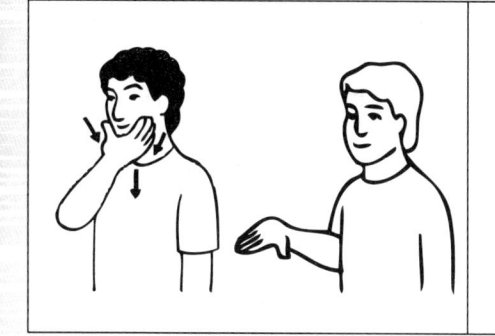	MENINO 	Fazer o sinal de homem (p. 75) e, em seguida, fazer o sinal de criança (p. 73).
	MULHER 	CM: mão em "A" com polegar destacado, palma para dentro PA: tocando a bochecha M: esfregando O: para baixo
	NAMORADA 	Fazer o sinal de mulher (p. 77) e, em seguida: CM: mãos abertas com dedos médios destacados, palma a palma PA: à frente M: dobrar os dedos médios O: para baixo e para cima
	NAMORADO 	Fazer o sinal de homem (p. 75) e, em seguida: CM: mãos abertas com dedos médios destacados, palma a palma PA: à frente M: dobrar os dedos médios O: para baixo e para cima
	NETO 	CM: mão direita em "U" com palma para baixo PA: tocando o queixo M: sem movimento O: sem orientação

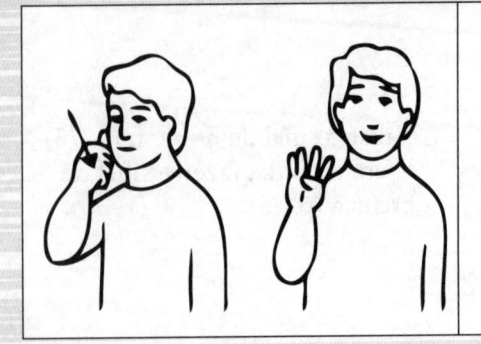

NOIVA

Fazer o sinal de mulher (p. 77) e, em seguida:
CM: mão direita em "B" com palma para a frente
PA: ao lado do corpo na altura dos ombros
M: aproximar o polegar do dedo médio
O: para a frente e para trás

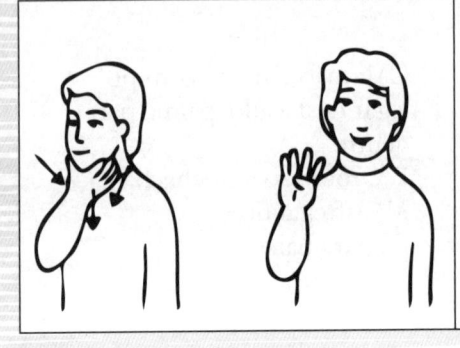

NOIVO

Fazer o sinal de homem (p. 75) e, em seguida:
CM: mão direita em "B" com palma para a frente
PA: ao lado do corpo na altura dos ombros
M: aproximar o polegar do dedo médio
O: para a frente e para trás

NORA

CM: mão direita em "N" com palma para baixo e dedos apontando para a esquerda
PA: tocando o lado esquerdo do peito
M: balançar duas vezes os dedos indicador e médio
O: para cima e para baixo

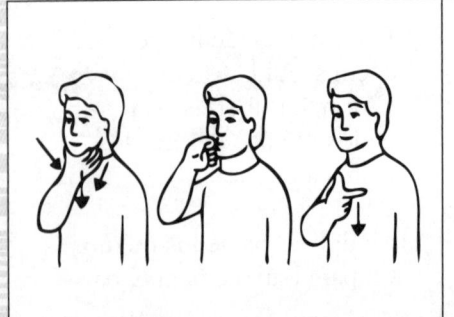

PADRASTO

Fazer o sinal de pai e, em seguida:
CM: mão direita em "L" com palma para dentro e indicador apontando para a esquerda
PA: à frente do peito
M: duas vezes
O: para cima e para baixo

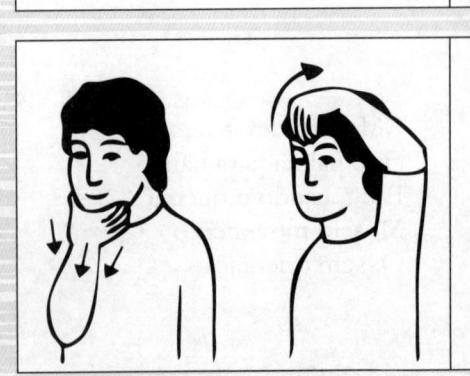

PADRINHO

Fazer o sinal de homem (p. 75) e, em seguida:
CM: mão direita com pontas dos dedos unidas e palma para dentro
PA: tocando a testa
M: raspando
O: para trás

PAI

Fazer o sinal de homem (p. 75) e, em seguida:
CM: mão direita fechada com palma para fora
PA: tocando a boca
M: sem movimento
O: sem orientação

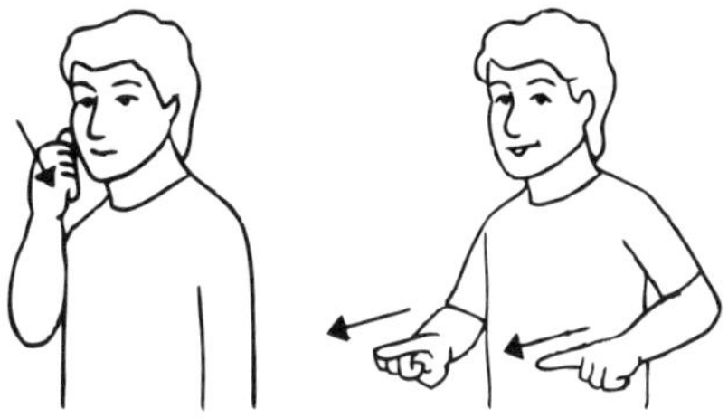

PRIMA

Fazer o sinal de mulher (p. 77) e, em seguida:
CM: mãos em "D", palma para baixo
PA: tocando a cintura
M: alternado e aproximar e afastar
O: para dentro e para fora

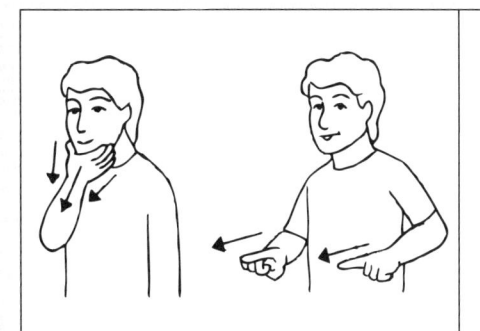

PRIMO

Fazer o sinal de homem (p. 75) e, em seguida:
CM: mãos em "D", palma para baixo
PA: tocando a cintura
M: alternado e aproximar e afastar
O: para dentro e para fora

SOBRINHA

Fazer o sinal de mulher (p. 77) e, em seguida:
CM: mão direita, pontas dos dedos unidas e palma para dentro
PA: tocando a testa
M: raspando
O: para trás

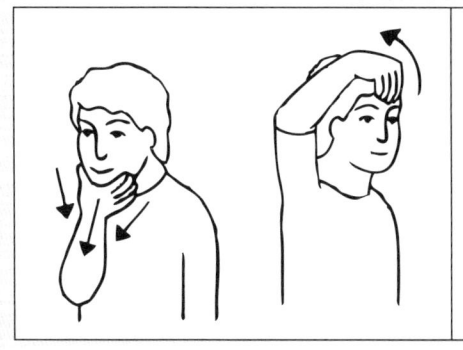

SOBRINHO

Fazer o sinal de homem (p. 77) e, em seguida:
CM: mão direita, pontas dos dedos unidas e palma para dentro
PA: tocando a testa
M: raspando
O: para trás

SOGRA

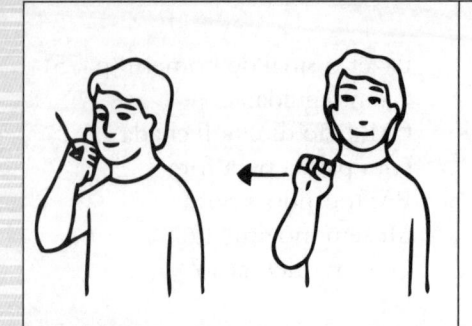

Fazer o sinal de mulher (p. 77) e, em seguida:
CM: mão direita em "S" com palma para fora
PA: altura dos ombros
M: afastar
O: para a direita

SOGRO

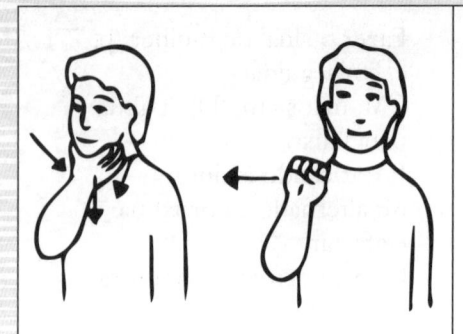

Fazer o sinal de homem (p. 75) e, em seguida:
CM: mão direita em "S" com palma para fora
PA: altura dos ombros
M: afastar
O: para a direita

SOLTEIRO

CM: mão direita em "S" com palma para a esquerda
PA: ao lado do corpo
M: circular
O: para a esquerda

TIA

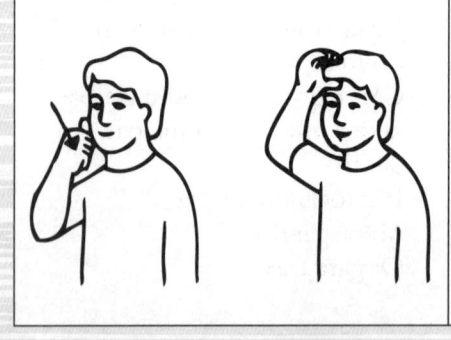

Fazer o sinal de mulher (p. 77) e, em seguida:
CM: mão em "C" com palma para a esquerda
PA: tocando a testa
M: sem movimento
O: sem orientação

TIO

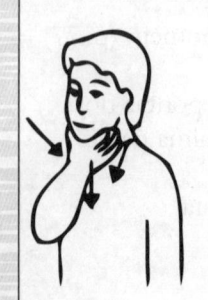

Fazer o sinal de homem (p. 75) e, em seguida:
CM: mão em "C" com palma para a esquerda
PA: tocando a testa
M: sem movimento
O: sem orientação

VELHO

CM: mão direita em "S", palma para dentro
PA: tocando o queixo
M: aproximar e afastar duas vezes
O: para cima e para baixo

VIZINHO

CM: mãos abertas, palma a palma
PA: à frente do corpo
M: mãos unidas pelas pontas dos dedos, repetir
O: para o lado direito

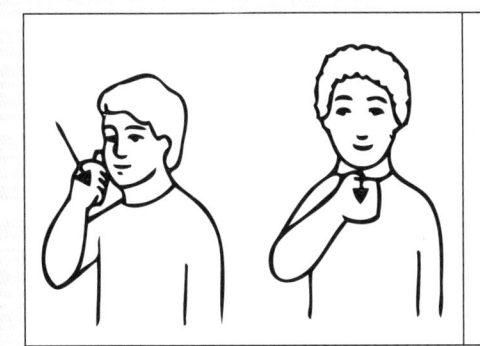

VOVÓ

Fazer o sinal de mulher (p. 77) e, em seguida, fazer o sinal de velho (p. 81).

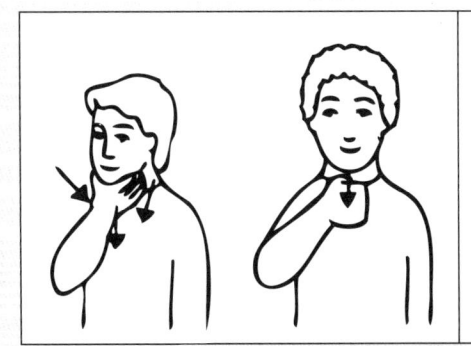

VOVÔ

Fazer o sinal de homem (p. 75) e, em seguida, fazer o sinal de velho (p. 81).

DOCUMENTOS

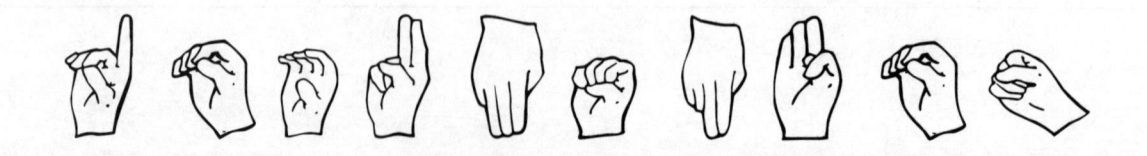

	CARTÃO 	CM: mão direita com dedos indicador e polegar em formato de letra "C" e com palma para a esquerda PA: ao lado do corpo na altura dos ombros M: sem movimento O: sem orientação
	CARTÃO DE CRÉDITO 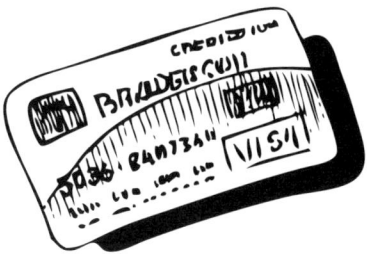	Fazer o sinal de cartão (nesta página) e, em seguida: CM: mão direita em "A" com palma para baixo PA: tocando a palma esquerda M: esfregar O: para trás
	CARTÃO DO BANCO 	Fazer o sinal de cartão (nesta página) e, em seguida: CM: mão direita aberta com palma para baixo PA: tocando a lateral do pescoço M: aproximar e afastar, duas vezes O: para dentro e para fora
	CARTÃO TELEFÔNICO 	Fazer o sinal de cartão (nesta página) e, em seguida: CM: mão direita em "Y", palma para dentro PA: tocando a lateral da bochecha direita M: sem movimento O: sem orientação
	CARTEIRA DE ESTUDANTE 	Fazer o sinal de cartão desta página e, em seguida: CM: mãos abertas, palmas para cima, distanciadas e paralelas PA: à frente M: aproximar e afastar, duas vezes O: mão esquerda para cima e mão direita para baixo

	**CARTEIRA DE MOTORISTA** 	Fazer o sinal de cartão (p. 83) e, em seguida: CM: mãos em "A", palmas para dentro distanciadas PA: à frente do peito M: alternado e arcos O: para cima e para baixo
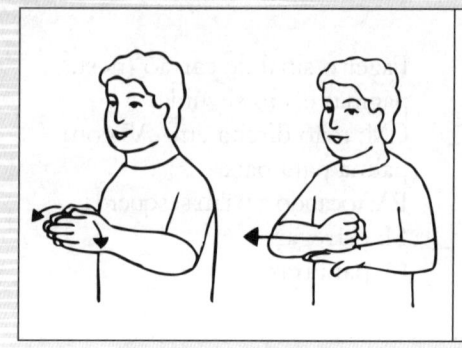	**CARTEIRA DE TRABALHO** 	Fazer o sinal de livro (p. 115) e, em seguida: CM: mão direita em "S", palma à esquerda PA: tocando a palma esquerda M: sem movimento O: em direção às pontas dos dedos
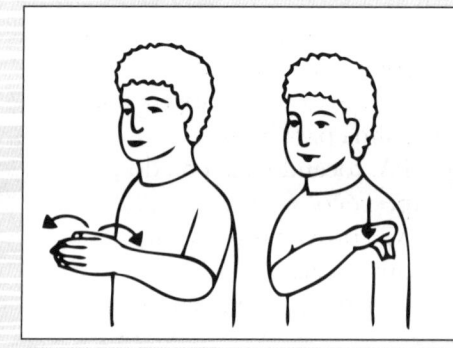	**CARTEIRA DE VACINAÇÃO** 	Mãos unidas e abertas abrindo para os lados opostos e, em seguida: CM: mão direita com as pontas dos dedos indicador e polegar unidas, palma para baixo PA: tocando o braço M: esfregar O: para cima e para baixo
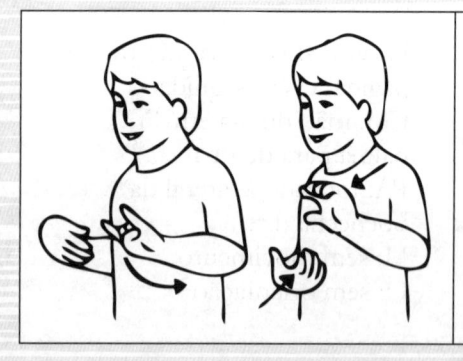	**CERTIDÃO DE CASAMENTO** 	Fazer o sinal de documento (p. 85) e, em seguida: CM: mãos em "C", palma a palma PA: à frente M: aproximar O: mão esquerda para cima e mão direita para baixo
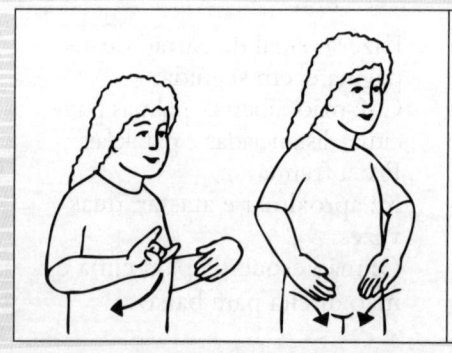	**CERTIDÃO DE NASCIMENTO** 	Fazer o sinal de documento (p. 85) e, em seguida: CM: mãos abertas, palma a palma PA: tocando a lateral da região pélvica M: girar pelos pulsos O: para baixo e para a frente, para os lados opostos

CHEQUE

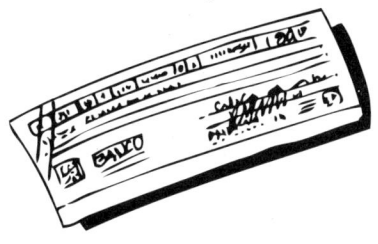

CM: mãos com dedos indicador e mínimo destacados e demais dedos fechados com palma para cima
PA: à frente
M: afastar
O: para os lados opostos

CPF

Fazer o sinal da letra "C", em seguida, o sinal da letra "P" e em seguida o sinal da letra "F".

DOCUMENTO

CM: mão fechada com mínimo e indicador estendidos, palma para baixo
PA: acima da palma esquerda, palma aberta e para cima
M: raspar
O: para dentro

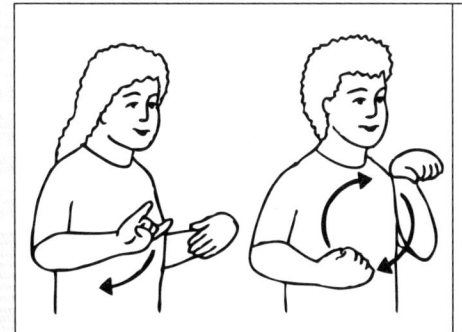

DOCUMENTO DO CARRO

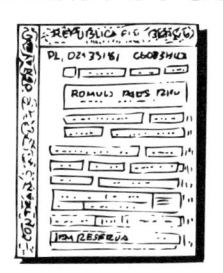

Fazer o sinal de documento (nesta página) e, em seguida:
CM: mãos em "A", palmas para dentro distanciadas
PA: à frente do peito
M: alternado e arcos
O: para cima e para baixo

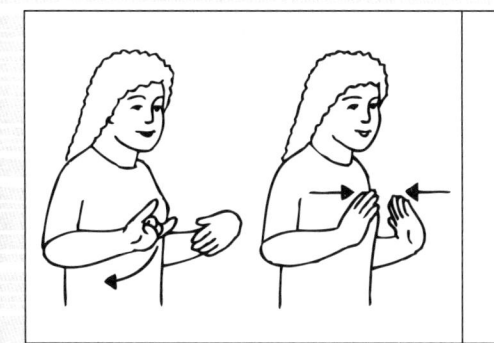

ESCRITURA

Fazer o sinal de documento nesta página e em seguida:
CM: mãos abertas, palma a palma
PA: à frente
M: aproximar as pontas dos dedos
O: para dentro e para fora

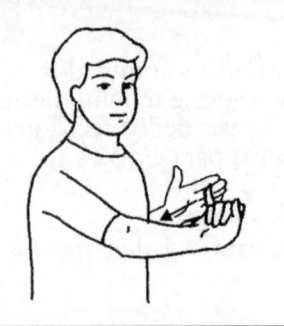

IMPOSTO DE RENDA

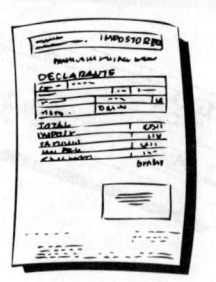

CM: mão direita em "I" com palma para dentro
PA: tocando a palma da mão esquerda aberta
M: raspar
O: para baixo

IPTU

Fazer o sinal das letras I, P, T, U.

IPVA

Fazer o sinal das letras I, P, V, A.

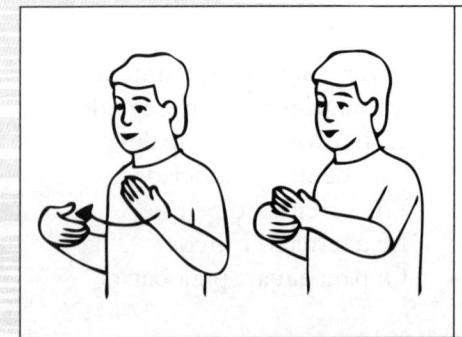

PROCESSO JUDICIAL

CM: mão direita aberta com palma para dentro
PA: à frente
M: aproximar em arco
O: para baixo

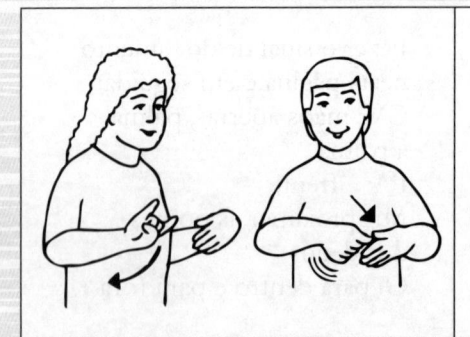

RG

Fazer o sinal de documento (p. 85) e, em seguida:
CM: mão direita em "A" com palma para dentro e polegar destacado
PA: tocando a palma da mão esquerda, palma para cima, à frente
M: aproximar
O: para baixo

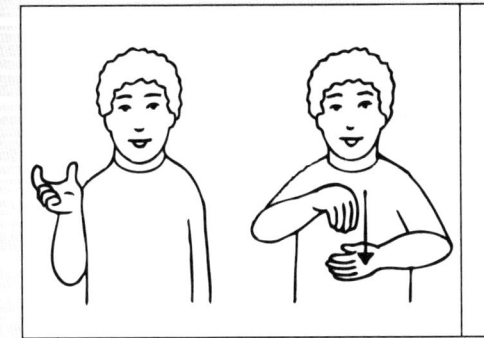

TÍTULO DE ELEITOR

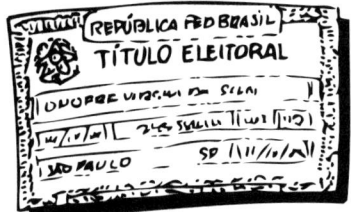

Fazer o sinal de cartão (p. 83) e, em seguida:
CM: mão direita com pontas dos dedos unidas e palma para dentro
PA: à frente, tocando a palma da mão esquerda em "C" com palma para a direita
M: aproximar, duas vezes
O: para baixo

PRONOMES

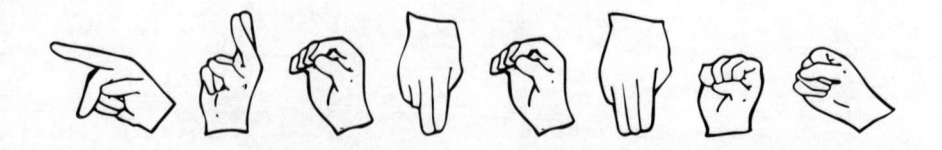

ELE/VOCÊ

CM: mão direita em "D" com palma para baixo
PA: à frente
M: sem movimento
O: para a esquerda

EU

CM: mão direita em "D" com palma para a direita
PA: à frente
M: aproximar
O: para dentro

MEU

CM: mão direita aberta com palma para dentro
PA: tocando o peito
M: aproximar
O: para dentro

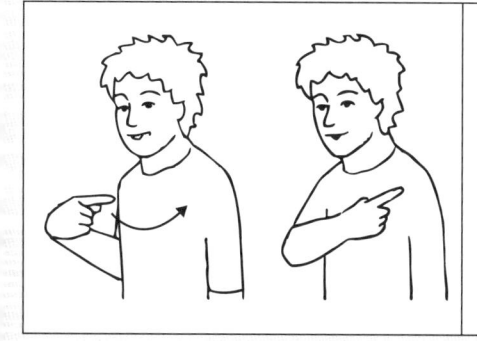

NÓS

CM: mão direita em "D" com palma para dentro
PA: tocando o ombro direito e, em seguida, o ombro esquerdo
M: arco
O: para a esquerda

SEU

CM: mão direita em "P" com palma para dentro
PA: à frente
M: girar pelos pulsos
O: para a frente

LUGARES

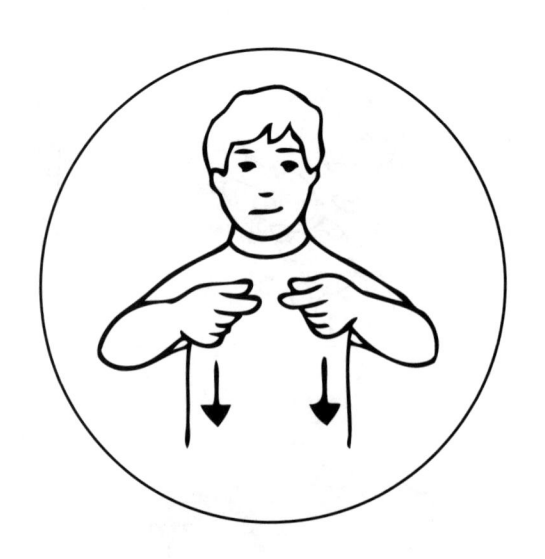

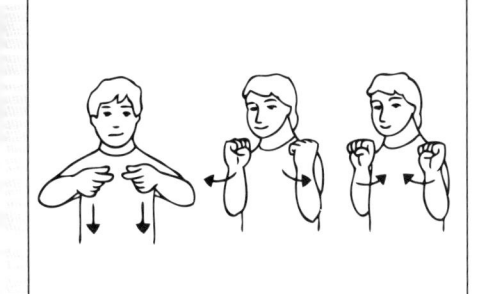	**ACADEMIA** 	Mão em "C" palma a palma, à frente do corpo, direcionado para baixo CM: mãos em "S", palma a palma PA: à frente na altura dos ombros M: girar pelos pulsos O: para a frente e para trás
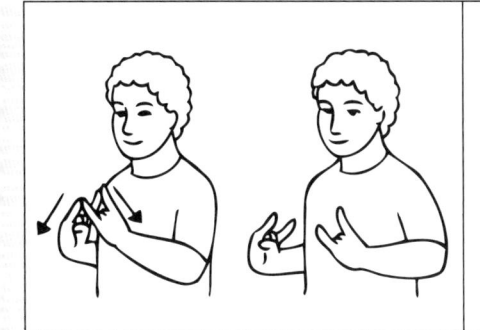	**ACAMPAMENTO** 	CM: mãos com dedos indicadores e mínimos esticados, demais dedos fechados, palma a palma PA: à frente na altura do peito M: afastar O: para baixo e para os lados opostos
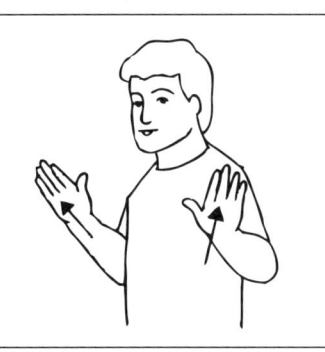	**AEROPORTO** 	CM: mãos abertas com palmas para a frente PA: à frente do ombro M: sem movimento O: para os lados opostos
	**CADEIA** 	CM: mãos em "U", sobrepostas e cruzadas, palma para fora PA: à frente na altura do peito M: sem movimento O: aproximar
	**CASA** 	CM: mãos abertas, palma a palma com pontas dos dedos aproximadas PA: à frente, na altura do peito M: aproximar e afastar O: para o centro

CEMITÉRIO

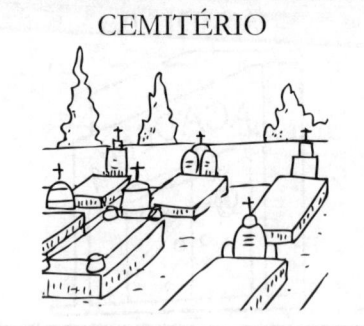

CM: mãos em "D" com dedos cruzados
PA: à frente
M: sem movimento
O: sem orientação

CINEMA

CM: mão direita aberta, palma para fora
PA: tocando o indicador esquerdo
M: girar o pulso
O: para a direita e para a esquerda

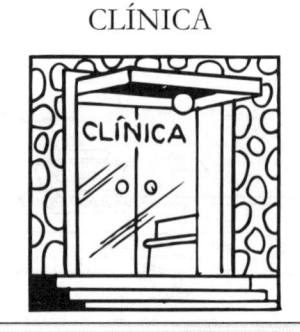

CLÍNICA

Fazer os sinais das letras C, L, I, N, I, C, A e, em seguida:
CM: mãos em "X", palma da mão esquerda para a direita e palma da mão direita para a esquerda
PA: tocando a articulação do dedo indicador esquerdo
M: aproximar e afastar
O: para dentro e para fora

ELEVADOR

CM: mão direita aberta, palma para fora
PA: à frente
M: sem movimento
O: para cima e para baixo

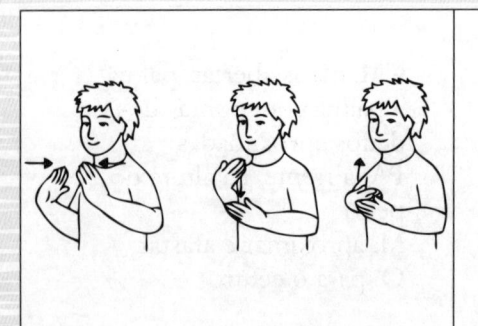

ESCOLA

Fazer o sinal de casa (p. 91) e, em seguida:
CM: mãos abertas, sobrepostas, afastadas e cruzadas com palmas para cima
PA: à frente, na altura do peito
M: aproximar e afastar, duas vezes
O: para baixo e para cima

	FARMÁCIA 	CM: mão direita em "S" com palma para a esquerda PA: tocando a palma esquerda com palma para cima M: girar pelos pulsos O: fazendo círculos
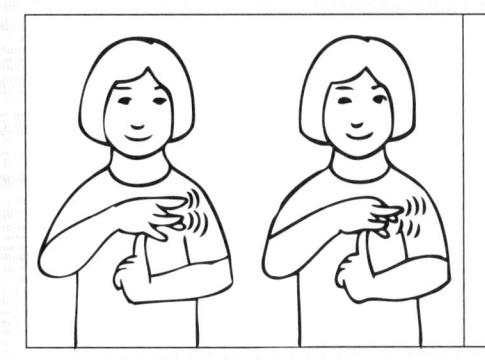	FEIRA 	CM: mão direita aberta com palma para baixo PA: tocando a ponta do dedo indicador da mão esquerda M: oscilar os dedos O: sem orientação
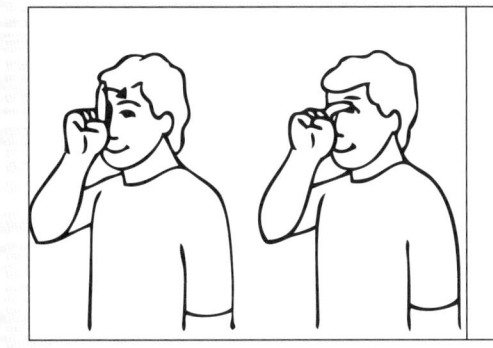	HOSPITAL 	CM: mão direita em "D", palma para a esquerda PA: tocando a testa M: dobrando o dedo indicador, duas vezes O: sem orientação
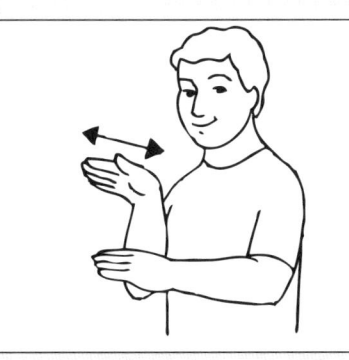	HOTEL 	CM: mão direita aberta, palma para a esquerda PA: tocar o cotovelo direito com o dedo indicador da mão esquerda, com palma para baixo M: sem movimento O: para a frente e para trás
	IGREJA 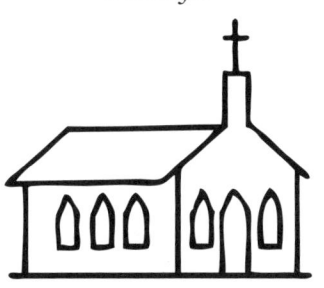	Fazer o sinal de casa (p. 91) e, em seguida: CM: mãos em "D", cruzadas em forma de cruz PA: à frente, na altura do peito M: sem movimento O: sem orientação

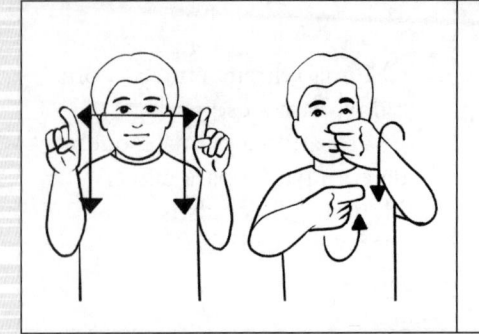

LOJA

Fazer a estrutura da loja e, em seguida:
CM: mãos em "A", palma para dentro
PA: à frente
M: girar os pulsos
O: sentido horário

PADARIA

Fazer o sinal de casa (p. 91) e, em seguida:
CM: mãos em "A", palma a palma
PA: à altura do peito
M: girar pelos pulsos
O: para dentro e para os lados opostos

PARQUE DE DIVERSÃO

CM: mãos em "5", palma a palma, mão direita acima da esquerda
PA: à frente, altura do peito
M: alternado e circular
O: para cima e para baixo

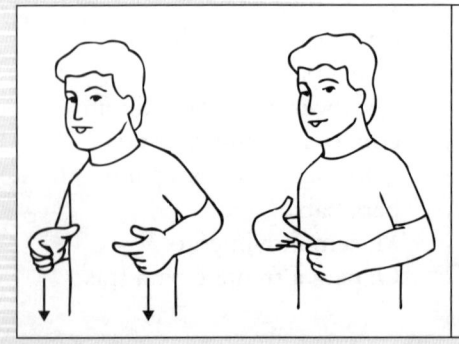

POSTO DE GASOLINA

Fazer o sinal de lugar e em seguida:
CM: mão direita em "L" com palma para dentro
PA: tocando a parte interna da mão esquerda em "C"
M: sem movimento
O: sem orientação

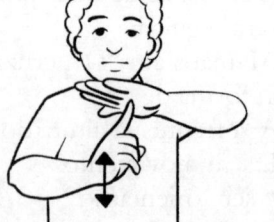

PRAÇA

CM: mão em "D", palma para esquerda
PA: à frente
M: aproximar e afastar
O: para cima e para baixo

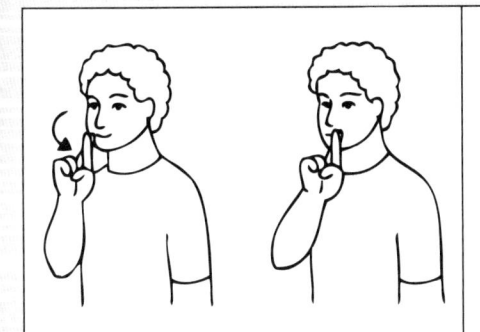

	RESTAURANTE	CM: mão direita em "R", palma para a esquerda PA: tocando as laterais da boca M: arco O: da direita para a esquerda
	 **RODOVIÁRIA**	CM: mão direita em "R", palma para a esquerda PA: tocando a palma esquerda M: sem movimento O: para a direita e para a esquerda
	SHOPPING	CM: mãos em "P", palmas para a frente, lado a lado PA: à frente na altura do peito M: girar pelos pulsos, circular, aproximar e afastar O: para o centro e para os lados
	SUPERMERCADO	CM: mãos em "S", palmas para baixo, lado a lado PA: à frente na altura do abdome M: afastar O: para a frente
	TEATRO	CM: mãos abertas com palmas para dentro e com dedos médios curvados PA: tocando as bochechas M: esfregar O: para dentro

NATUREZA

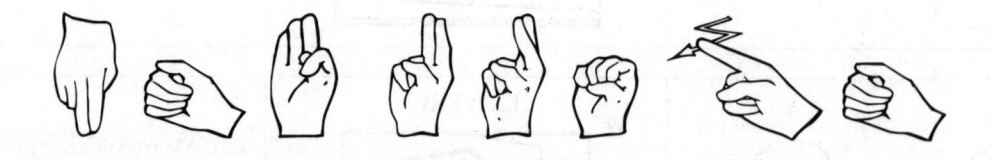

	ARCO-ÍRIS 	CM: mão direita em "B", dedos abertos, palma para dentro PA: à frente na altura dos ombros M: arco O: para a direita
	AREIA 	CM: mãos com pontas dos dedos unidas, palma para baixo PA: à frente na altura do abdome M: esfregar os dedos e deslocar as mãos afastando O: para os lados opostos
	ÁRVORE	CM: mão direita com palma para a frente PA: cotovelo direito tocando o dorso da mão esquerda M: girar pelos pulsos O: sem orientação
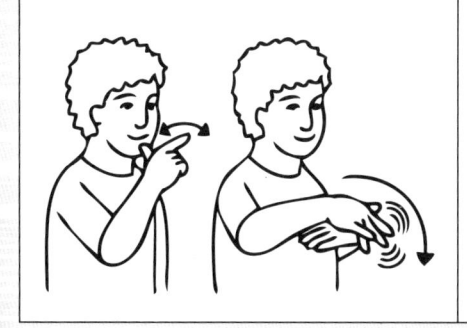	CACHOEIRA 	Fazer o sinal de água (p. 161) e, em seguida: CM: mãos abertas, palma para baixo, sobrepostas e cruzadas PA: palma direita tocando o dorso da mão esquerda M: oscilar os dedos da mão direita O: para a frente e para baixo
	CÉU 	CM: mãos abertas, dedos pouco curvados, com palma para a frente, lado a lado PA: acima da cabeça M: afastar O: para os lados opostos

	**CHUVA** 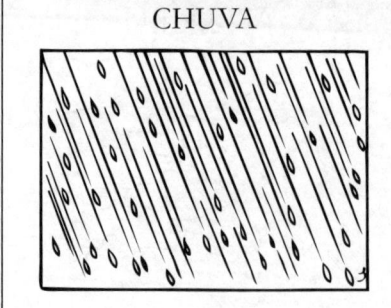	CM: mão direita aberta com dedos pouco curvados, palma para baixo PA: ao lado da cabeça M: duas vezes O: para baixo e para cima
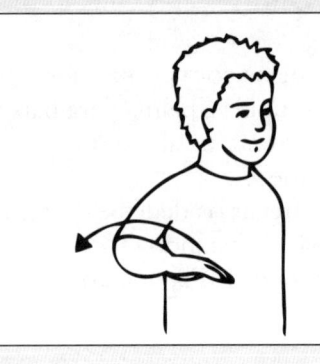	**COLINA** 	CM: mão direita aberta, palma para baixo PA: à frente do corpo na altura da cintura M: arco pequeno O: para a direita
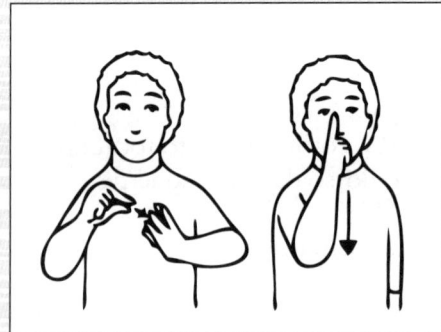	**COPO-DE-LEITE** 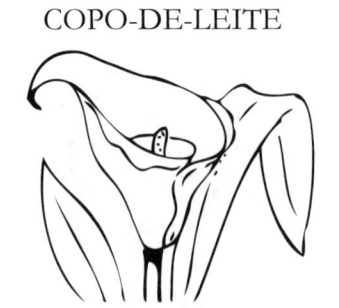	CM: mão direita com dedo indicador e polegar unidos, com demais dedos fechados PA: tocando a palma da mão direita em "C", com demais dedos curvados M: aproximar O: para a esquerda Em seguida, fazer o sinal de amarelo (p. 106).
	**ESCURECER** 	CM: mãos abertas, palma para fora PA: ao lado da cabeça M: aproximar O: para o centro, deixando as mãos cruzadas EF/C: testa franzida
	**ESTRELA** 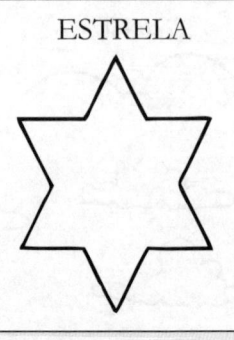	CM: mão direita em "L" e mão esquerda com dedo indicador e médio unidos, palma a palma PA: à frente M: abrir e fechar, alternado O: para cima e para baixo

FLOR

CM: mão direita em "F", palma para a esquerda
PA: tocando a ponta do nariz com a parte lateral do dedo indicador
M: raspar uma vez
O: para cima e para baixo

FURACÃO

CM: mão direita em "D", palma para a esquerda
PA: ao lado do corpo
M: espiral
O: para cima
EF/C: testa franzida

ILHA

CM: mão direita aberta, palma para baixo
PA: à frente, abaixo da mão esquerda em "C", palma para baixo
M: tremular
O: sentido anti-horário

JABUTICABEIRA

CM: mão direita aberta com dedos indicador e polegar unidos, palma para a esquerda
PA: tocando a lateral do antebraço esquerdo com palma para dentro
M: aproximar e afastar, duas vezes
O: para baixo

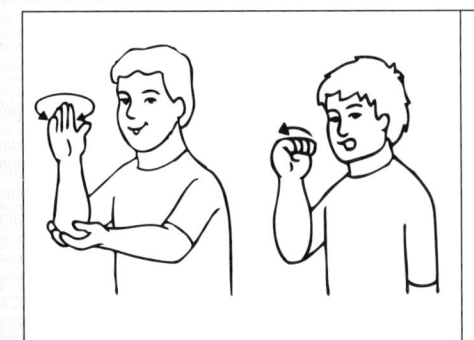

LARANJEIRA

Fazer o sinal de árvore (p. 97) e, em seguida:
CM: mão em "C", palma para a esquerda
PA: à frente da boca
M: abrir e fechar
O: sem orientação

LUA

CM: Mãos em "L", palma a palma
PA: acima da cabeça
M: distanciar e fechar os dedos
O: semicírculo

MACIEIRA

Fazer o sinal de árvore (p. 97) e, em seguida:
CM: mão direita em "C", palma para dentro
PA: à frente da boca
M: repetitivo, girando o pulso
O: para cima e para a frente

MAR

Fazer o sinal de água (p. 161) e, em seguida:
CM: mão aberta, palma para baixo
PA: à frente
M: oscilando a mão
O: para a direita

MARGARIDA

CM: mão direita com dedos indicador e polegar unidos, demais dedos fechados, palma para a esquerda
PA: tocando a mão esquerda
M: afastar e aproximar, várias vezes
O: para a direita e para a esquerda

MONTANHA

CM: mão aberta, palma para a direita na altura do ombro
PA: à frente
M: arco
O: para baixo e para a direita

NEVE

Mão em "X" batendo no queixo e, em seguida:
CM: mãos abertas com palmas para a frente
PA: à frente na altura da cabeça
M: oscilar os dedos
O: para baixo

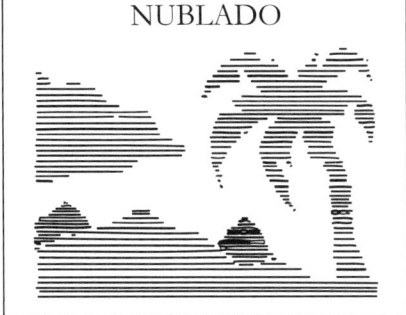

NUBLADO

CM: mãos abertas, palmas para baixo
PA: acima da cabeça
M: sem movimento
O: para dentro

NUVEM

CM: mãos abertas, palmas para fora com dedos pouco curvados
PA: acima da cabeça
M: dobrar os dedos
O: para os lados opostos

ORQUÍDEA

CM: mão direita em "Y", palma para cima
PA: tocando o dorso da mão esquerda
M: sem movimento
O: sem orientação

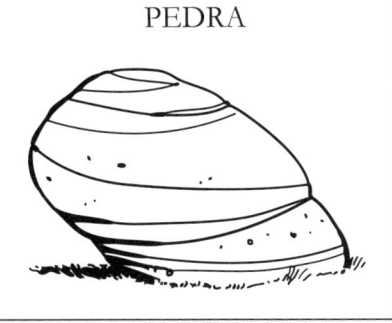

PEDRA

CM: mão direita em "P", palma para baixo
PA: tocando o dorso da mão esquerda fechada com palma para baixo
M: aproximar e afastar, duas vezes
O: para baixo e para cima

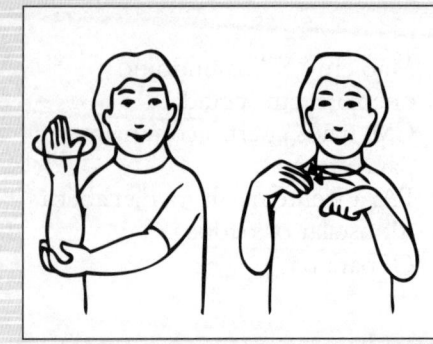	**PESSEGUEIRO** 	Fazer o sinal de árvore (p. 97) e, em seguida: CM: mão direita aberta, palma para baixo PA: tocando o dorso da mão esquerda fechada com palma para baixo M: aproximar e afastar, fechando e abrindo os dedos O: para a direita
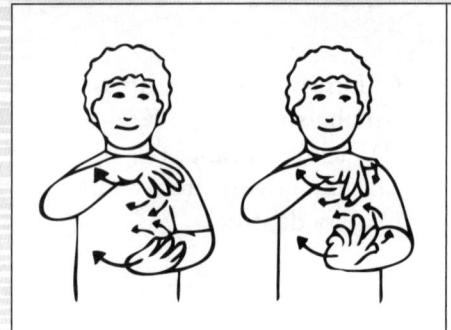	**PLANETA TERRA** 	CM: mãos abertas, palma a palma PA: à frente do corpo M: fechando os dedos O: para a direita
	**PRAIA** 	CM: mãos abertas, palma para baixo PA: à frente M: mover pelo pulso a mão direita O: para dentro Em seguida fazer o sinal de areia.
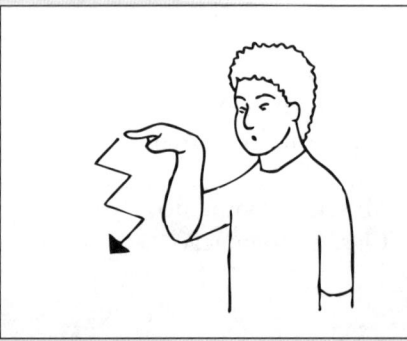	**RAIO** 	CM: mão direita em "D", palma para baixo, dedo indicador apontando para a frente PA: à frente na altura da cabeça M: zigue-zague O: para a direita, para baixo, para a direita EF/C: olhos piscando
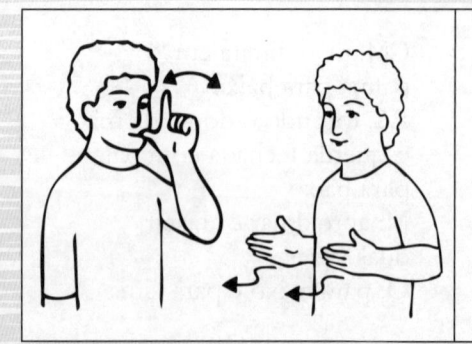	**RIO** 	Fazer o sinal de água (p. 161) e, em seguida: CM: mãos abertas, palma a palma PA: à frente na altura da cintura M: curvas O: para a direita e para a esquerda, levando as mãos para a frente

	ROSA 	CM: mão direita em "C" PA: tocando a bochecha direita M: esfregando O: para a frente e para trás
	SOL 	CM: mão direita com dedos indicador e polegar unidos e demais dedos fechados PA: acima da cabeça M: aproximar e abrir os dedos em "L" O: para a esquerda e para baixo em diagonal
	TEMPESTADE 	CM: mãos abertas e pouco curvadas, palmas para baixo PA: acima da cabeça M: várias vezes com força O: para baixo e para cima EF/C: testa franzida
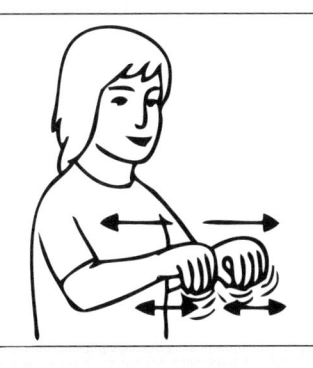	TERRA 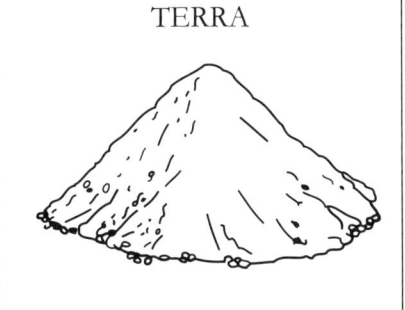	CM: mãos com pontas dos dedos unidas, palmas para baixo PA: à frente na altura do abdome M: esfregar os dedos e deslocar as mãos afastando O: para os lados opostos
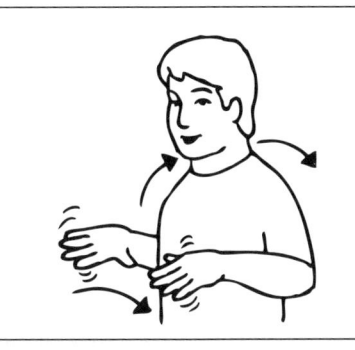	TERREMOTO 	CM: mãos abertas com palma para baixo PA: à frente na altura da cintura M: oscilando os dedos O: para a direita e para a esquerda EF/C: cara de desconforto

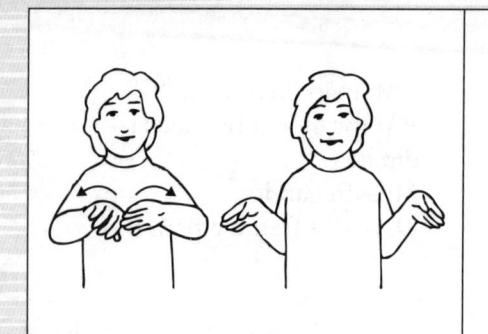	VALE 	CM: mão direita aberta, palma para baixo PA: à frente na altura da cintura M: arco O: para os lados opostos
	VENTO 	CM: mãos em "V", palma para fora PA: à frente na altura do peito M: circular, aproximando e afastando O: para o centro e para os lados

CORES

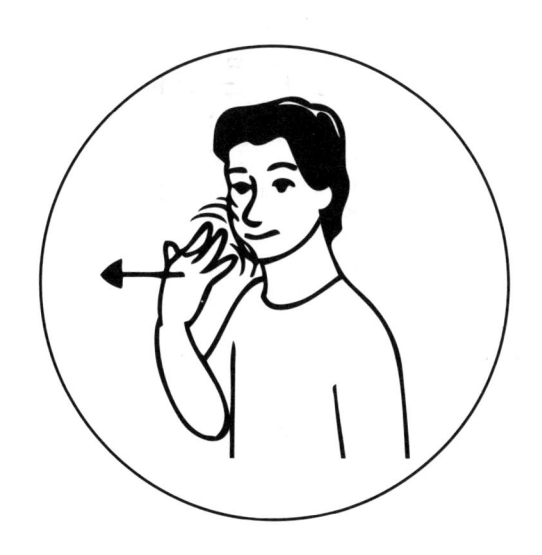

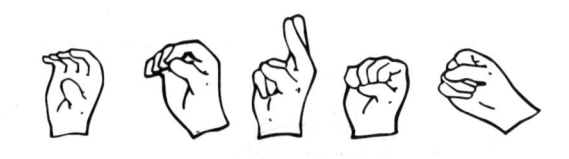

AMARELO

CM: mão direita em "D", palma para a esquerda
PA: tocando a testa
M: esfregar
O: para baixo, terminar o sinal tocando o nariz

AZUL

CM: mão direita em "A", palma para a frente
PA: à frente do corpo
M: mudar a mão direita para a letra "Z" e, em seguida, para a letra "L"
O: para a direita e para baixo

BEGE

CM: mão direita em "B", palma para a frente
PA: tocando o dorso da mão esquerda, com a palma para baixo
M: esfregar
O: para a direita e para a esquerda

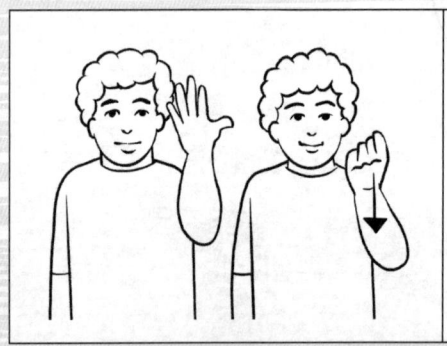

BRANCO

CM: mão aberta, palma para dentro
PA: ao lado da cabeça
M: fechar
O: para baixo

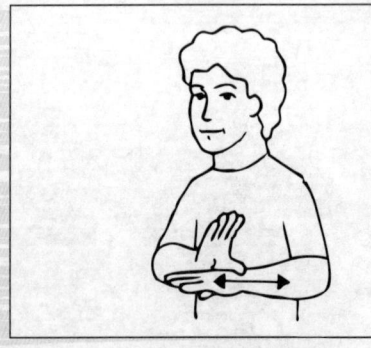

CINZA

CM: mão direita em "C" com palma para a esquerda
PA: tocando o dorso da mão esquerda com a palma para baixo
M: esfregar
O: para a direita e para a esquerda

	CLARO 	CM: mãos em "A", palmas para a frente PA: à frente do rosto M: abrir os dedos com as mãos abertas e com a palma para a frente O: para os lados opostos
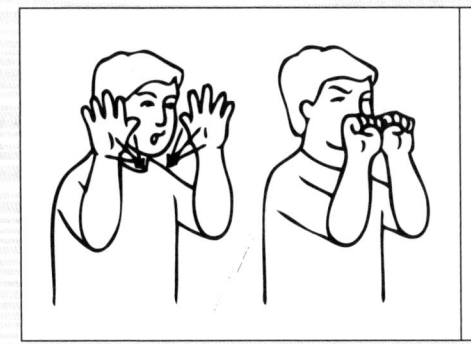	ESCURO 	CM: mãos abertas com palmas para a frente PA: à frente do rosto M: fechar os dedos, ficando com as mãos em "A" O: aproximar as mãos até se tocarem pelos dedos polegares
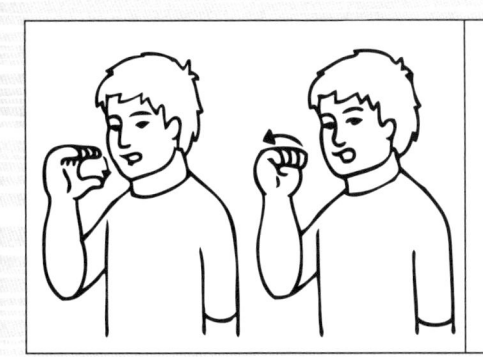	LARANJA 	CM: mão em "C", palma para a esquerda PA: à frente da boca M: abrir e fechar a mão O: sem orientação
	LILÁS 	CM: mão direita em "L", com palma para a frente PA: tocando o dorso da mão esquerda com a palma para baixo M: esfregar O: para a esquerda e para a direita
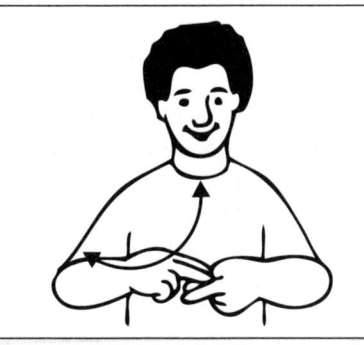	MARROM 	CM: mãos em "U" cruzadas PA: tocando a lateral do indicador da mão esquerda M: girar pelo pulso O: para fora e para dentro

OURO

CM: mão direita com palma aberta e com dedo médio dobrado
PA: tocando o canto da boca
M: tremular a mão
O: sem orientação

PRATA

CM: mão direita em "P" com palma para a esquerda
PA: tocar no dorso da mão em "S" com palma para baixo
M: aproximar e afastar
O: para baixo e para cima

PRETO

CM: mão direita em "A" com palma para a frente
PA: tocar têmpora direita
M: esfregar
O: para baixo

ROSA

CM: mão direita em "C" com palma para dentro
PA: tocar a bochecha direita
M: esfregando
O: para a frente e para trás

ROXO

CM: mão direita em "R" com palma para baixo
PA: tocar o dorso da mão direita em "S" com palma para baixo
M: esfregar
O: para a direita e para a esquerda

	VERDE 	CM: mão direita em "X" com palma para a esquerda PA: tocar o queixo M: afastar O: para a frente
	**VERMELHO** 	CM: mão direita em "D" com palma para dentro PA: tocar o dedo em "D" no lábio inferior M: dobrar o dedo duas vezes O: para baixo
	VINHO 	CM: mão direita em "V" com palma para dentro PA: tocar a bochecha direita M: esfregar O: em movimentos circulares

ESCOLA

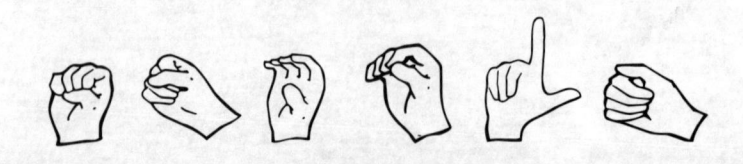

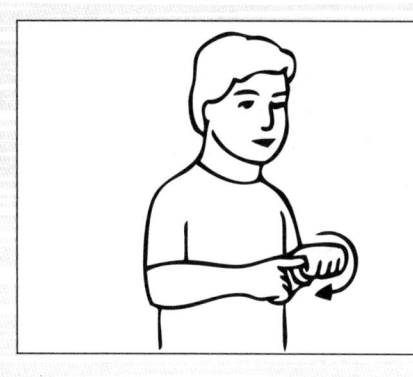

APONTADOR

CM: mão direita em "D" com palma para baixo e dedo indicador apontando para a esquerda
PA: colocar o dedo indicador dentro da mão esquerda em "S" com palma para baixo
M: dobrar a mão esquerda pelo pulso
O: para baixo e para cima

BANHEIRO

CM: mão direita fechada com palma para baixo e dedos indicador e mínimo esticados
PA: tocar o antebraço esquerdo
M: aproximar e afastar, duas vezes
O: para baixo e para cima

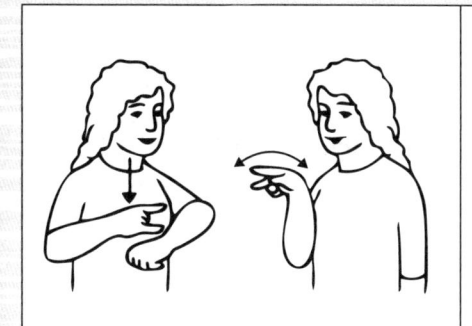

BANHEIRO DOS PROFESSORES

Fazer o sinal de banheiro (nesta página) e, em seguida:
CM: mão direita em "P" com palma para baixo
PA: à frente do corpo
M: arco
O: para a direita e para a esquerda

BANHEIRO FEMININO

Fazer o sinal de banheiro e, em seguida, o sinal de mulher (p. 77).

BANHEIRO MASCULINO

Fazer o sinal de banheiro e, em seguida, o sinal de homem (p. 75).

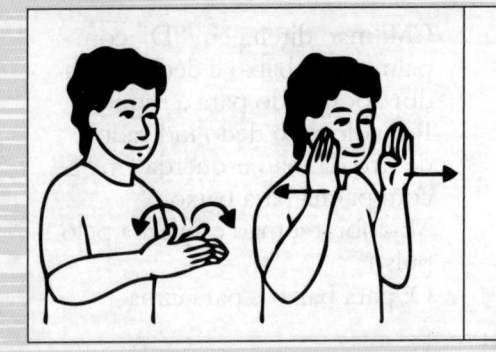	**BIBLIOTECA** 	Fazer o sinal de livro (p. 115) e em seguida: CM: mãos abertas, palma a palma PA: na frente do rosto M: afastar O: para a frente e para trás
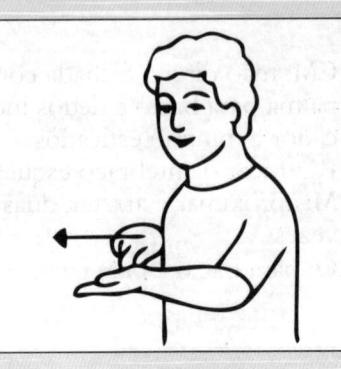	**BORRACHA** 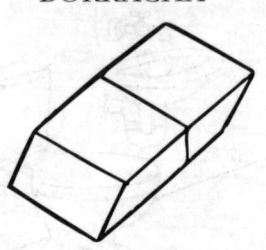	CM: mão direita em "A" com palma para baixo PA: tocar a palma esquerda aberta com palma para cima M: esfregar O: para a direita e para a esquerda
	**CADERNO** 	CM: mão direita em "D" com palma para a esquerda PA: acima da palma da mão esquerda com palma para cima M: espiral O: para baixo
	CANETA 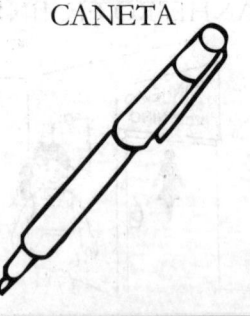	CM: mão direita em "Y" PA: ao lado do corpo M: dobrar o polegar várias vezes O: sem orientação
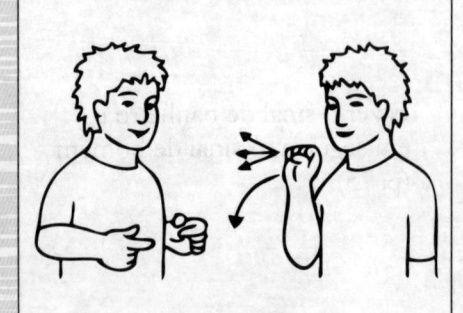	**CESTO DE LIXO** 	Mão em "C" palma a palma, à frente do corpo, direcionado para baixo CM: mão direita em "S" com palma para a frente PA: à frente do corpo M: abrir O: para a frente e para baixo

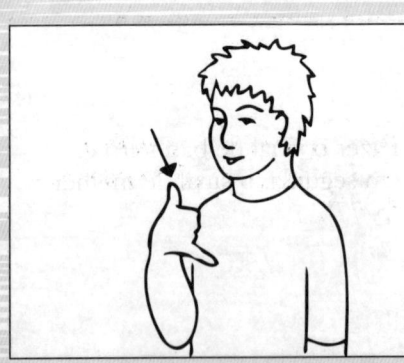

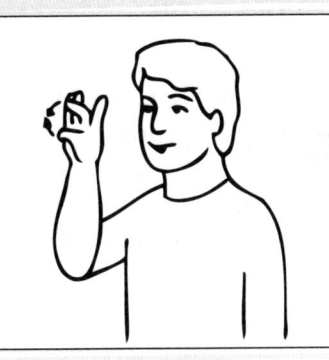	COLA 	CM: mão direita aberta com palma para a frente e dedos médio e polegar destacados PA: ao lado da cabeça M: aproximar e afastar O: sem orientação
	COMPUTADOR 	CM: mãos em "X", com palmas para a frente PA: à frente do corpo M: aproximar e afastar, em movimentos circulares O: para os lados opostos
	COZINHA 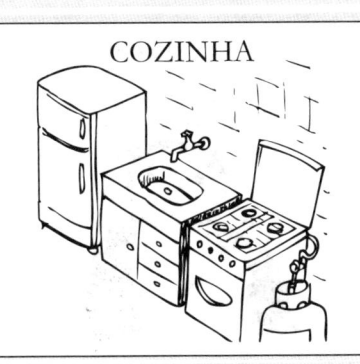	CM: mão direita em "A" com palma para baixo PA: à frente e acima da mão esquerda em "C" com palma para a direita M: circular O: sem orientação
	DEPÓSITO 	Fazer o sinal de sala e em seguida: CM: mãos abertas com palma para baixo PA: acima da cabeça M: sem movimento O: para a frente e para baixo
	DIRETOR 	CM: mão direita em "D" com palma para a frente PA: ao lado do rosto M: sem movimento O: para baixo

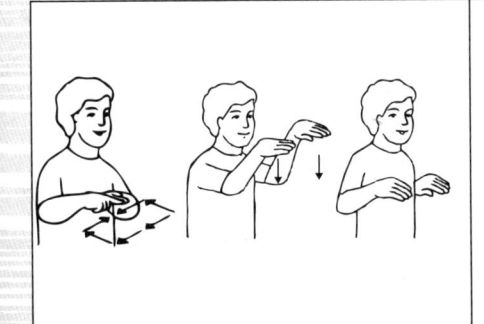

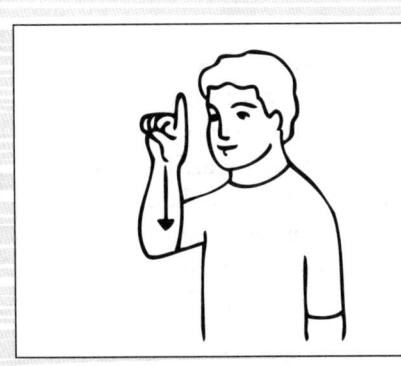

ESTOJO

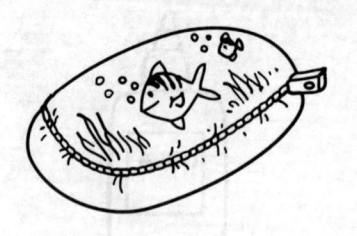

CM: mão direita em "A" com palma para dentro
PA: à frente do corpo
M: sem movimento
O: da esquerda para a direita

FITA ADESIVA

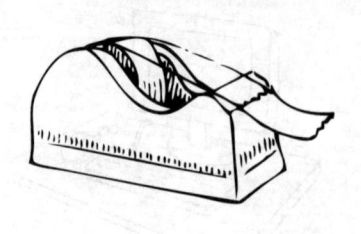

CM: mão direita em "A" com polegar destacado
PA: tocar a mão esquerda com palma aberta para cima
M: esfregar
O: da esquerda para a direita

FORMATURA

CM: mãos abertas, palmas para baixo
PA: à frente
M: afastar e fechar
O: para frente e para trás

GIZ DE LOUSA

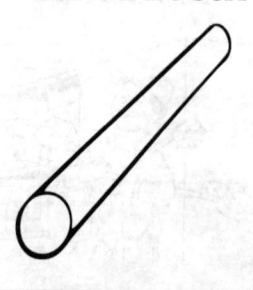

CM: mão direita com palma fechada e dedos indicador e polegar juntos
PA: à frente do rosto
M: sem movimento
O: para baixo, para cima e para a direita

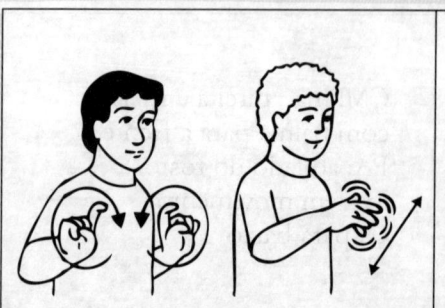

INFORMÁTICA

CM: mãos em "X", com palmas para a frente
PA: à frente do corpo
M: aproximar e afastar, em movimentos circulares
O: para os lados opostos e, em seguida, fazer o sinal de digitador (p. 179).

JORNAL

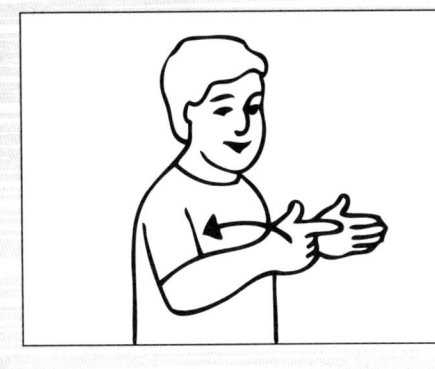

CM: mão direita em "L" com palma para a esquerda
PA: tocar na palma esquerda com a mão aberta
M: afastar em arco
O: para a direita

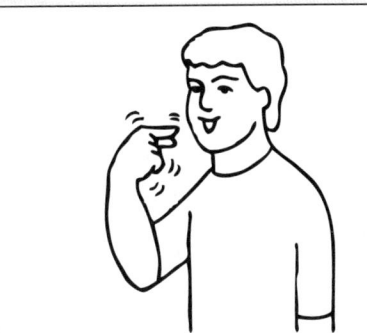

LÁPIS

CM: mão direita em "A" com dedos indicador e polegar destacados, palma para dentro
PA: à frente do rosto
M: esfregar os dedos
O: sem orientação

LÁPIS DE COR

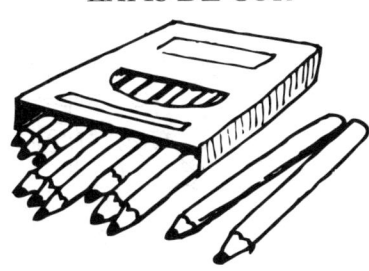

Fazer o sinal de lápis (nesta página) e, em seguida:
CM: mão direita em "V" com palma para dentro
PA: à frente da boca
M: oscilar os dedos e afastar a mão
O: para a frente

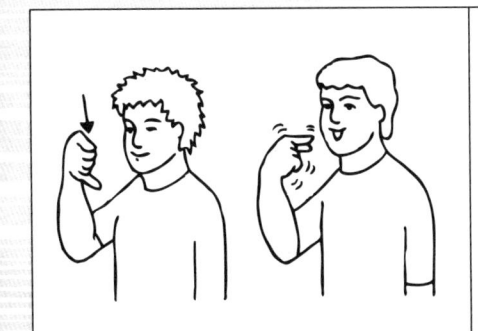

LAPISEIRA

Fazer o sinal de caneta (p. 112) e em seguida, fazer o sinal de lápis (nesta página).

LIVRO

CM: mãos abertas, palma a palma
PA: à frente do corpo
M: afastar
O: para os lados opostos

	MOCHILA 	CM: mãos em "A", palmas para dentro PA: tocando o peito M: raspar O: para baixo
	PAPEL 	CM: mão direita em "L" com palma para a esquerda PA: tocar na palma esquerda com a mão aberta M: aproximar em arco O: para a esquerda
	PARQUE 	CM: mãos em "5", palma a palma PA: à frente do corpo M: circular e alternado O: para a frente e para trás
	PASTA 	CM: mão direita aberta com palma para dentro PA: tocar a parte interna do braço M: aproximar O: para dentro
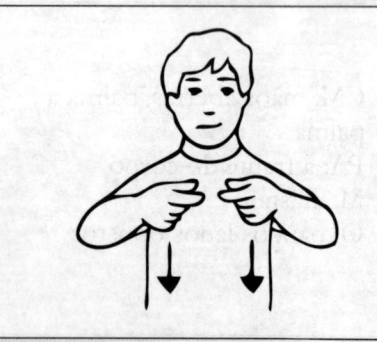	PÁTIO 	CM: mãos em "L", dedos curvados, palma a palma PA: à frente M: sem movimento O: para baixo

	RÉGUA 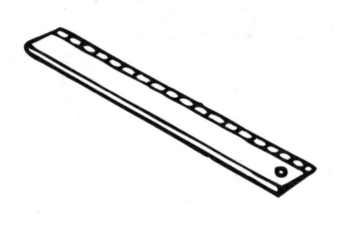	CM: mãos com dedos indicadores e polegares em formato de "C", palmas para fora PA: à frente M: afastar O: para os lados opostos
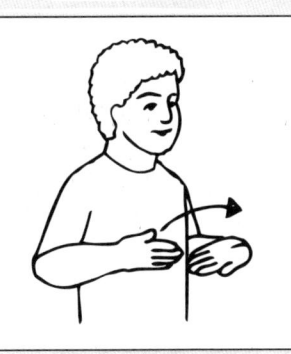	REVISTA 	CM: mão direita, palma para a esquerda PA: acima da palma esquerda com palma para cima M: girar pelo pulso, circular O: da direita para a esquerda
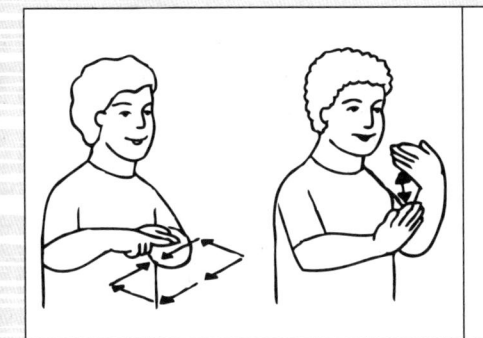	SALA DE AULA 	Fazer o sinal de sala (p. 133) e, em seguida: CM: mãos abertas com palma para cima sobrepostas PA: à frente do corpo M: aproximar e afastar O: para baixo e para cima
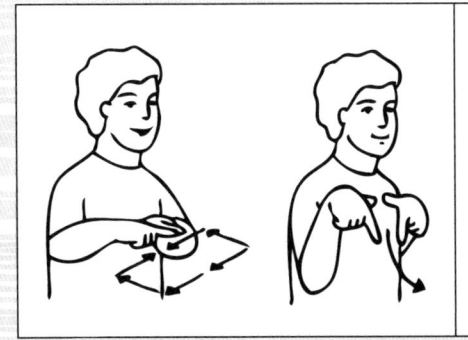	SALA DE VÍDEO 	Fazer o sinal de sala (p. 133) e, em seguida: CM: mãos em "L", palma para dentro PA: à frente do corpo M: afastar O: para a frente e para baixo
	SALA DOS PROFESSORES 	Fazer o sinal de sala (p. 133) e, em seguida: CM: mão direita em "P" com palma para baixo PA: à frente do corpo M: arco O: para a direita e para a esquerda

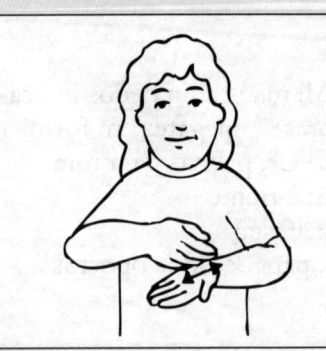

SECRETARIA

CM: mão direita aberta, palma para dentro
PA: tocando a palma esquerda com a palma para cima
M: esfregar
O: da esquerda para a direita

TESOURA

CM: mão direita em "V" com palma para dentro
PA: à frente do corpo
M: abrir e fechar os dedos
O: para a esquerda

TABLET

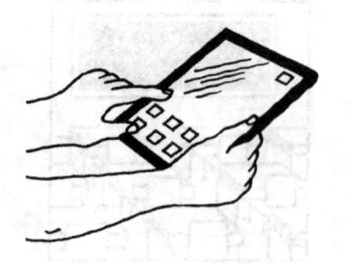

Mãos em "L", palmas para fora, à frente e, em seguida:
CM: mão aberta, dedo médio destacado, palma para baixo.
PA: à frente
M: aproximar e afastar
O: para direita e para esquerda

CASA

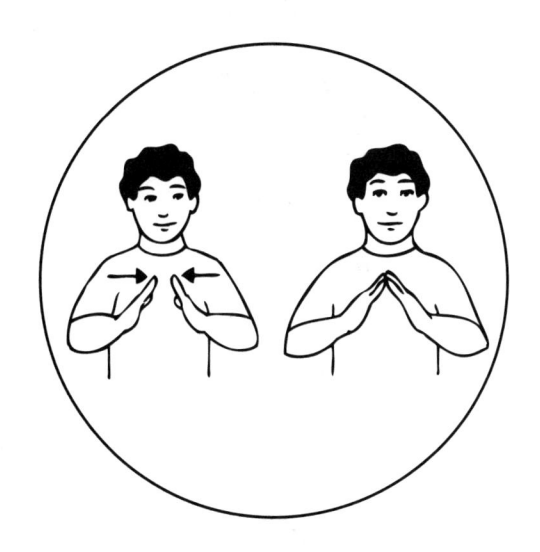

ABAJUR

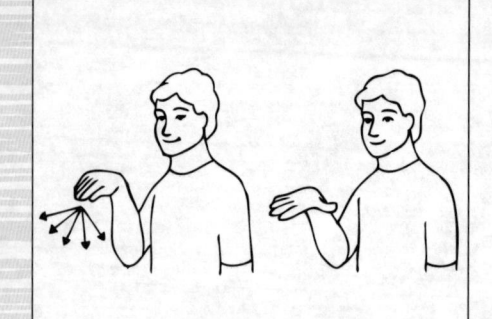

CM: mão direita com dedos unidos e palma para baixo
PA: à frente
M: abrir a mão
O: para baixo

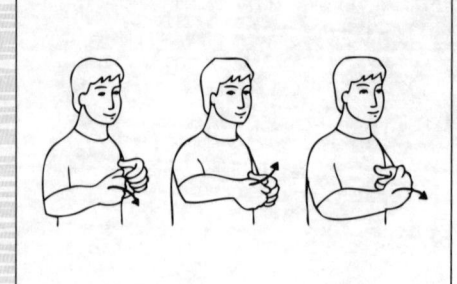

ABRIDOR DE LATA

CM: mão direita em "A" com palma para dentro
PA: tocando a mão esquerda em "C", palma para a direita
M: dobrar pelo pulso, circular
O: sentido horário

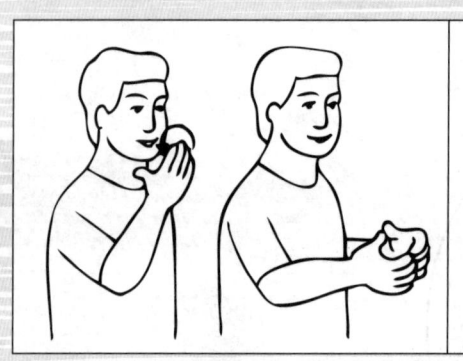

AÇUCAREIRO

CM: mão direita aberta com palma para dentro
PA: à frente da boca
M: circular
O: sentido horário
E em seguida fazer o sinal de mostrar o formato do objeto.

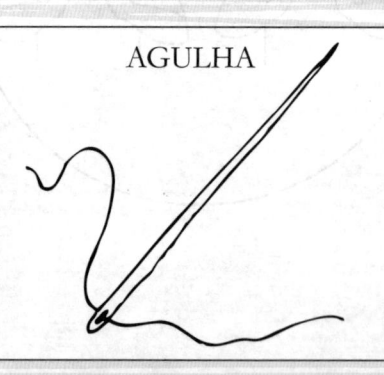

AGULHA

CM: com os dedos unidos, palma para a esquerda e mão direita em "L"
PA: acima da mão esquerda
M: girar pelo pulso
O: para dentro e para fora

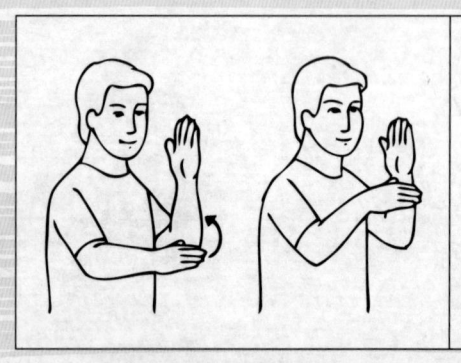

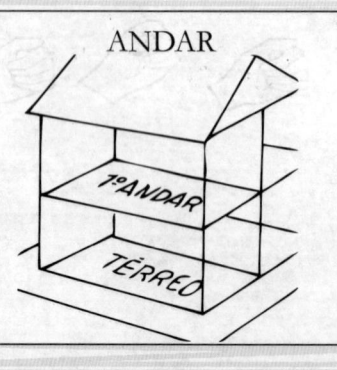

ANDAR

CM: mão direita aberta com palma para baixo
PA: tocando o braço esquerdo
M: arco, duas vezes
O: para cima

AQUÁRIO

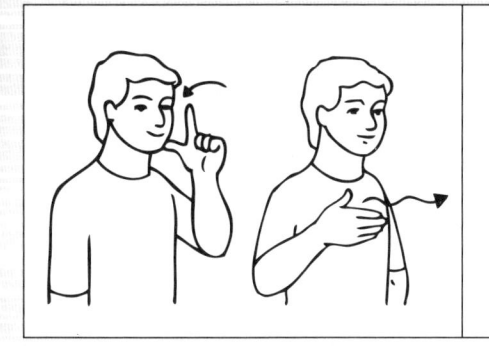

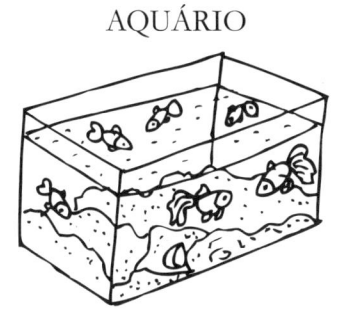

Fazer o sinal de água (p. 161) e, em seguida:
CM: mão aberta, palma para dentro
PA: à frente
M: zigue-zague
O: para a esquerda

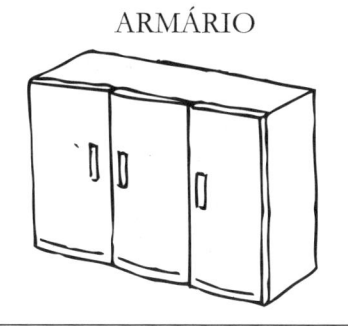

ARMÁRIO

Fazer a estrutura do armário e, em seguida:
CM: mãos em "A", palma a palma
PA: à frente
M: girar os pulsos
O: para dentro

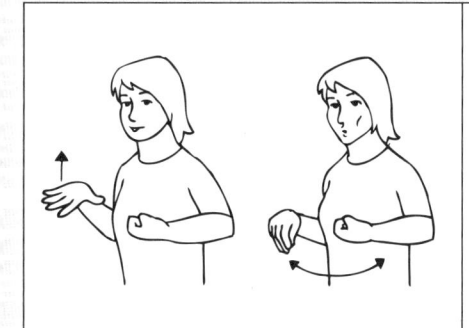

ASPIRADOR DE PÓ

CM: mão direita aberta, palma para baixo
PA: ao lado da mão esquerda
M: fechar, repetitivo
O: para cima e para baixo, para fora e para dentro
EF/C: sugar as bochechas

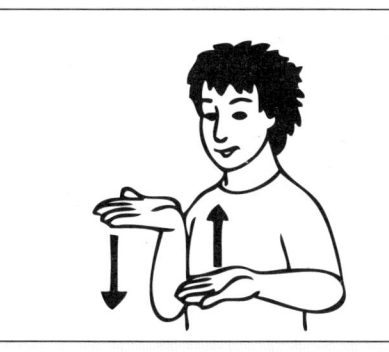

BALANÇA

CM: mãos em "S", palma a palma
PA: à frente
M: girar pelos pulsos
O: para a frente e para trás
Em seguida, fazer o sinal de cadeira (p. 122), movimento para a frente e para trás.

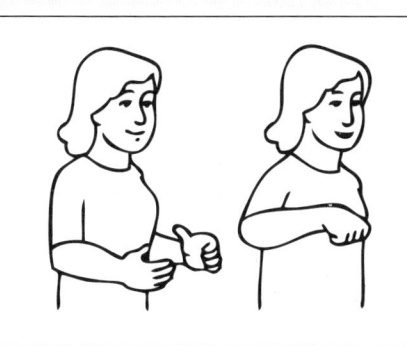

BALDE

Mão em "C" palma a palma, à frente do corpo, direcionado para baixo, e, em seguida:
CM: mão direita em "S", palma para baixo
PA: ao lado do corpo
M: sem movimento
O: sem orientação

BANDEJA

CM: mãos em "S" com palmas para cima
PA: à frente do corpo
M: afastar
O: para a frente

BANHEIRO

CM: mão direita com dedos indicador e mínimo esticados, palma para baixo
PA: tocando o antebraço esquerdo
M: aproximar e afastar
O: para baixo e para cima

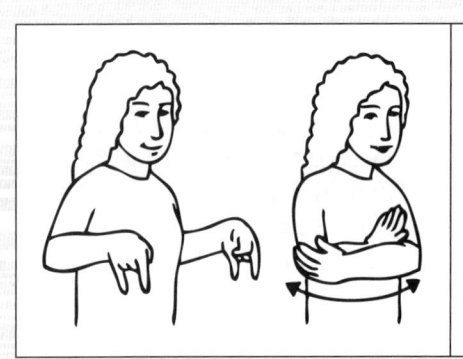

BERÇO

CM: mãos com dedos indicadores e mínimos esticados, palma a palma, com dedos apontando para baixo
PA: à frente
M: sem movimento
O: sem orientação
Em seguida, fazer o sinal de bebê (p. 72).

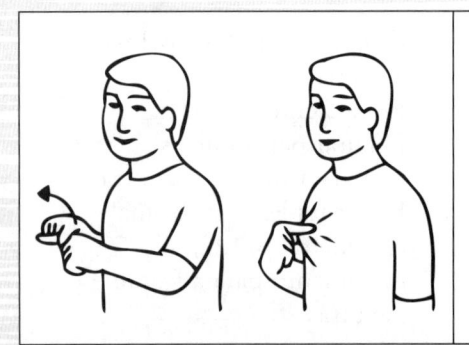

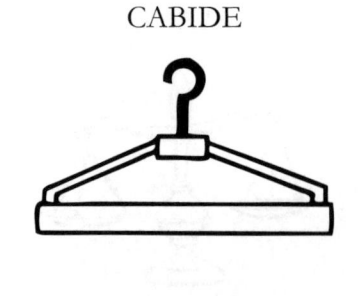

CABIDE

Mão direita com dedo indicador e polegar simulando segurar um pedaço de pano e, em seguida:
CM: mão direita em "X", com palma para baixo
PA: tocando a mão esquerda em "D" com palma para baixo
M: esfregar
O: para a frente

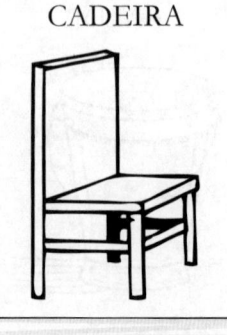

CADEIRA

CM: mão direita em "5", palma para baixo
PA: tocando a mão esquerda em "U" com palma para baixo
M: aproximar
O: para baixo

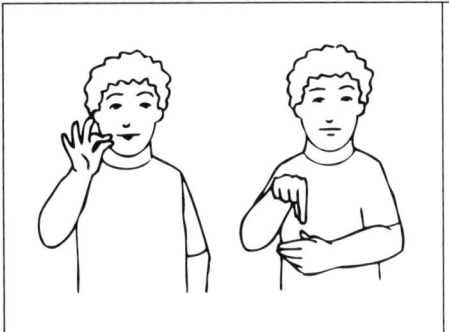

CAFETEIRA

CM: mão aberta com dedos indicador e polegar unidos, palma para a esquerda
PA: à frente da boca
M: girar pelo pulso
O: para dentro
E, em seguida, fazer a simulação de café pingando.

CAMA

CM: mãos com dedos indicadores e mínimos esticados, palma a palma, com dedos apontando para baixo
PA: à frente
M: sem movimento
O: sem orientação

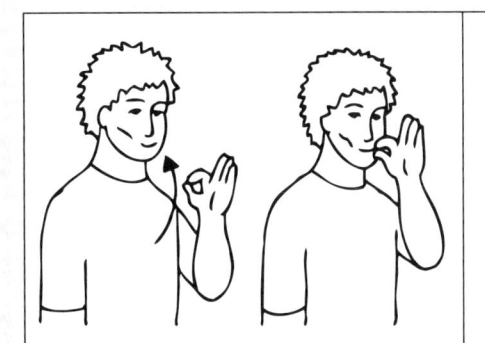

CANUDO

CM: mão direita com dedos indicador e polegar unidos, palma para a esquerda
PA: à frente da boca
M: aproximar
O: para cima
EF/C: sugar bochechas

CHAVE

CM: mão direita em "A", com palma para baixo
PA: à frente
M: girar pelo pulso
O: para cima

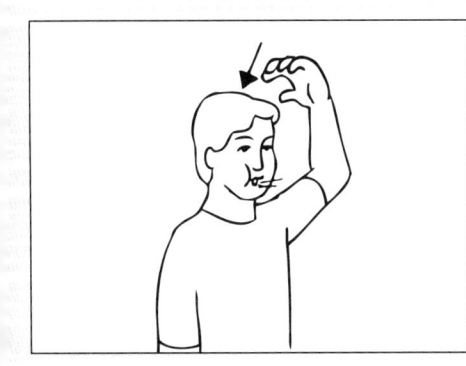

CHUVEIRO

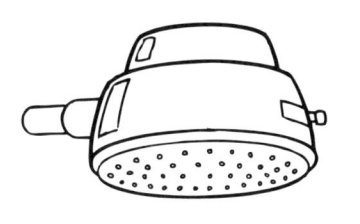

CM: mão direita em "C" com palma para baixo
PA: acima da cabeça
M: sem movimento
O: para baixo
EF/C: assoprar

CINZEIRO

CM: mão direita em "V", palma para dentro
PA: tocando a boca
M: girar pelo pulso, arco
O: para baixo e para a frente.

COBERTOR

Fazer o sinal de dormir (p. 257) e, em seguida:
CM: mãos em "A" com palmas para baixo, lado a lado
PA: à frente do corpo na altura da cintura
M: arco
O: para cima

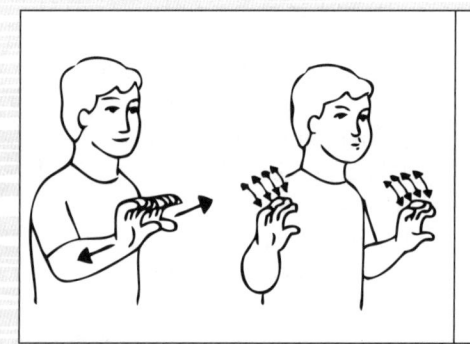

COLCHÃO

CM: mãos em "C", palmas para a frente
PA: à frente do corpo
M: flexionar os dedos
O: para os lados opostos
EF/C: bochechas infladas

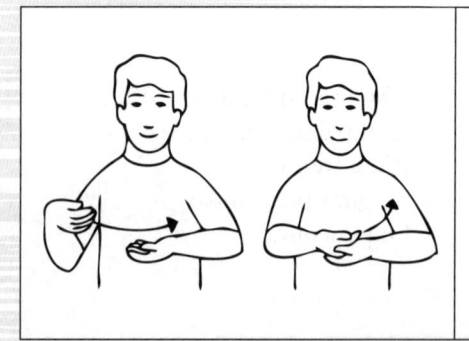

COLHER

CM: mão aberta com dedos curvados, palma para cima
PA: tocando a palma esquerda
M: arco
O: para a esquerda e para cima

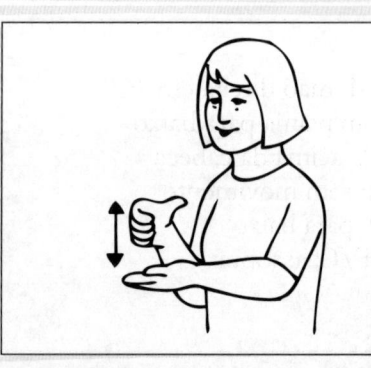

COPO

CM: mão direita em "C", com palma para a esquerda
PA: tocando a palma esquerda
M: aproximar e afastar
O: para baixo e para cima

CORTINA

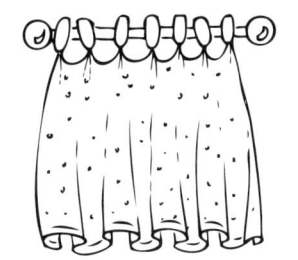

CM: mãos em "C", palmas para baixo
PA: à frente dos olhos
M: afastar e tremular os dedos
O: para os lados opostos

COZINHA

CM: mão direita em "A", palma para baixo
PA: à frente, acima da mão esquerda
M: girar pulso
O: sentido horário

ESPELHO

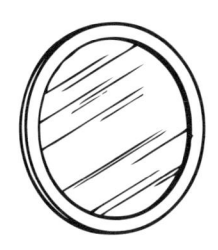

CM: mão direita aberta, com palma para a esquerda
PA: à frente do rosto
M: girar pelo pulso
O: para dentro

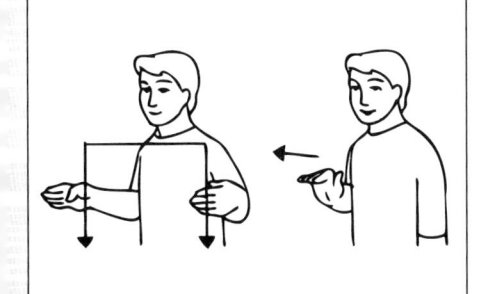

ESTANTE

Fazer estrutura da estante e, em seguida:
CM: mão direita aberta com dedos flexionados
PA: ao lado do corpo
M: duas vezes
O: para cima

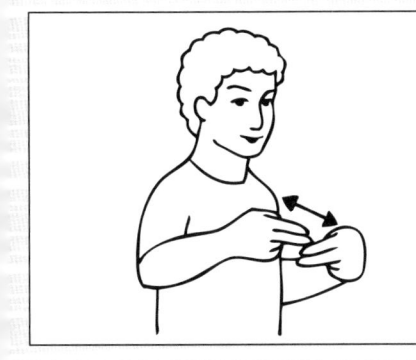

FACA

CM: mão direita em "U", palma para a esquerda
PA: tocando a mão esquerda em "U"
M: esfregar
O: para a frente e para trás.

	FILTRO DE ÁGUA 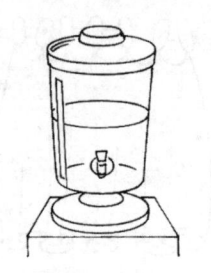	CM: mão direita em "L", palma para a esquerda PA: tocando o polegar no queixo M: flexionar o dedo O: para baixo Mão em "C" palma a palma, à frente do corpo, direcionado para baixo.
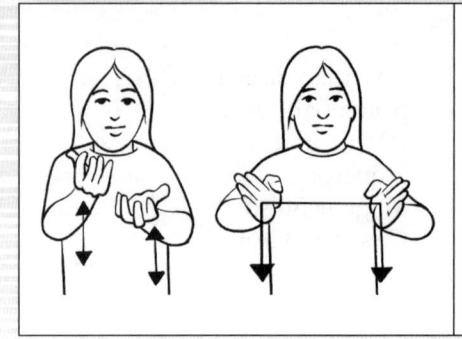	FOGÃO 	CM: Mãos abertas, dedos abertos, palma para cima PA: à frente M: tremular O: para cima e para baixo, alternado Em seguida, simular a estrutura do fogão.
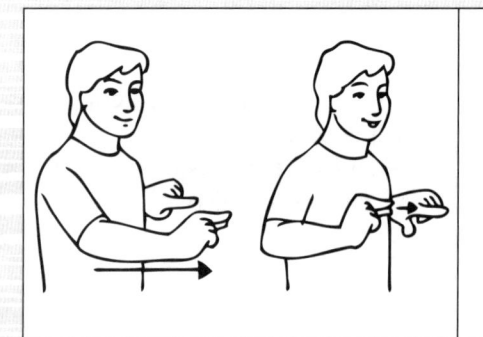	FÓSFORO 	CM: mão em "L" com dedos unidos e com palma para a esquerda PA: tocando o dedo indicador da mão esquerda em "D" M: esfregar O: para a frente
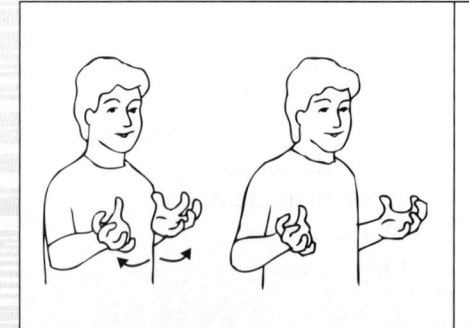	FRUTEIRA 	Fazer o sinal de tigela (p. 134) e, em seguida: CM: mão direita em "C", com palma para dentro PA: à frente da boca M: girar o pulso O: para cima e para a frente
	GARAGEM 	Fazer o sinal de carro e, em seguida: CM: mão em "5", palma para baixo PA: à frente M: aproximar da mão esquerda aberta, palma para baixo O: para a esquerda

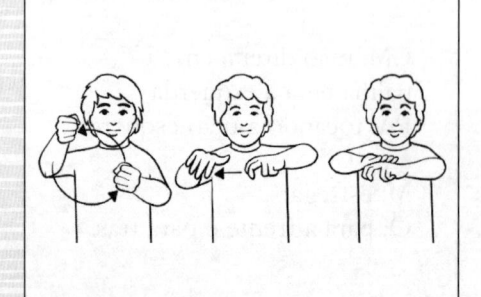

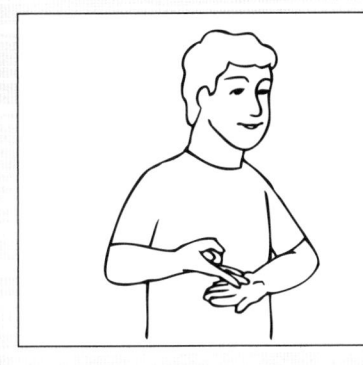	GARFO 	CM: mão direita em "W", palma para cima PA: tocando a palma esquerda M: esfregar O: para a esquerda
	GARRAFA PLÁSTICA 	Simular o tamanho da garrafa e, em seguida: CM: mãos com dedos unidos, palma a palma PA: à frente do corpo M: alternado O: para a frente e para trás
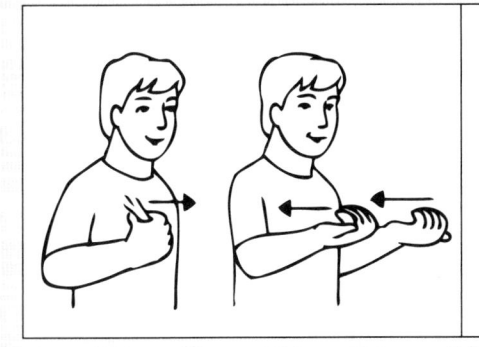	GAVETA 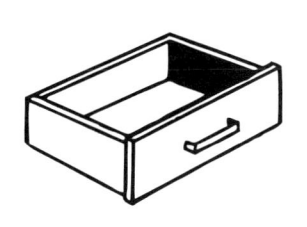	Mão direita com dedo indicador e polegar simulando segurar um pedaço de pano e, em seguida: CM: mãos em "C", palma para cima, lado a lado PA: na altura da cintura M: aproximar O: para dentro
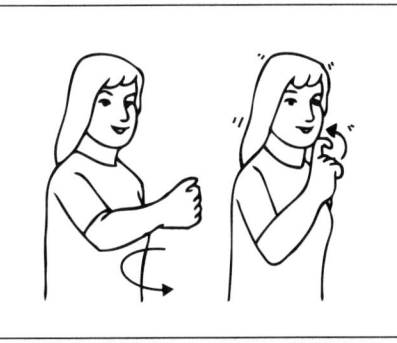	GELADEIRA 	CM: mão direita em "A", palma para a esquerda PA: ao lado do corpo M: arco O: para dentro Em seguida, mão em "X" batendo no queixo.
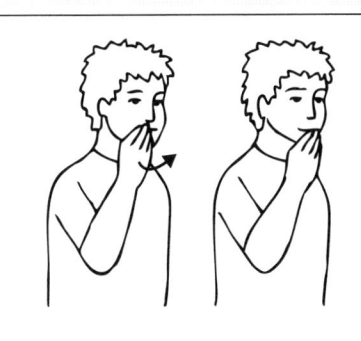	GUARDANAPO 	CM: mão direita aberta com palmas para dentro PA: tocando o canto da boca M: arco O: para a direita e para a esquerda

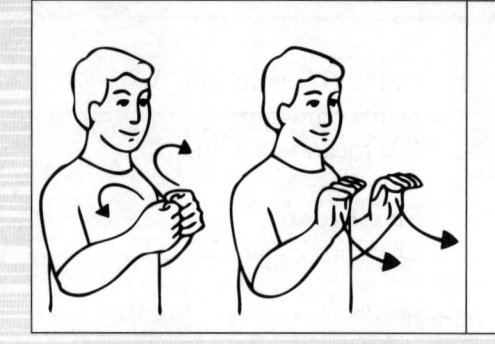

GUARDA-ROUPA

Fazer o sinal de abrir (p. 241) e, em seguida:
CM: mãos abertas com dedos flexionados, palma para a frente
PA: à frente
M: arco
O: para baixo e para a frente

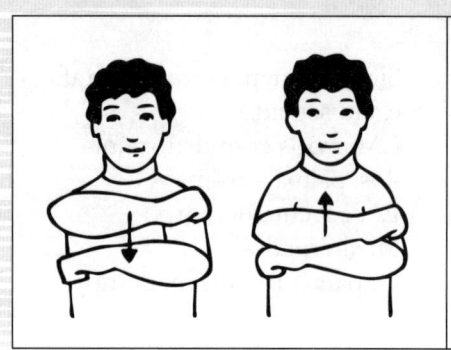

JANELA

CM: mãos fechadas, sobrepostas e cruzadas
PA: à frente do corpo
M: aproximar e afastar
O: para cima e para baixo

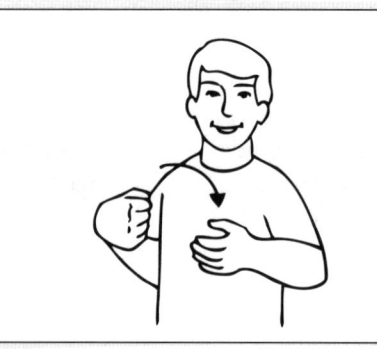

JARRA

CM: mão direita em "A", palma para dentro
PA: ao lado do corpo
M: arco
O: para a esquerda e para baixo

LÂMPADA

Mão direita, palma para cima, acima da cabeça, girar o pulso em semicírculo e, em seguida:
CM: mão direita em "S", palma para baixo
PA: acima da cabeça
M: abrir
O: para baixo

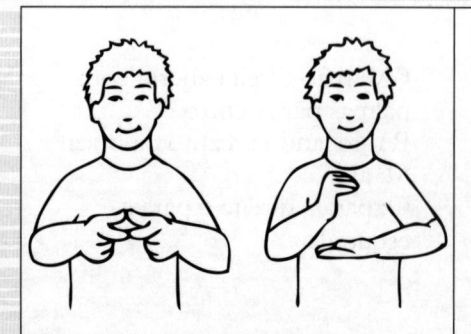

LATA

CM: mãos em "L" com dedos flexionados, palma a palma
PA: à frente do corpo
M: sem movimento
O: sem orientação
E em seguida demonstrar o tamanho da lata.

LENÇOL

CM: mãos abertas, com dedos indicadores e polegares unidos, palma para a frente
PA: à frente do corpo
M: dobrar pulsos
O: para cima e para baixo

LIQUIDIFICADOR

CM: mão direita em "D", com palma para dentro
PA: à frente do corpo
M: circular
O: sentido horário
EF/C: assoprando

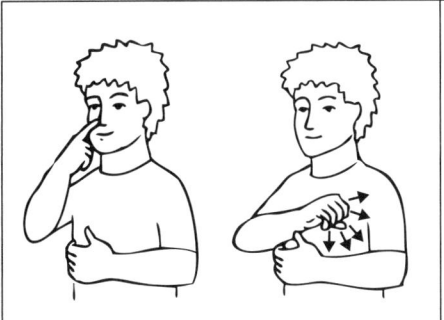

LIXEIRA

Fazer o sinal de lixo (p. 112) e, em seguida:
CM: mão direita fechada com palma para baixo
PA: ao lado do corpo
M: abrir os dedos
O: para a frente e para baixo

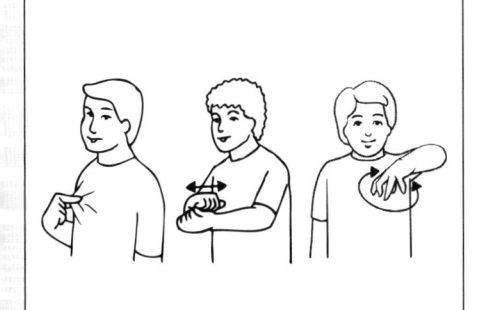

MÁQUINA DE LAVAR

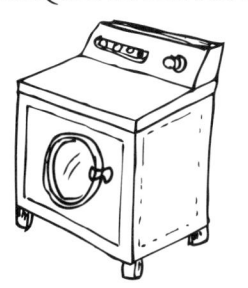

Mão direita, indicador e polegar segurando tecido, fazer o sinal de lavar (página 265) e, em seguida:
CM: mão direita em C, dedos abertos e palma para baixo
PA: à frente
M: girar
O: para esquerda e para a direita

MESA

CM: mãos abertas com palmas para baixo, lado a lado
PA: à frente
M: afastar
O: para os lados opostos e em seguida para baixo, palma a palma

MURO

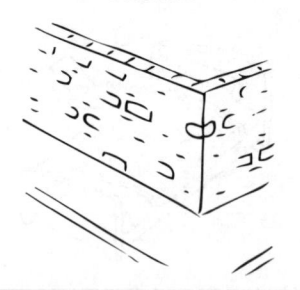

CM: mãos em "B", palmas para fora, lado a lado
PA: à frente
M: afastar
O: para os lados opostos

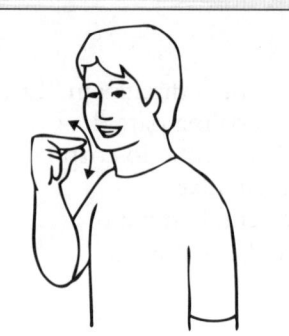

PALITO DE DENTE

CM: mão direita em "L" com dedo indicador e polegar unidos e palma para dentro
PA: à frente da boca
M: girar pelo pulso
O: para baixo e para cima
EF/C: sorrindo

PANELA

CM: mãos em "C", palma a palma
PA: à frente do corpo
M: sem movimento
O: sem orientação
Em seguida, fazer o sinal de cozinha (p. 125).

PENEIRA

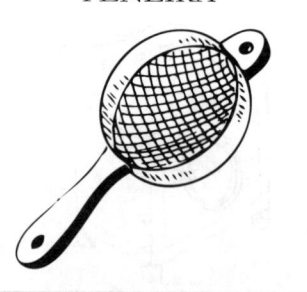

CM: mãos em "4", palmas para cima, sobrepostas
PA: à frente
M: sem movimento
O: sem orientação

PERSIANA

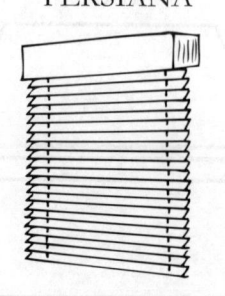

CM: mãos abertas, palma para baixo
PA: à frente do corpo
M: alternado
O: para cima

	PIA DE BANHEIRO 	Fazer a simulação de abrir a torneira e em seguida: CM: mãos em "C", sobrepostas PA: à frente do corpo M: esfregar O: para a esquerda e para a direita
	PISCINA 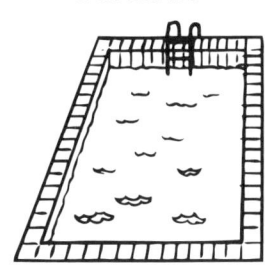	CM: mãos abertas com palma para baixo, lado a lado PA: à frente do corpo M: dobrar a mão direita pelo pulso O: para baixo Em seguida, mãos em "D" com palma para baixo, simular um tamanho de um quadrado.
	PISO 	CM: mãos em "L", palma para baixo PA: à frente do corpo M: arco O: para o lado direito
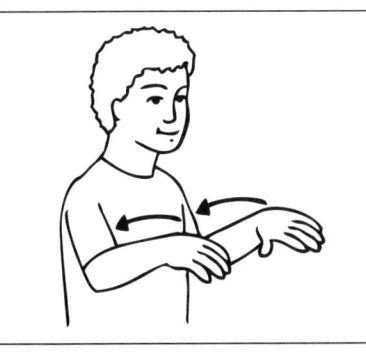	POLTRONA 	CM: mãos abertas com palmas para baixo, lado a lado PA: à frente do corpo M: aproximar O: para trás
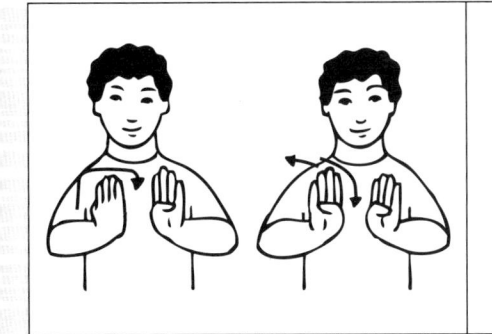	PORTA 	CM: mãos em "B", palmas para a frente, lado a lado PA: à frente do corpo M: girar pelo pulso a mão direita O: para a esquerda

	**PRATO** 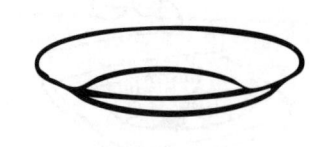	CM: mãos fechadas com polegares e indicadores abertos, palma a palma PA: à frente M: sem movimento O: sem orientação
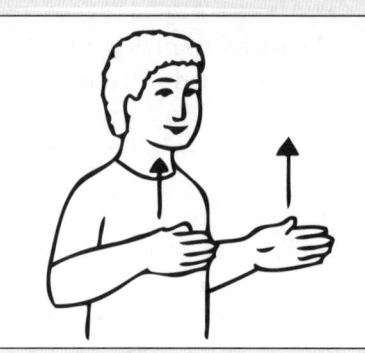	**PRÉDIO** 	CM: mãos abertas, palma a palma PA: ao lado do corpo M: sem movimento O: para cima
	**QUADRO** 	CM: mãos em "L", palmas para fora, lado a lado PA: à frente do rosto M: afastar O: para cima e para fora
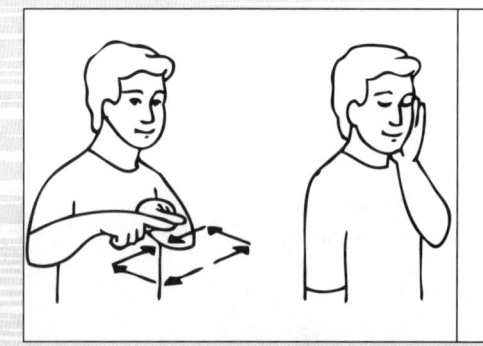	**QUARTO** 	Mão em "D" com palma para baixo, simular o tamanho de um quadrado e, em seguida: CM: mão direita aberta, palma para a esquerda PA: tocando a bochecha direita M: sem movimento O: sem orientação EF/C: olhos fechados
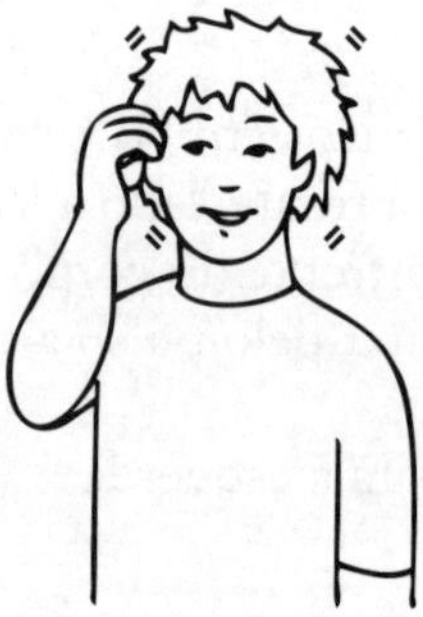	**RÁDIO** 	CM: mão direita em "C", palma para a esquerda PA: tocando a orelha direita M: sem movimento O: sem orientação

	RELÓGIO DE PAREDE 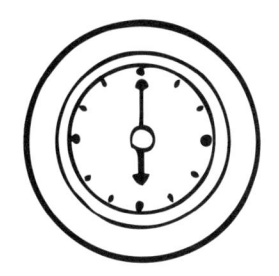	Apontar o pulso esquerdo e em seguida: CM: mãos em "L", palmas para fora PA: acima da cabeça M: sem movimento O: sem orientação
	SALA 	CM: mão direita aberta com palma para baixo, dedos pouco flexionados PA: à frente M: circular O: sentido horário
	SALEIRO 	Fazer o sinal de sal (p. 156) e, em seguida: CM: mão direita em "S", palma para fora PA: à frente do corpo M: duas vezes O: para baixo e para cima
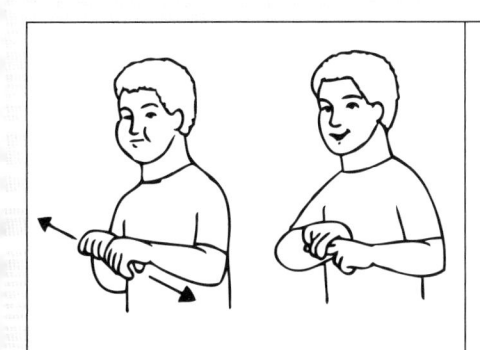	SOFÁ 	CM: mãos em "C", palmas para baixo, lado a lado PA: à frente do corpo M: afastar O: para os lados opostos Em seguida, fazer o sinal de sentar (p. 278).
	TAPETE 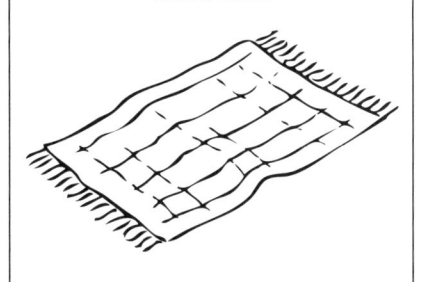	CM: mãos em "L", palmas para baixo, lado a lado PA: à frente do corpo M: afastar O: para os lados opostos

	TELEFONE 	CM: mão direita em "Y", palma para dentro PA: tocando a orelha direita pelo polegar direito M: sem movimento O: sem orientação
	TELEVISÃO 	CM: mãos em "L", palmas para a frente, lado a lado PA: à frente do rosto M: alternado O: para cima e para baixo
	TELHA 	CM: mão direita em "C" com palma para baixo PA: tocar os dedos da mão esquerda em "C", com palma para cima M: aproximar e afastar O: para o centro
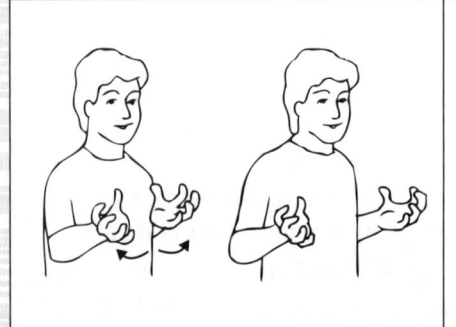	TIGELA 	CM: mãos em "C", com palmas para cima, lado a lado PA: à frente do corpo M: afastar O: para os lados opostos e para cima
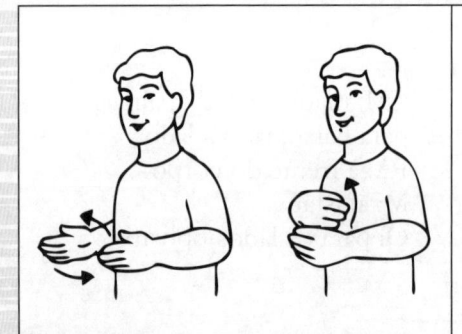	TIJOLO 	Simular o tamanho do tijolo e, em seguida: CM: mãos em "B", com palmas para dentro PA: tocando o dedo indicador da mão esquerda M: alternado O: para cima e para dentro

	TOALHA DE BANHO	
		CM: mãos em "S", palma para fora PA: ao lado da cabeça M: simultâneo O: para os lados

	TOALHA DE ROSTO	
		CM: mãos abertas com palma para dentro PA: à frente do rosto M: circular O: sentido horário

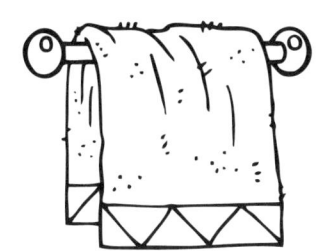

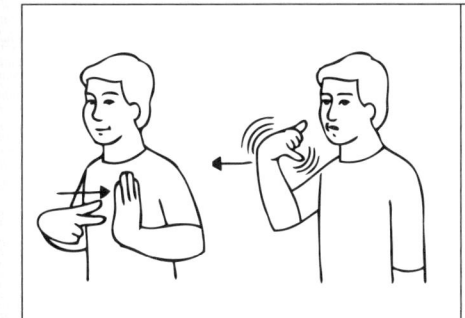

	TOMADA	
		CM: mão direita em "V" com palma para dentro PA: tocando a palma da mão esquerda M: aproximar O: para a esquerda Em seguida fazer o sinal de eletricidade.

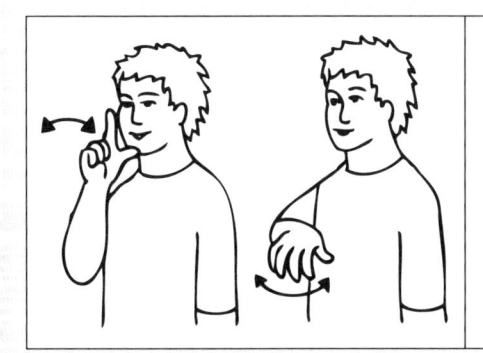

	TORNEIRA	
		Fazer o sinal de água e em seguida: CM: mão direita em "C", com palma para baixo PA: à frente do corpo M: girar pelo pulso O: para a direita e para a esquerda

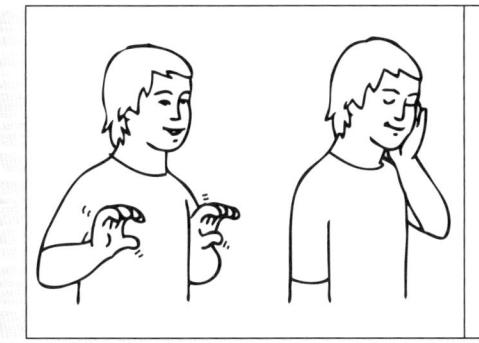

	TRAVESSEIRO	
		CM: mãos em "C", lado a lado, com palmas para a frente PA: à frente do corpo M: dobrando os dedos O: sem orientação Em seguida, fazer o sinal de dormir (p. 257).

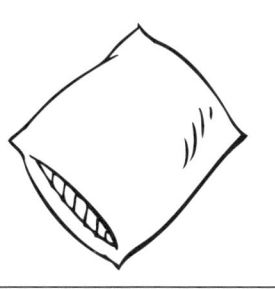

VASO

Fazer o sinal de tigela (p. 134) e, em seguida:
CM: mão direita em "F", palma para a esquerda
PA: tocando a ponta do nariz
M: raspar
O: para dentro e para cima

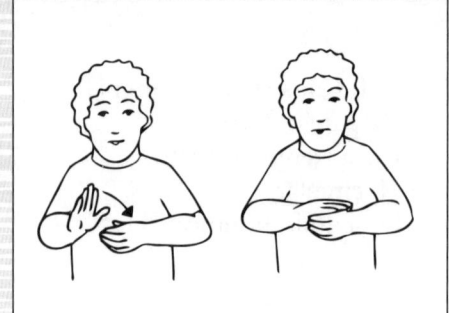

VASO SANITÁRIO

CM: mão aberta, palma para a frente
PA: acima da mão esquerda em "C"
M: aproximar
O: para baixo

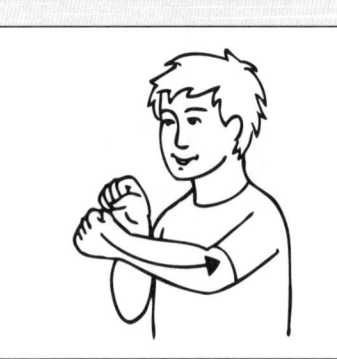

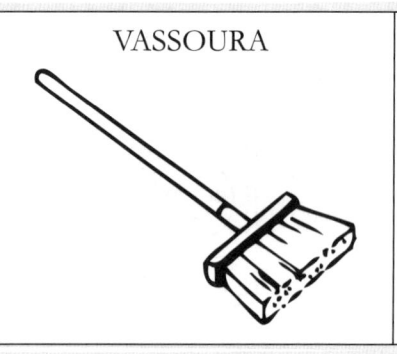

VASSOURA

CM: mãos fechadas, sobrepostas, com palma para dentro
PA: à frente do corpo
M: girar pelos pulsos
O: para a esquerda e para baixo

VELA

CM: mão direita em "C", com palma para cima
PA: tocar o dedo indicador da mão esquerda em "D"
M: oscilar os dedos
O: sem orientação

VENTILADOR

CM: mão direita em "C", com palma para a esquerda
PA: tocando o dorso da mão esquerda com palma para baixo
M: girar pelos pulsos
O: para dentro e para fora
EF/C: assoprar

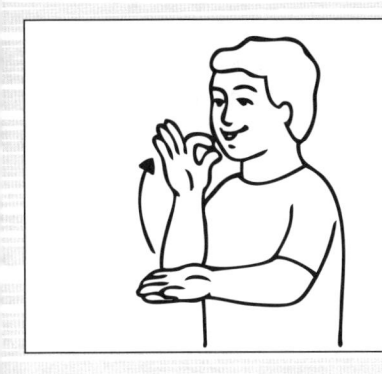

	XÍCARA	CM: mão direita com dedo indicador e polegar unidos e demais dedos abertos, com palma para a esquerda PA: à frente do corpo e à frente da boca M: sem movimento O: para cima

ALIMENTOS

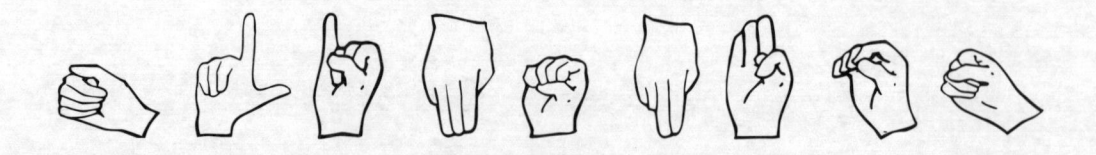

	ABACATE 	CM: mão direita em "C", palma para cima PA: tocando a palma da mão esquerda M: raspar O: para a esquerda e para dentro
	ABACAXI 	CM: mão direita em "C", com palma para cima PA: tocando o dorso da mão esquerda com palma para baixo M: aproximar e afastar O: para cima e para baixo
	ABÓBORA 	CM: mãos em "C", palma a palma PA: à frente do corpo M: afastar, sinuosamente O: para a esquerda
	ABOBRINHA 	CM: mão em "C", palma para a esquerda PA: tocando os dedos da mão esquerda M: sem movimento O: sem orientação
	AÇÚCAR 	CM: mão direita em "B", palma para dentro PA: à frente da boca M: circular O: sentido horário

AGRIÃO

CM: mão direita em "L" com dedos unidos
PA: tocando o dedo da mão esquerda
M: duas vezes
O: para a frente

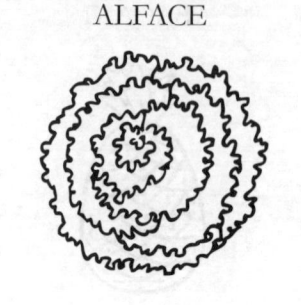

ALFACE

CM: mãos em "C", palmas para cima
PA: à frente
M: girar pelo pulso
O: para os lados opostos

ALHO

CM: mão direita em "S", palma para dentro
PA: tocando a palma esquerda
M: esfregar, dobrando os pulsos
O: para dentro e para fora

AMENDOIM

CM: mãos unidas com polegares distendidos e demais dedos fechados, palma a palma
PA: à frente
M: fechar
O: para baixo

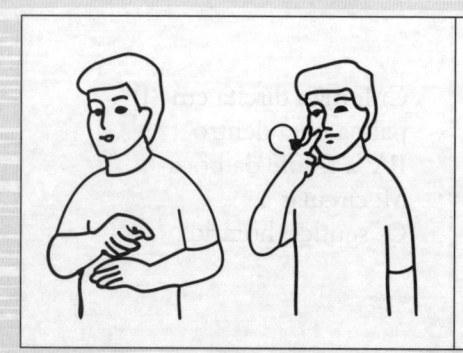

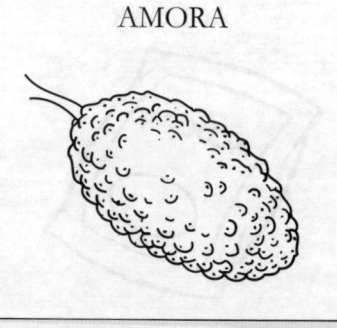

AMORA

CM: mão aberta com dedos polegar e indicador unidos
PA: à frente
M: sem movimento
O: para cima e para baixo
Em seguida, fazer o sinal de vinho (p. 109).

	ARROZ	
		CM: mãos em "A", palma a palma PA: à frente M: esfregar alternadamente O: para cima e para baixo
	AZEITE	
		CM: mão direita em "Y", palma para dentro PA: acima da mão esquerda aberta M: aproximar em arco O: para baixo
	AZEITONA	
		CM: mão direita em "C", palma para dentro PA: à frente do corpo M: sem movimento O: sem orientação Em seguida, fazer o sinal de verde (p. 109).
	BALA	
		CM: mão direita em "X", com palma para dentro PA: tocando a bochecha direita M: esfregar O: para baixo EF/C: bochecha distendida pela língua
	BANANA	
		CM: mão direita em "A", palma para dentro PA: tocar o dedo da mão esquerda em "D", palma para a direita M: em arco, duas vezes O: para baixo

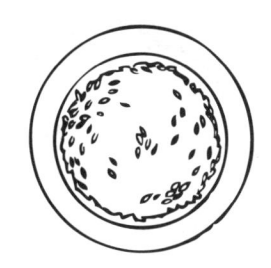

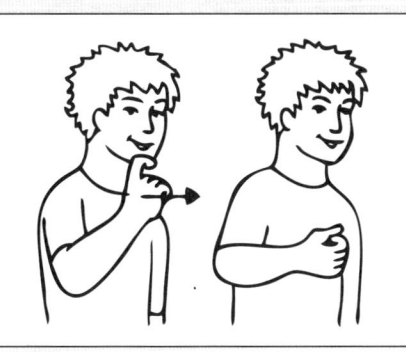

BATATA

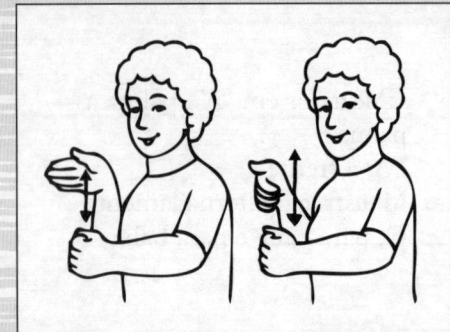

CM: mão direita aberta, palma para a esquerda
PA: tocando acima da mão esquerda fechada com palma para a direita
M: dobrando os dedos, aproximar e afastar
O: para cima e para baixo

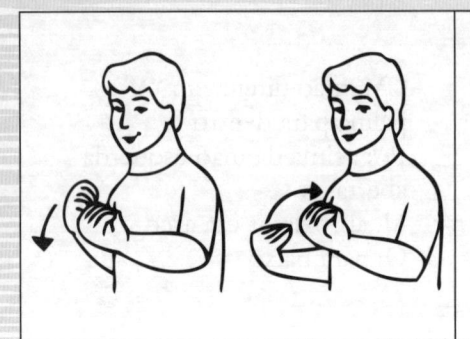

BATATA-DOCE

CM: mão direita com dedos unidos, palma para a esquerda e dedos apontando para a esquerda
PA: tocando as pontas dos dedos da mão esquerda
M: arco
O: para baixo

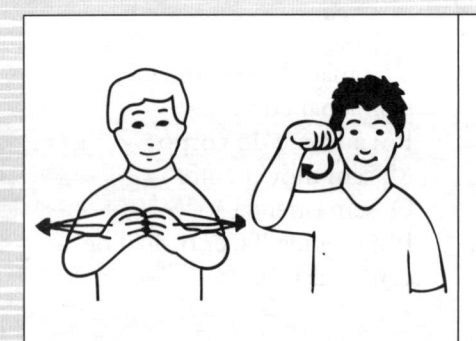

BERINJELA

CM: mãos com dedos unidos, palma a palma
PA: à frente
M: afastar e fechar
O: para os lados opostos
E, em seguida, fazer o sinal de preto (p. 108).

BETERRABA

Tocar a ponta da língua com o dedo indicador e, em seguida:
CM: mãos fechadas com polegares e indicadores abertos, palma a palma
PA: à frente
M: sem movimento
O: sem orientação

BISCOITO/BOLACHA

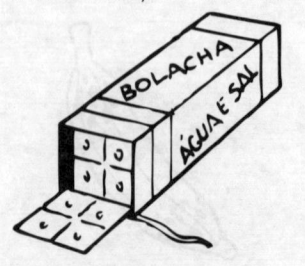

CM: mão direita em "L", com dedos curvados, palma para dentro
PA: tocando os cantos da boca
M: aproximar
O: para dentro

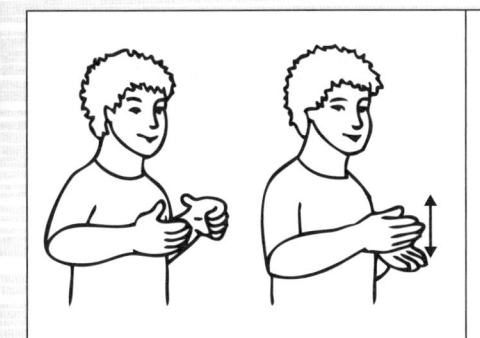

	BOLO 	Simular o tamanho do bolo e, em seguida: CM: mão direita aberta, palma para a esquerda PA: tocando a palma esquerda aberta M: aproximar e afastar, dobrando os dedos O: para cima e para baixo
	BOMBOM 	CM: mãos em "A" PA: tocando os cantos da boca M: girar pelos pulsos, alternado O: para dentro e para fora
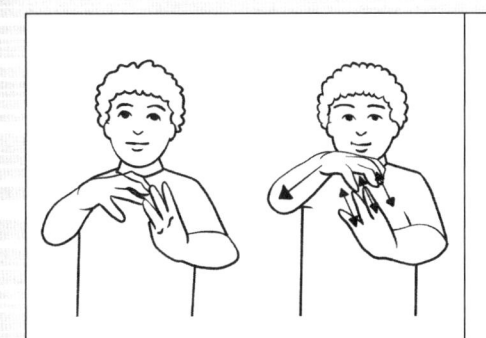	BRÓCOLIS 	CM: mão em "C" com os dedos abertos e palma para baixo PA: tocando os dedos da mão em "W" palma para dentro M: aproximar e afastar O: para cima e para baixo e, depois para direita
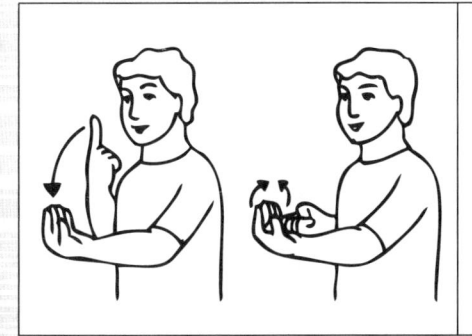	CACHORRO-QUENTE 	CM: mão direita em "D", com palma para cima PA: tocando a palma da mão esquerda em "C", palma para cima M: aproximar e fechar os dedos da mão esquerda levemente O: para baixo
	CAFÉ 	CM: mão direita com dedos indicador e polegar unidos e demais dedos abertos, palma para a esquerda PA: à frente da boca M: aproximar e afastar, girando pelos pulsos O: para a frente e para trás

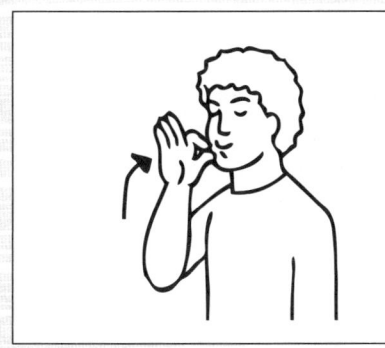

CAJU

CM: mão direita em "X", com palma para baixo
PA: tocando o dorso do dedo indicador da mão direita no dedo mínimo da mão esquerda fechada com palma para a direita
M: sem movimento
O: sem orientação

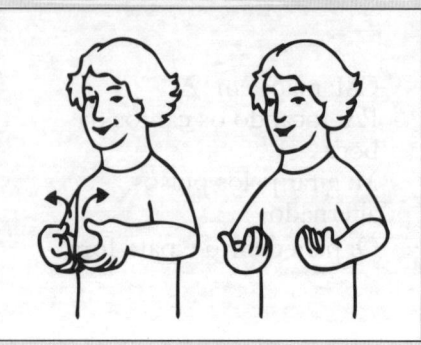

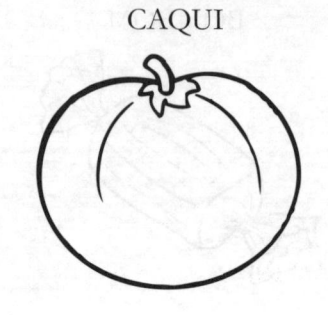

CAQUI

CM: mãos em "C", com palmas para cima, lado a lado
PA: à frente
M: girar os pulsos
O: para cima e para fora

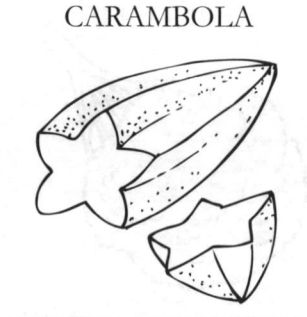

CARAMBOLA

CM: mãos em "1", palmas para dentro
PA: dedos sobrepostos
M: sem movimento
O: sem orientação

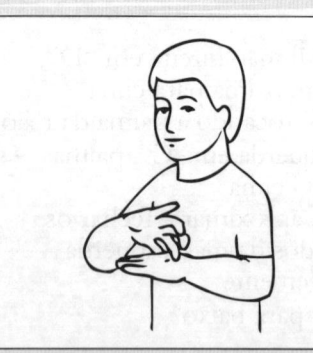

CARNE

CM: mão aberta com dedos indicador e polegar unidos, palma para baixo
PA: beliscando o dorso da mão esquerda aberta
M: sem movimento
O: sem orientação

CEBOLA

CM: mãos em "L", dedos curvados, palma a palma
PA: à frente
M: sem movimento
O: sem orientação
E, em seguida, fazer o sinal de chorar (p. 248).

144

CEBOLINHA

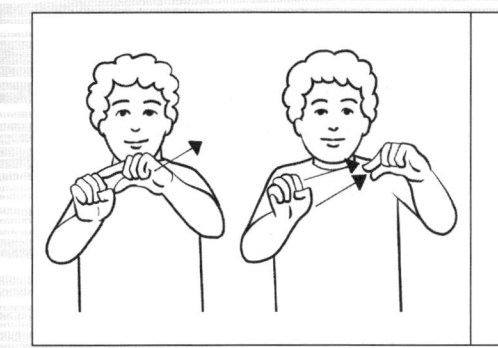

CM: Mão direita fechada com polegares e indicadores abertos, palma para baixo
PA: tocando os polegares e indicadores da mão esquerda
M: distanciar
O: para cima e para a direita

CENOURA

CM: mão em "S", palma para fora
PA: ao lado da cabeça
M: aproximar
O: para a esquerda

Em seguida, fazer o sinal de coelho (pg. 190)

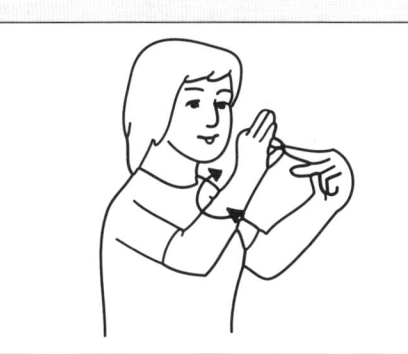

CEREJA

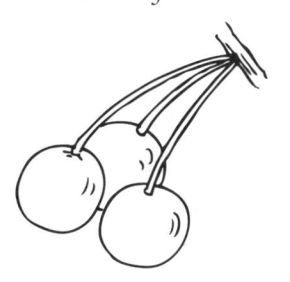

CM: mão aberta, dedos polegar e indicador unidos, palma para a esquerda
PA: tocando nos dedos da mão esquerda em "V"
M: aproximar e afastar em arco
O: para dentro e para fora

CHÁ

CM: mão aberta, dedos indicador e polegar unidos, palma para baixo
PA: acima da mão esquerda em "C"
M: aproximar e afastar repetidamente
O: para baixo e para cima

CHICLETE

CM: mão em "L", dedos unidos, palma para a esquerda
PA: tocando o canto da boca
M: afastar e aproximar
O: para fora e para dentro
EF/C: bochechas infladas e simular mastigação

CHOCOLATE

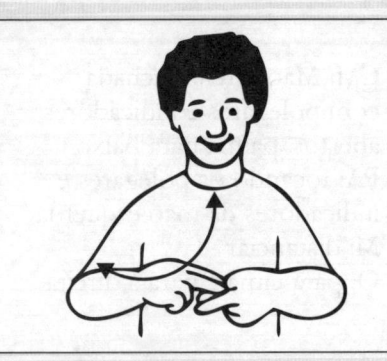

CM: mãos em "U" cruzadas
PA: tocando a lateral do indicador da mão esquerda
M: girar pelo pulso
O: para fora e para dentro

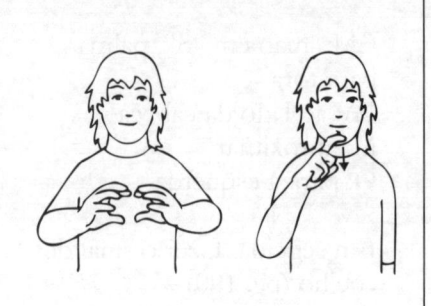

CHUCHU

CM: mão em "C", palma a palma
PA: à frente
M: sem movimento
O: sem orientação
E, em seguida, fazer o sinal de verde (p. 109).

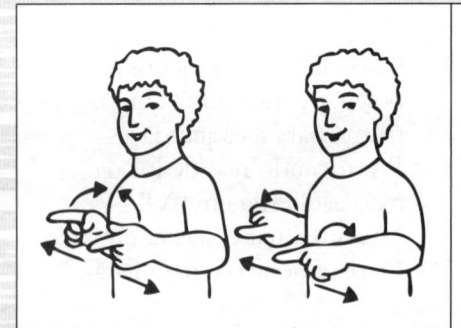

CHURRASCO

CM: mãos em "D", palma a palma
PA: à frente
M: girar os pulsos
O: para fora e para dentro

COCO

CM: mãos em "C", palma a palma
PA: altura da orelha
M: balançar
O: para fora e para dentro

COUVE

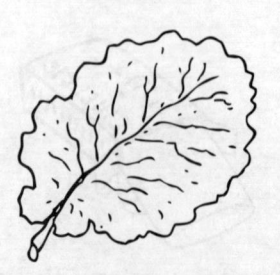

CM: mão aberta, palma para fora
PA: ao lado do corpo
M: tremular
O: para cima

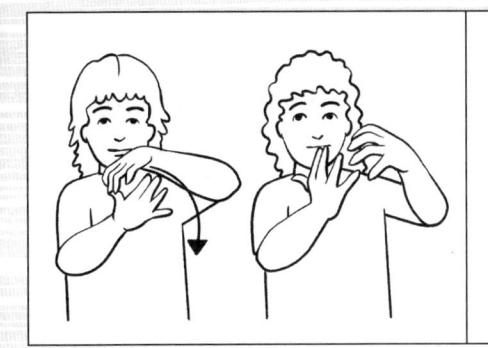

COUVE-FLOR

CM: mão em "C" com dedos abertos, palma para baixo
PA: acima da mão aberta, palma para dentro
M: deslizar
O: para a direita e para baixo

DOCE

CM: mão direita em "B", palma para dentro
PA: à frente da boca
M: circular
O: sentido horário

ERVILHA

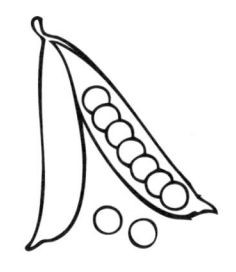

Fazer o sinal de verde (p. 109) e, em seguida:
CM: mão em "L", dedos unidos, palma para a esquerda
PA: tocando o dedo indicador da mão esquerda
M: arco, aproximar e afastar, várias vezes
O: para cima, para baixo e para a frente

FEIJÃO

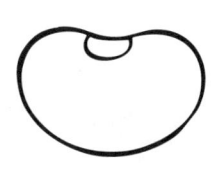

CM: mão aberta, dedos unidos pelas pontas, palma para a esquerda
PA: tocando o indicador da mão esquerda
M: girar o pulso
O: para a frente e para trás

FIGO

CM: mão direita em "D", palma para dentro
PA: tocando a ponta dos dedos da mão esquerda
M: sem movimento
O: sem orientação

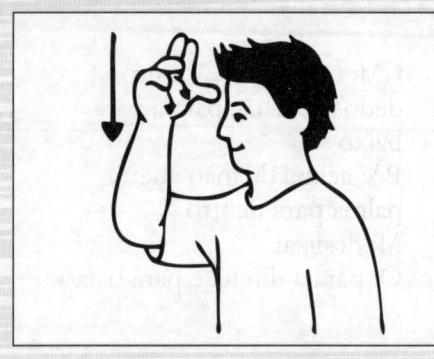

FRANGO

CM: mão aberta, palma para a esquerda
PA: altura da testa
M: fechar os dedos um a um
O: para baixo

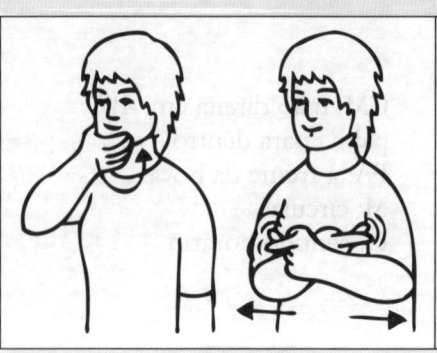

FRUTAS

Fazer o sinal de maçã (p. 150) e, em seguida:
CM: mãos em "V", palmas para dentro
PA: braços cruzados
M: afastar e tremular os dedos
O: para os lados opostos

GELATINA

CM: mão em "C", palma para baixo
PA: tocando a palma da mão esquerda
M: balançar rapidamente
O: sem orientação

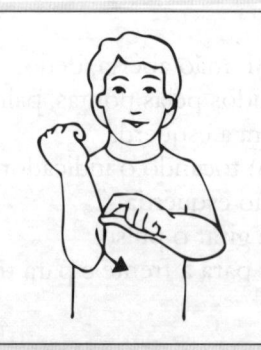

JABUTICABA

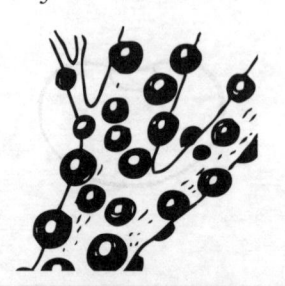

CM: mão em "L", dedos unidos, palma para a esquerda
PA: tocando o braço esquerdo
M: afastar e aproximar em arco
O: para baixo

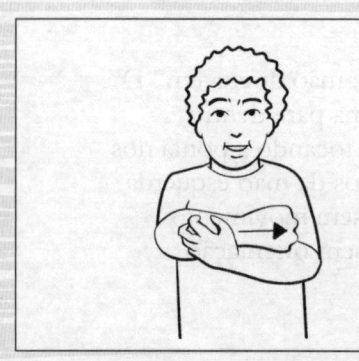

JACA

CM: mão em "C", palma para dentro
PA: tocando antebraço
M: raspar
O: para a direita

KIWI

CM: mão em "M", palma para baixo
PA: tocando a lateral da mão esquerda em "O"
M: aproximar e afastar
O: para baixo e para cima

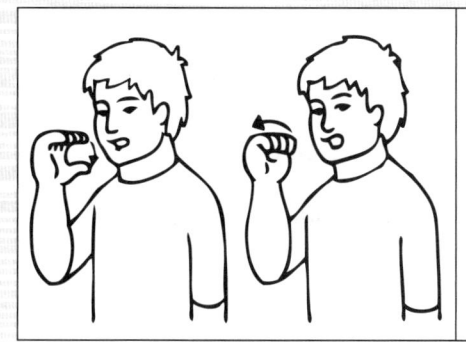

LARANJA

CM: mão em "C", palma para a esquerda
PA: à frente da boca
M: abrir e fechar
O: sem orientação

LEITE

CM: mão em "C", palma para a esquerda
PA: à frente
M: fechar e abrir
O: para baixo

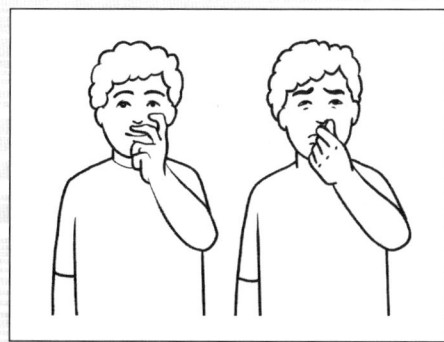

LIMÃO

CM: mão fechada com dedo polegar, indicador e médio abertos, palma para a esquerda
PA: a frente da boca
M: fechar
O: sem orientação
EF/C: fechar os olhos

LINGUIÇA

CM: mãos abertas, dedos polegar e indicador unidos, palma para a frente
PA: à frente
M: afastar em arco
O: para os lados opostos

MAÇÃ

CM: mão em "C", palma para dentro
PA: à frente da boca
M: repetitivo, girando o pulso
O: para cima e para a frente

MACARRÃO

CM: mãos em "W", palmas para dentro, sobrepostas
PA: à frente
M: circular
O: sentido horário e anti-horário

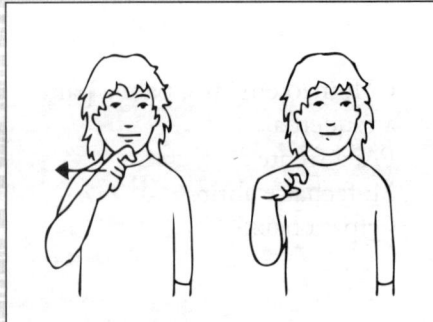

MAIONESE

CM: mão em "X", palma para baixo
PA: tocando o queixo
M: esfregar
O: para a direita

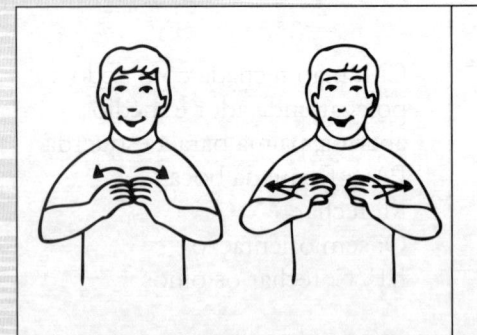

MAMÃO

CM: mãos em "C", dedos unidos, palma a palma
PA: à frente
M: afastar, dedos unidos pelas pontas
O: para os lados opostos

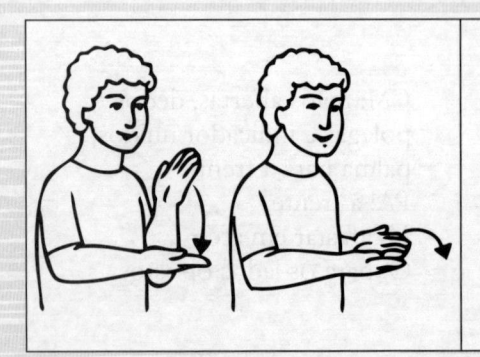

MANDIOCA

CM: mão aberta, palma para a esquerda
PA: ao lado da cabeça
M: aproximar e girar o pulso
O: para baixo

MANGA

CM: mão em "B", palma para baixo
PA: tocando abaixo da boca
M: afastar e aproximar
O: para fora e para dentro

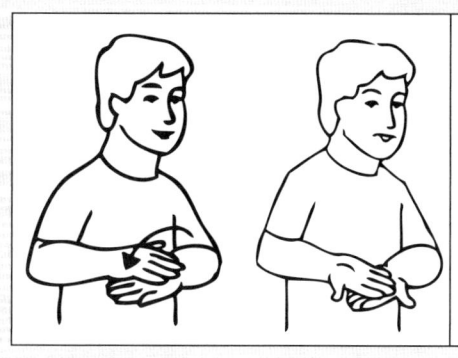

MANTEIGA/MARGARINA

CM: mãos abertas e sobrepostas, palma a palma
PA: à frente
M: deslizar e girar o pulso
O: para dentro e para fora

MARACUJÁ

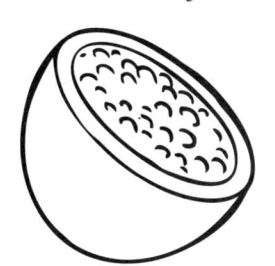

CM: mãos em "C", com dedos abertos, palma a palma
PA: à frente
M: fechar e aproximar
O: para o centro

MEL

CM: mão em "A", palma para fora
PA: ao lado da boca
M: girar o pulso
O: para dentro
EF/C: língua para fora e em seguida, fechar a boca, recolhendo a língua

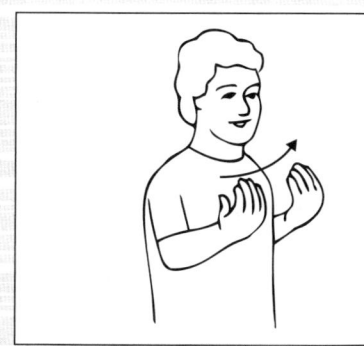

MELANCIA

CM: mãos em "C", palma para cima
PA: à frente da boca
M: arco
O: para a direita

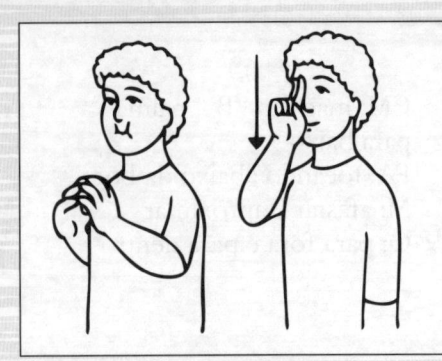	MELÃO 	EF/C: simular mastigação CM: mãos em "C", palma a palma PA: à frente M: sem movimento O: sem orientação EF/C: bochechas infladas Em seguida fazer o sinal de amarelo (p. 106).
	MEXERICA 	CM: mão aberta, dedos unidos, palma para baixo PA: tocando a mão esquerda em "C", palma para cima M: arco O: para baixo
	MILHO 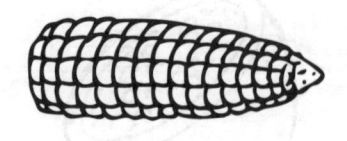	CM: mãos em "C", com dedos abertos, palmas para dentro PA: a frente da boca M: deslizar O: para a direita e para a esquerda EF/C: boca aberta, mostrando os dentes
	MOLHO 	CM: mão aberta, palma para cima PA: acima da mão esquerda aberta, palma para cima M: circular O: sentido horário
	MORANGO 	CM: mão em "X", palma para baixo PA: tocando o dorso da mão esquerda M: aproximar e afastar, várias vezes O: para cima e para baixo

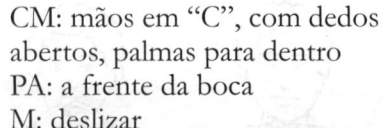

	ÓLEO 	CM: mão em "Y", palma para dentro PA: acima da mão esquerda M: circular O: sentido horário
	OVO 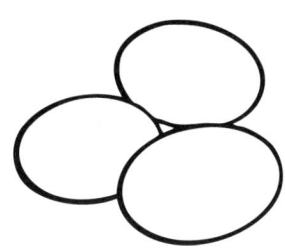	CM: mãos em "O", palma a palma PA: à frente M: afastar e abrir os dedos O: para os lados opostos e para baixo
	PÃO 	CM: mãos em "S", palma a palma PA: à frente M: dobrar o pulso O: para dentro e para os lados opostos
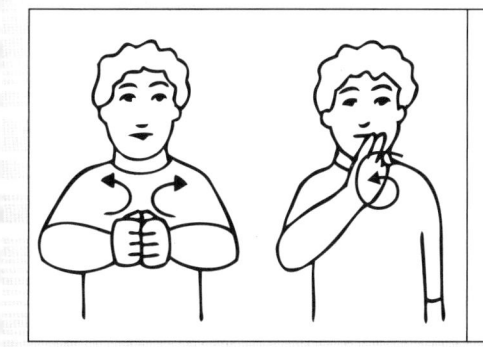	PÃO DOCE 	Fazer sinal de pão (nesta página) e, em seguida, o sinal de doce (p. 147).
	PASTEL 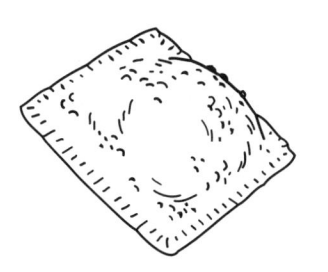	CM: mão em "W", palma para baixo PA: tocando a palma da mão esquerda M: aproximar e afastar em arco O: sentido horário

PEPINO

CM: mão em "C" com palma para baixo
PA: acima da mão em "O"
M: circular
O: sentido horário

PERA

CM: mãos abertas, dedos flexionados, palma a palma
PA: acima da mão esquerda
M: fechando os dedos
O: para cima

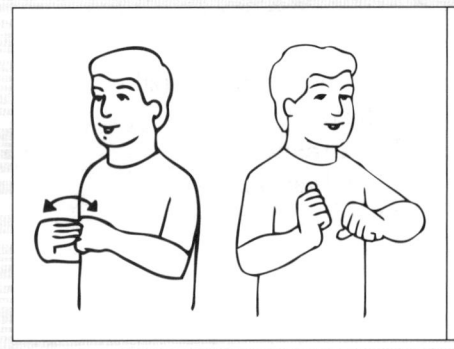

PÊSSEGO

CM: mão aberta, palma para baixo
PA: tocando o dorso da mão esquerda
M: esfregar e dobrar os dedos
O: para a esquerda e para a direita

PIMENTA

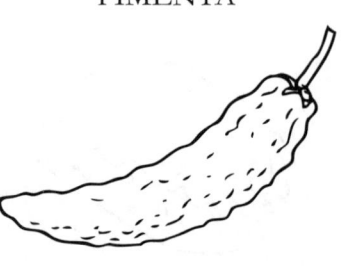

CM: mão aberta, palma para baixo
PA: altura da boca
M: dobrar o pulso
O: para baixo e para cima
EF/C: boca aberta, língua para fora e olhos fechados

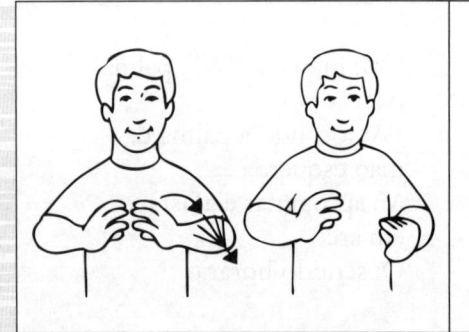

PIMENTÃO

CM: mãos em "C", palma a palma
PA: à frente
M: afastar a mão direita e unir pelas pontas dos dedos
O: para a direita e para baixo

	PIPOCA 	CM: mãos em "D", palma para dentro PA: à frente M: esticar os dedos alternadamente O: para cima e para baixo
	PIRULITO 	CM: mão em "S", palma para a esquerda PA: na altura da boca M: afastar e aproximar O: para baixo e para cima EF/C: boca aberta e língua para fora
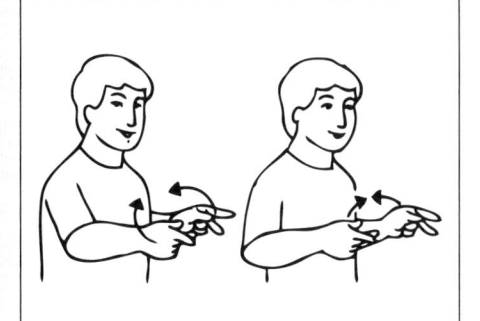	PIZZA 	CM: mãos em "P", palma a palma PA: à frente M: circular O: sentido horário
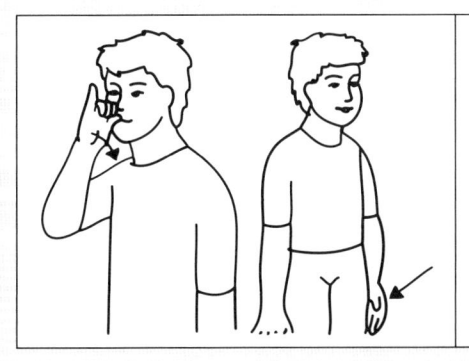	PRESUNTO 	CM: mão direita em "I", palma para a esquerda PA: tocando o nariz M: girar o pulso O: para a esquerda e para a direita E em seguida bater na coxa direita.
	PUDIM 	CM: mão em "C", palma para cima PA: tocando a palma da mão, palma para cima M: raspar O: para a esquerda

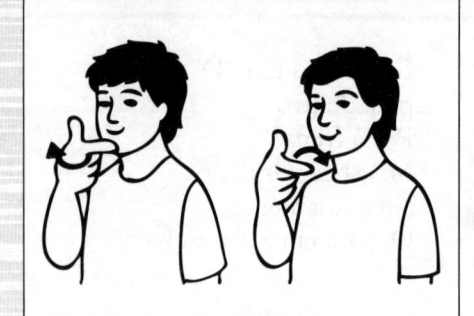

QUEIJO

CM: mão em "L", palma para dentro
PA: tocando o queixo
M: aproximar e afastar
O: para dentro e para fora

REPOLHO

CM: mãos abertas, palmas para dentro
PA: tocando o dorso da mão esquerda
M: afastar
O: para fora

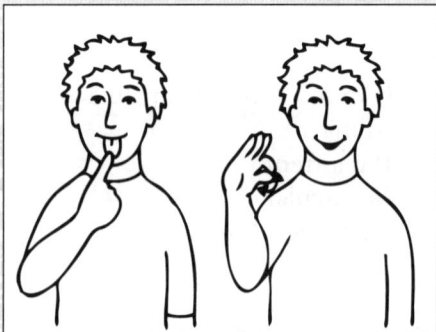

SAL

CM: mão em "D" com palma para dentro
PA: tocar a língua
M: sem movimento
O: sem orientação
EF/C: boca aberta e língua para fora
E em seguida esfregar os dedos indicador e polegar.

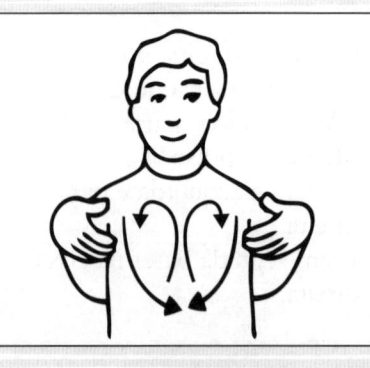

SALADA

CM: mãos em "C", palma a palma
PA: à frente
M: arco
O: para cima

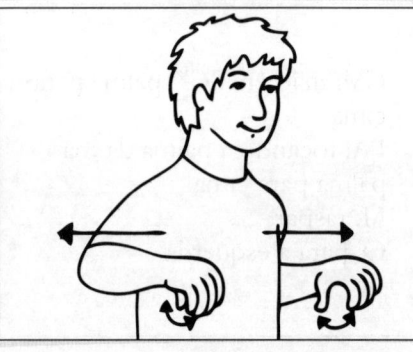

SALSICHA

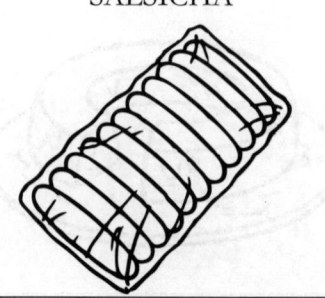

CM: mãos em "C", palmas para baixo
PA: à frente
M: fechar os dedos e afastar
O: para os lados opostos

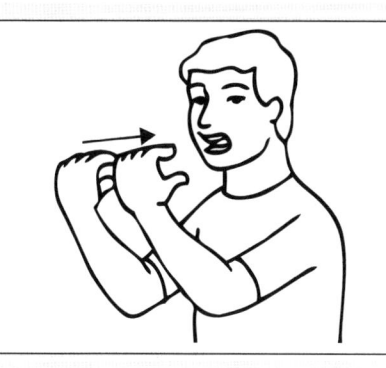

SANDUÍCHE

CM: mãos em "C", palma para dentro
PA: altura da boca
M: aproximar
O: para dentro
EF/C: mexer a boca abrindo e fechando, simular morder

SOPA

CM: mão aberta, dedos curvados, palma para cima
PA: tocando a palma da mão esquerda
M: arco
O: para cima

SORVETE/PICOLÉ

CM: mão em "S", palma para dentro
PA: altura da boca
M: girar o pulso
O: para dentro
EF/C: boca aberta e língua para fora

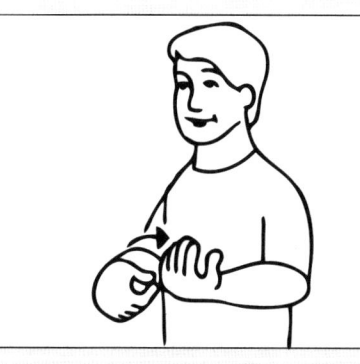

TANGERINA

CM: mão aberta, dedos unidos, palma para baixo
PA: tocando a mão esquerda em "C", palma para cima
M: arco
O: para baixo

TOMATE

Fazer o sinal de vermelho (p. 109) e, em seguida:
CM: mãos em "L", palma a palma, com dedos unidos
PA: à frente
M: sem movimento
O: sem orientação

TORRADA

CM: mão fechada com dedo polegar e indicador aberto, palma para dentro
PA: à frente da boca
M: aproximar
O: para cima

TORTA

CM: mãos abertas, dedos abertos, palmas para baixo, sobrepostas
PA: tocando o dorso da mão esquerda
M: sem movimento
O: sem orientação

UVA

CM: mãos abertas, dedos polegares e indicadores unidos, palma a palma
PA: à frente da boca
M: girar o pulso
O: para dentro

VAGEM

CM: mãos em "L", dedos unidos, palma a palma
PA: à frente
M: afastar e abrir os dedos
O: para os lados opostos

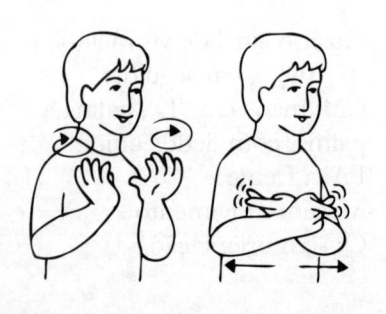

VERDURA/LEGUMES

Fazer o sinal de alface (p. 140) e, em seguida, mãos em "V", palmas para dentro, afastar as mãos enquanto mexe os dedos.

	VINAGRE	CM: mão em "Y", palma para fora PA: acima da palma da mão esquerda M: aproximar e afastar O: para baixo e para cima

BEBIDAS

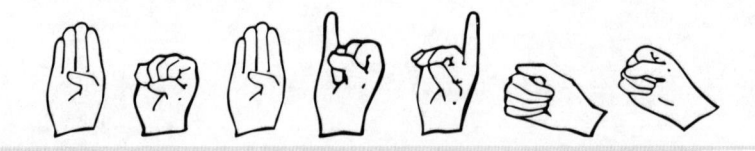

ÁGUA

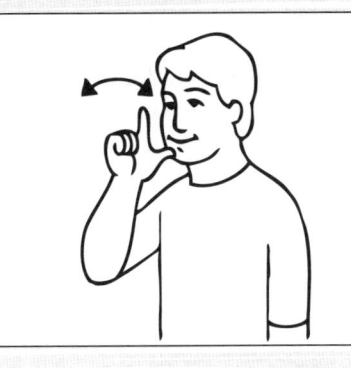

CM: mão em "L", palma para a esquerda
PA: tocando o queixo
M: dobrar o indicador
O: para baixo e para cima

AGUARDENTE/CACHAÇA

CM: mão fechada, dedos indicador e mínimo abertos, palma para dentro
PA: à frente da boca
M: girar o pulso e inclinar a cabeça para trás
O: para cima

CAFÉ

CM: mão aberta, dedos indicador e polegar unidos, palma para a esquerda
PA: à frente da boca
M: girar o pulso
O: para dentro e para fora

CAIPIRINHA

CM: mão em "S", palma para dentro
PA: acima da mão em "C", palma para direita
M: girar o pulso, raspando
O: para frente e para trás

CERVEJA

CM: mão em "S", palma para a esquerda
PA: à frente
M: arco dobrando o pulso
O: para dentro

	CHÁ 	CM: mão aberta, dedos indicador e polegar unidos, palma para baixo PA: acima da mão esquerda M: aproximar e afastar repetidamente O: para baixo e para cima
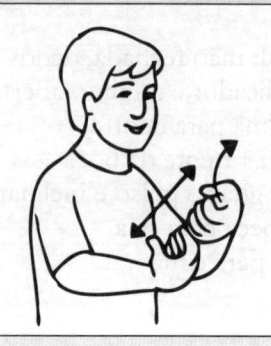	CHAMPANHE 	CM: mãos em "C" sobrepostas PA: à frente M: afastar e aproximar e esticar o polegar O: para a frente e para baixo
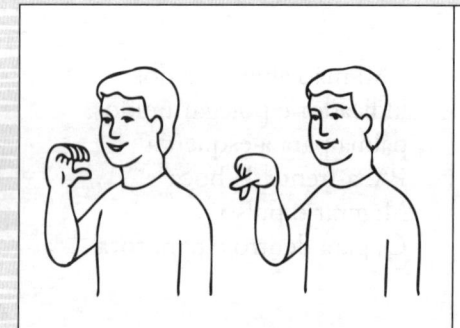	CHOPE 	Fazer os sinais das letras "C" e "P".
	COQUETEL 	CM: mãos em "C" sobrepostas PA: à frente M: afastar O: para cima e para baixo
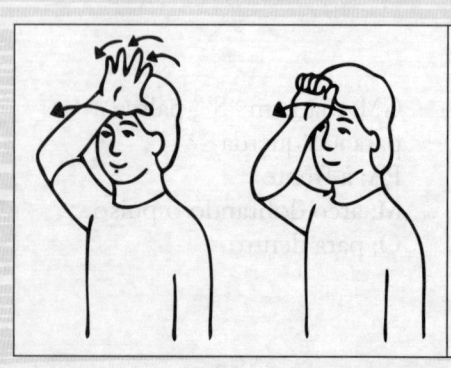	GUARANÁ	CM: mão aberta, palma para a frente PA: tocando na testa M: fechar os dedos um a um O: para a direita

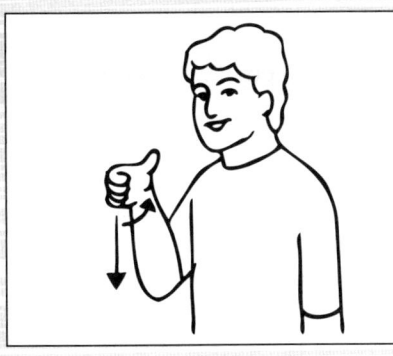	LEITE 	CM: mão em "C", palma para a esquerda PA: à frente M: fechar e abrir O: para baixo e para cima
	LICOR 	CM: mão em "L", dedos curvados, palma para a esquerda PA: à frente da boca M: girar o pulso O: para dentro EF/C: inclinar a cabeça para trás
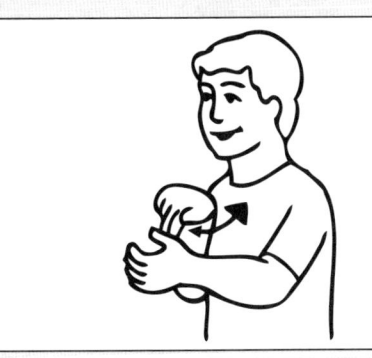	REFRIGERANTE 	CM: mão em "5", palma para baixo PA: tocando a lateral da mão esquerda em "C" M: dobrar o pulso O: para trás e para a frente
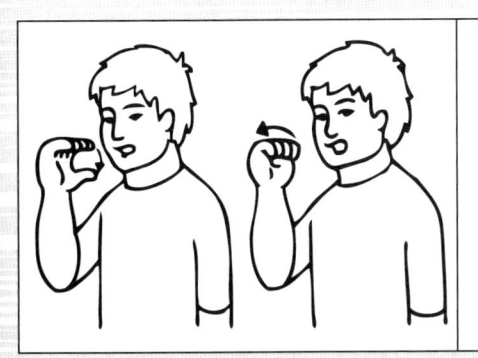	SUCO 	CM: mão em "C", palma para a esquerda PA: à frente da boca M: fechar e abrir várias vezes O: sem orientação
	VINHO 	CM: mão em "V", palma para a esquerda PA: tocando a bochecha M: circular e esfregar O: sem orientação

WHISKY

CM: mão em "W", palma para fora
PA: à frente
M: balançar
O: para a esquerda e para a direita
E, em seguida, fazer o sinal de beber (p. 247).

VESTUÁRIO/ OBJETOS PESSOAIS

	AVENTAL 	CM: mãos em "A", palma a palma PA: tocando a nuca M: esfregar O: para baixo
	BATOM 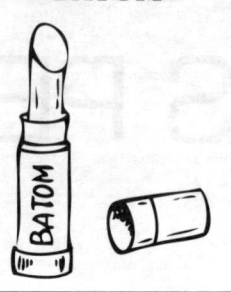	CM: mão em "L", dedos unidos, palma para dentro PA: tocando os lábios M: circular O: sentido horário
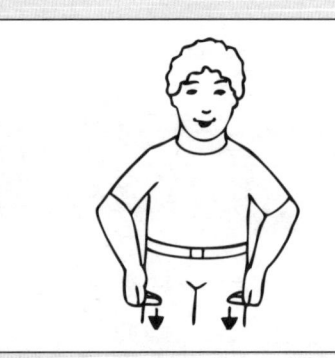	BERMUDA 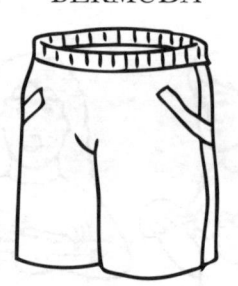	CM: mãos abertas, dedos curvados, palmas para cima PA: tocando as coxas M: sem movimento O: sem orientação
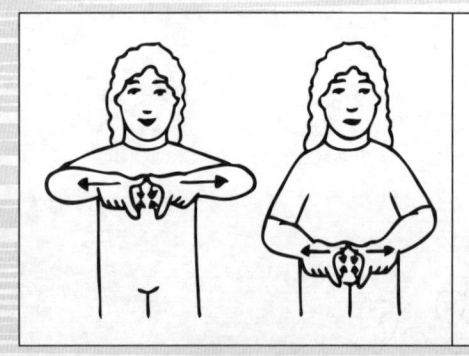	BIQUÍNI 	CM: mãos em "L", polegares unidos, palma para dentro PA: altura do tórax M: afastar e fechar os dedos O: para os lados opostos E em seguida fazer o mesmo movimento na região pélvica.
	BLUSA 	CM: mãos em "A", palma a palma PA: tocando os ombros M: arco O: para baixo

BOLSA

CM: mão em "A", polegar estendido, palma para a esquerda
PA: tocando o ombro
M: deslizar em arco
O: para baixo

BOLSO

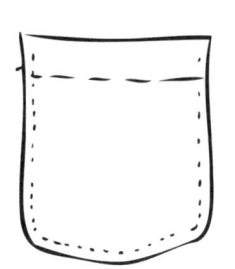

CM: mão aberta, palma para dentro
PA: tocando a lateral do quadril
M: esfregar
O: para baixo

BONÉ

CM: mão em "A", palma para a esquerda
PA: na altura da cabeça
M: girar o pulso
O: para dentro

BOTA

CM: mão aberta, palma para dentro
PA: tocando a metade do braço, com mão estendida
M: aproximar
O: para baixo

BRINCO

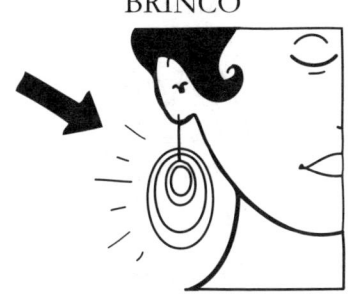

CM: mão em "L", dedos unidos, palma para a esquerda
PA: tocando a ponta da orelha
M: afastar
O: para baixo

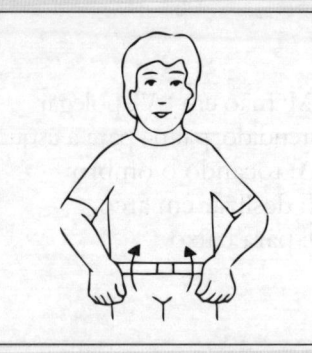	CALÇA 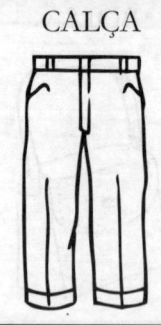	CM: mãos em "A", palmas para dentro PA: na altura da região pélvica M: subir O: para cima
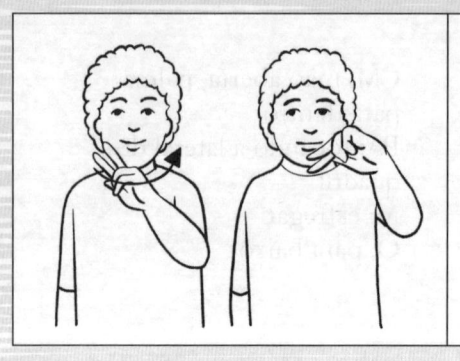	CALCINHA 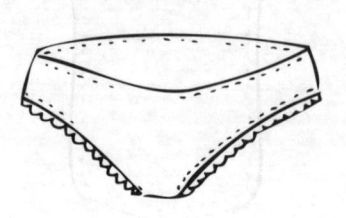	CM: mão em "V", palma para a esquerda PA: tocando ao lado do queixo M: raspar O: para a direita
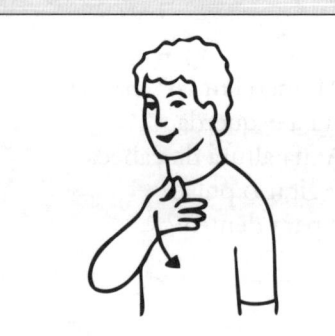	CAMISA 	CM: mão aberta, dedos polegar e indicador unidos, palma para dentro PA: tocando abaixo do pescoço M: arco
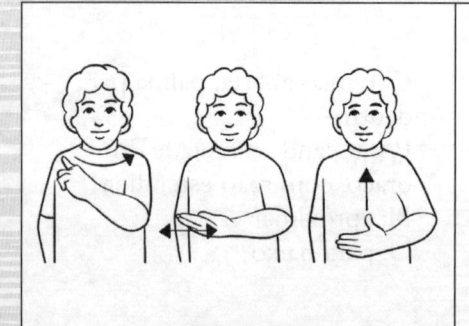	CAMISETA 	Fazer a estrutura da camiseta, na altura do peito, no desenho da gola redonda e em seguida: CM: mão aberta, palma para cima PA: tocando o braço M: raspar O: para direita e para a esquerda
	CAMISOLA 	CM: mãos abertas, palma para dentro PA: tocando na altura do peito M: arco O: para baixo

	CASACO	CM: mãos em "S", palma para dentro PA: tocando os ombros M: arco cruzado O: para baixo
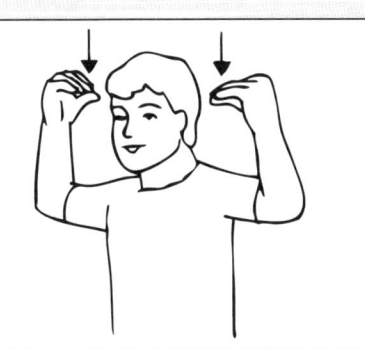	CHAPÉU	CM: mãos abertas com dedos unidos, palma a palma PA: lateral da cabeça M: sem movimento O: para baixo
	CHINELO/SANDÁLIA DE DEDO	CM: mão em "D", palma para baixo PA: tocando o meio dos dedos da mão esquerda em "V" M: aproximar O: para dentro
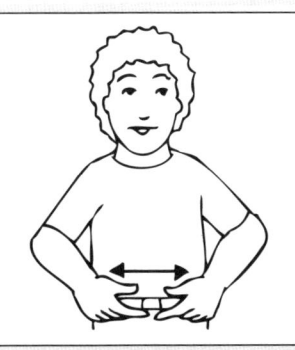	CINTO	CM: mãos em "L" com dedos curvados, palma para dentro PA: tocando a cintura M: afastar O: para os lados opostos
	COLAR	CM: mão em "D", palma para dentro PA: tocando o ombro esquerdo M: deslizar em arco O: para a direita

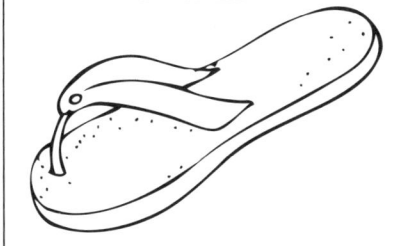

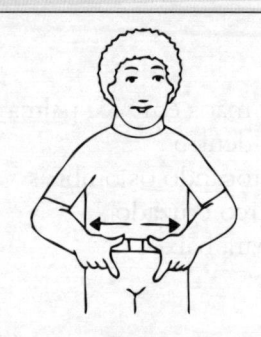

CUECA

CM: mãos em "L", dedos flexionados, palma para dentro
PA: tocando a região pélvica
M: afastar deslizando
O: para os lados opostos

ESMALTE

CM: mão em "L", dedos unidos, palma para baixo
PA: tocando a unha
M: aproximar e afastar
O: para baixo e para a frente

GORRO/TOUCA

CM: mãos em "S", palma a palma
PA: tocando a lateral da cabeça
M: deslizar
O: para baixo

GRAVATA

CM: mão em "L", dedos flexionados, palma para dentro
PA: tocando o peito
M: deslizar
O: para cima

GUARDA-CHUVA

CM: mãos em "S", palma a palma, sobrepostas
PA: à frente
M: afastar
O: para cima

	**JAQUETA** 	CM: mãos em "S", palmas para dentro PA: tocando os ombros M: arco cruzado O: para baixo
	**LUVA** 	CM: mãos abertas, palmas para dentro PA: tocando o dorso da mão esquerda M: deslizar O: para baixo
	**MACACÃO** 	CM: mãos abertas, palmas para baixo PA: tocando a cintura M: unir os dedos O: para cima
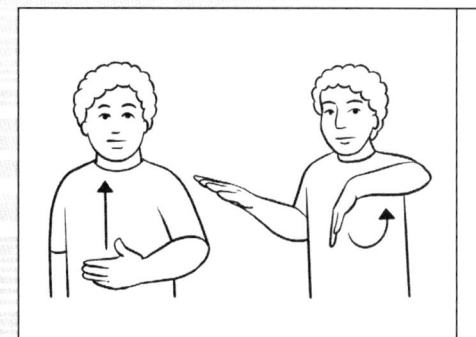	**MAIÔ** 	Mão aberta, palma para dentro tocando a barriga, raspar para cima e, em seguida: CM: mão aberta, palma para baixo PA: ao lado do corpo M: dobrar os dedos O: nulo
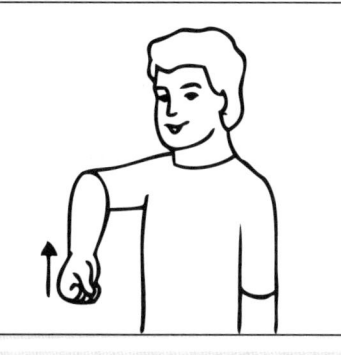	**MALA** 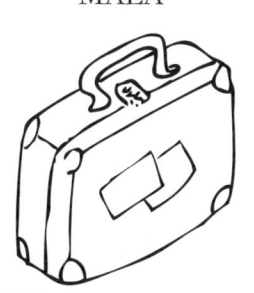	CM: mão em "S", palma para a esquerda PA: ao lado na altura da cintura M: sem movimento O: para cima

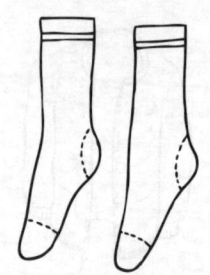

	MEIA	
		CM: mãos em "X", dedos curvados, palmas para dentro PA: à frente M: afastar O: para os lados opostos

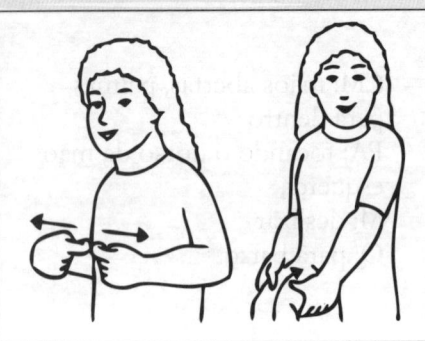

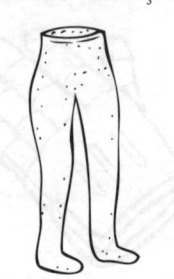

	MEIA-CALÇA	
		Fazer o sinal de meia (nesta página) e, em seguida: CM: mãos em "C", palma a palma PA: tocando a coxa M: deslizar O: para cima

	ÓCULOS	
		CM: mãos em "L", dedos curvados, palma a palma PA: tocando o lado dos olhos M: sem movimento O: sem orientação

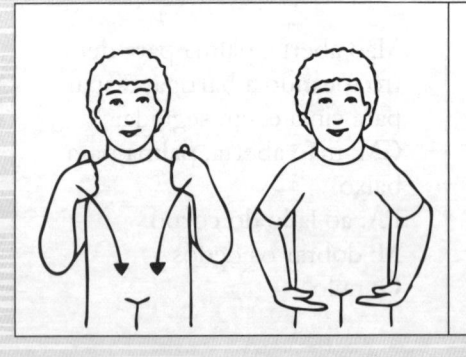

	PALETÓ	
		CM: mãos em "A", palmas para dentro PA: tocando os ombros M: deslizar O: para baixo E em seguida indicar o comprimento da roupa.

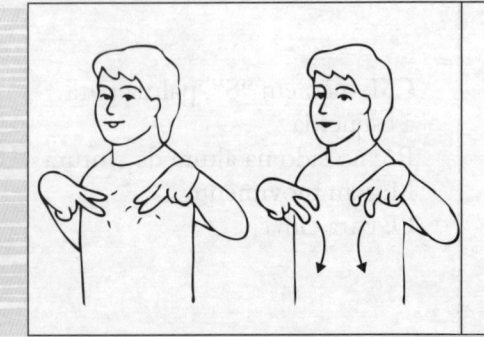

	PIJAMA	
		CM: mão em "V", palma para dentro PA: tocando o peito M: arco O: para baixo

	**PULSEIRA** 	CM: mão aberta, palma para baixo PA: tocando o pulso do braço esquerdo M: esfregar O: para fora
	**SAIA** 	CM: mãos abertas, palmas para dentro PA: tocando a cintura M: afastar O: para o lado e para baixo
	**SALTO ALTO** 	CM: mãos em "Y", palma a palma PA: à frente M: circular O: para a frente
	**SANDÁLIA** 	CM: mão em "P", palma para baixo PA: tocando o dorso da mão esquerda M: esfregar O: para dentro
	**SAPATO** 	CM: mão em "D", palma para baixo PA: tocando entre os dedos polegar e indicador M: aproximar e afastar O: para dentro e para fora

SUNGA

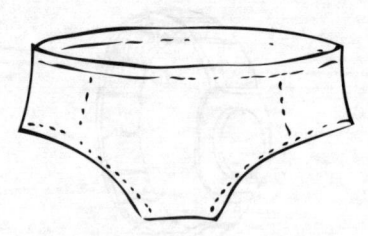

CM: mãos abertas, palmas para dentro
PA: tocando a cintura
M: afastar
O: para os lados opostos

Em seguida, fazer o sinal de praia (p. 102).

SUTIÃ

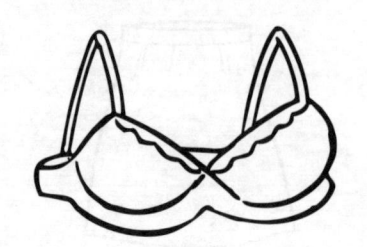

CM: mão em "V", palma para dentro
PA: à frente dos olhos
M: fechar e abrir os dedos
O: para a direita

TÊNIS

CM: mãos em "A", palmas para baixo
PA: à frente
M: simular um nó ou um laço, circular
O: sentido horário

TERNO

CM: mãos em "A", palmas para dentro
PA: tocando os ombros
M: deslizar em arco
O: para baixo
E, em seguida, fazer sinal de gravata (p. 170).

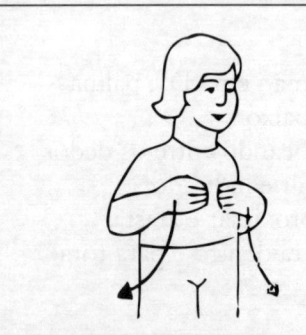

VESTIDO

CM: mãos abertas, palmas para dentro
PA: tocando na altura do peito
M: esfregar em arco
O: para baixo

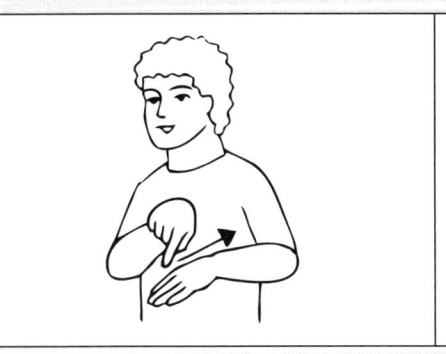

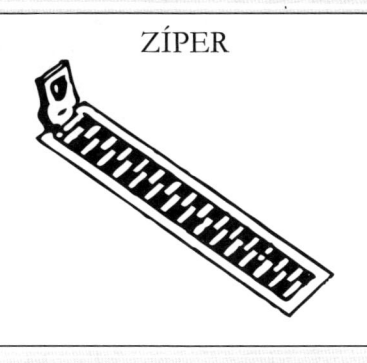

	ZÍPER	CM: mão em "A", palma para dentro PA: tocando o dorso M: deslizar O: para dentro

PROFISSÕES

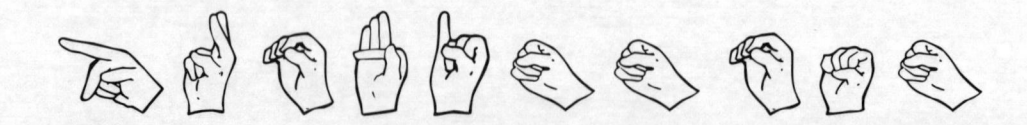

ADVOGADO

CM: mão em "D", palma para baixo
PA: ao lado da bochecha
M: circular
O: sentido horário
EF/C: bochecha direita inflada

ARQUITETO

CM: mão aberta com polegar e indicador unidos, palma para baixo
PA: tocando o lado do antebraço
M: esfregar
O: para a direita

BAILARINA

CM: mãos abertas, palmas para dentro
PA: à frente
M: afastar
O: para cima e para baixo

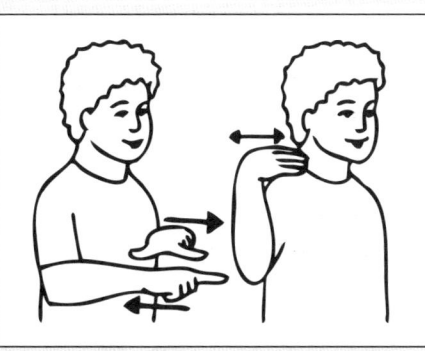

BANCÁRIO

Fazer o sinal de trabalhar (p. 280) e, em seguida:
CM: mão aberta, palma para baixo
PA: tocando a lateral do pescoço
M: aproximar e afastar
O: para dentro e para fora

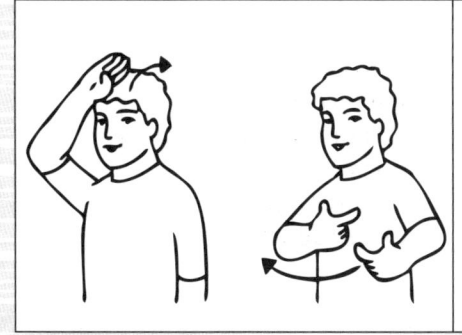

BOMBEIRO

CM: mão em "B", palma para a esquerda
PA: tocando o alto da cabeça
M: deslizar
O: para trás
E, em seguida, simular segurar a mangueira.

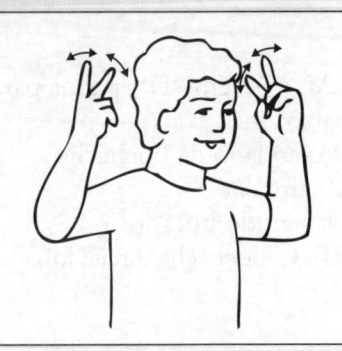

CABELEIREIRO

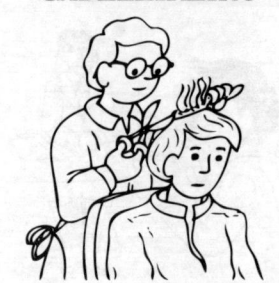

CM: mão em "V", palma para dentro
PA: tocando a lateral da cabeça
M: fechar e abrir os dedos alternadamente
O: para a frente e para trás

CHEFE

CM: mão em "Y", palma para dentro
PA: acima da mão esquerda
M: aproximar
O: para baixo

COSTUREIRA

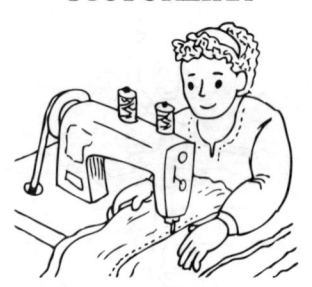

CM: mão em "L", dedos unidos, palma para baixo
PA: tocando a mão esquerda
M: aproximar em arco
O: para baixo e para cima

COZINHEIRO

CM: mão em "A" palma para baixo
PA: acima da mão esquerda em "C"
M: circular
O: sentido horário

DENTISTA

CM: mão em "A", palma para baixo
PA: próximo à lateral da boca
M: girar o pulso
O: sentido horário

DEPUTADO

CM: mão em D, palma para dentro
PA: ao lado da bochecha
M: girar
O: sentido horário

DIGITADOR

CM: mão aberta, palma para baixo
PA: à frente
M: tremular os dedos
O: para a esquerda e para a direita

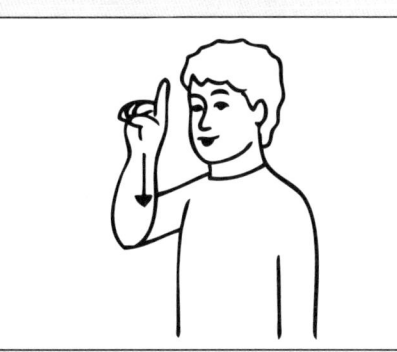

DIRETOR

CM: mão em "D", palma para a frente
PA: altura da cabeça
M: sem movimento
O: para baixo

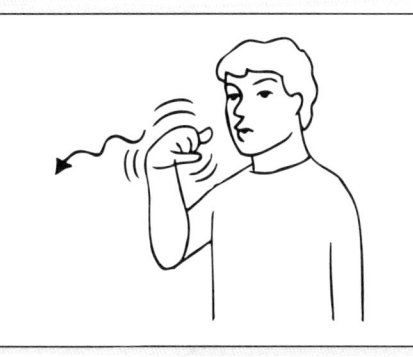

ELETRICISTA

CM: mão em "Y", palma para baixo
PA: na altura do canto da boca
M: tremular e afastar
O: para fora
EF/C: assoprar

EMPREGADA DOMÉSTICA

CM: mãos abertas, palmas para cima
PA: tocando o lado da cintura
M: aproximar e afastar alternadamente
O: para fora e para dentro

	EMPREGADO/FUNCIONÁRIO 	CM: mão em "C", palma para a frente PA: tocando a lateral da boca M: fechar e abrir os dedos O: para baixo e para cima
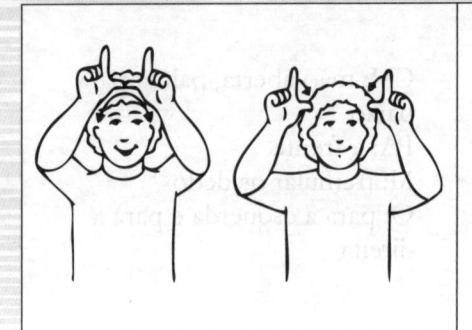	ENFERMEIRA 	CM: mãos em "L", palma para fora PA: tocando a cabeça M: afastar e fechar os dedos O: para os lados opostos
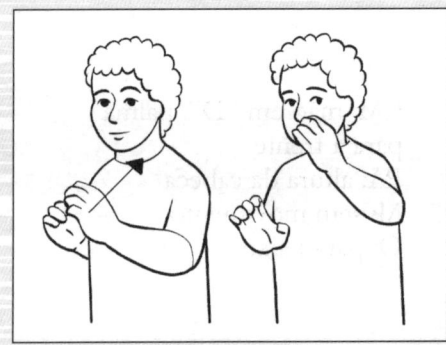	ENGENHEIRO 	CM: mãos em "C", palma a palma, sobrepostas PA: à frente M: distanciar O: para cima e para baixo
	FARMACÊUTICO 	CM: mão em "A", polegar esticado, palma para dentro PA: tocando a palma da mão esquerda M: esfregar e circular O: sentido horário
	FAXINEIRO 	CM: mãos em "A", palma para fora PA: à frente M: circulares e alternados O: para os lados opostos

FISIOTERAPEUTA

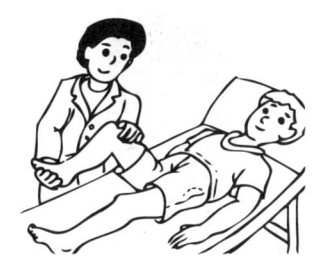

CM: mão em "S", palma para a esquerda
PA: sobre a mão em "C"
M: girar o pulso
O: sentido horário

FONOAUDIÓLOGA

CM: mãos em "C", palma a palma
PA: tocando as orelhas
M: sem movimento
O: sem orientação

GOVERNADOR

CM: mão em "B", palma para a direita
PA: tocando o ombro
M: deslizar
O: para a direita e para baixo

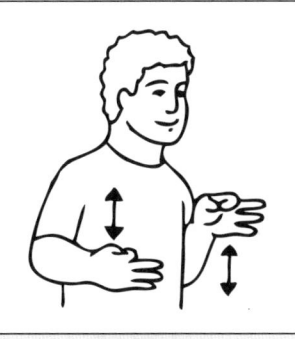

JUIZ

CM: mão aberta, dedos indicador e polegar unidos, palma a palma
PA: à frente
M: balançar alternadamente
O: para baixo e para cima

MECÂNICO

CM: mão em "V", palma para dentro
PA: tocando no dedo indicador da mão esquerda
M: girando o pulso
O: para a frente

	MÉDICO 	CM: mãos em "X", palma a palma PA: tocando o dedo esquerdo M: aproximar O: para dentro
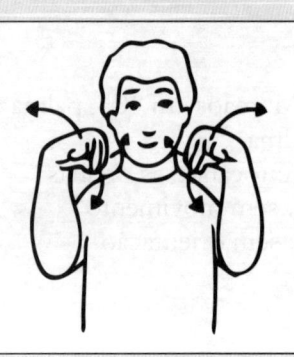	MOTORISTA 	CM: mãos fechadas, dedos polegar, indicador e médio abertos PA: tocando os ombros M: afastar, abrir e fechar os dedos O: para os lados opostos
	PADEIRO 	CM: mãos em "S", palma a palma PA: à frente M: girar o pulso O: para dentro
	PALHAÇO 	CM: mão aberta e curvada, palma para dentro PA: tocando o nariz M: tremular a mão O: sem orientação
	PINTOR 	CM: mão aberta, palma para a frente PA: à frente M: dobrar o pulso O: para baixo e para cima

POLICIAL

CM: mão aberta, dedos polegar e indicador unidos, palma para a esquerda
PA: tocando o peito do lado esquerdo
M: aproximar
O: para dentro

PREFEITO

CM: mão aberta, dedo polegar e indicador unidos, palma para baixo
PA: tocando a lateral do braço esquerdo
M: aproximar
O: para dentro

PRESIDENTE

CM: mão aberta, palma para cima
PA: tocando o peito
M: diagonal
O: para a esquerda e para a direita

PROFESSOR

CM: mão em "P", palma para a direita
PA: à frente
M: arco
O: para a esquerda e para a direita

PSICÓLOGO

CM: mãos abertas, palmas para dentro
PA: à frente do rosto
M: aproximar e afastar alternadamente
O: para dentro e para fora

	REPRESENTANTE	
		CM: mão em "R", palma para a frente PA: tocando a palma esquerda M: afastar O: para fora

	SECRETÁRIO	
		CM: mão direita com todos os dedos unidos apontando para baixo PA: tocando na palma esquerda com palma para cima M: esfregar O: da esquerda para a direita

	SENADOR	
		CM: mão em "S", palma para a frente PA: ao lado da cabeça M: circular O: sentido horário

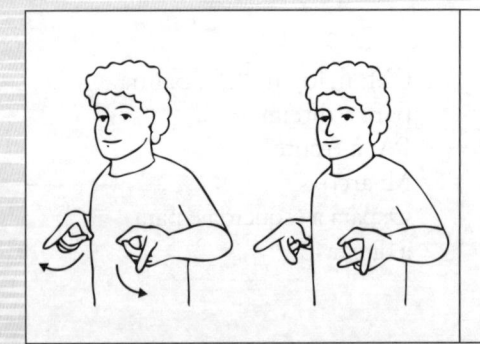

	VENDEDOR	
		CM: mãos em "D", palma a palma PA: à frente M: abrir o dedo médio O: para a frente

	VEREADOR	
		CM: mão em "V", palma para baixo PA: na altura da boca M: circular O: sentido horário

ANIMAIS

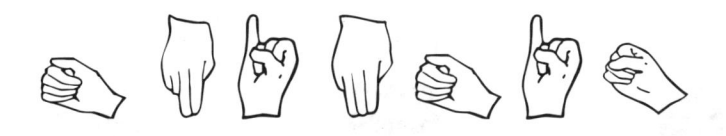

ABELHA

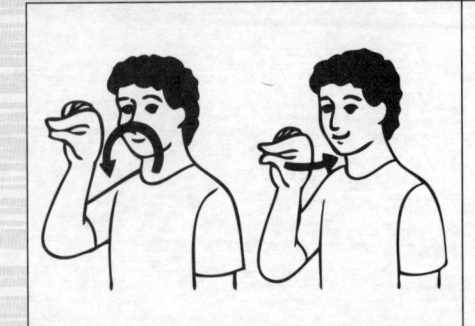

CM: mão em "L", dedos unidos, palma para a frente
PA: tocar a lateral do pescoço
M: circular
O: sentido horário
E em seguida simular uma picada no pescoço.

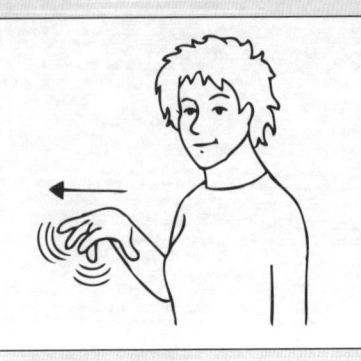

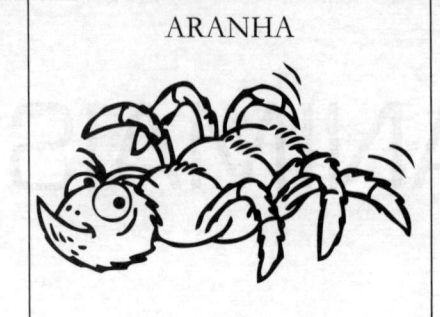

ARANHA

CM: mão aberta, palma para baixo, dedos curvados
PA: à frente do abdome
M: tremular os dedos
O: para a frente

ARARA

CM: mão em "X", palma para baixo
PA: tocando a ponta do nariz
M: dobrar o pulso
O: para baixo e para cima

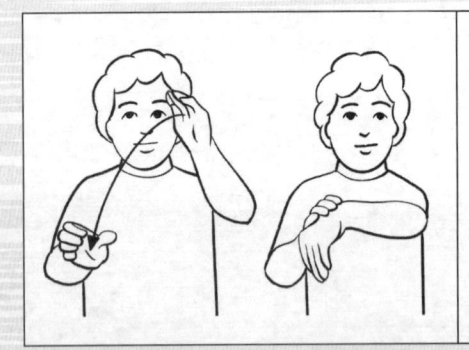

AVESTRUZ

CM: mão aberta com ponta dos dedos unidas
PA: ao lado da cabeça
M: aproximar
O: para baixo até encontrar a mão em "C"

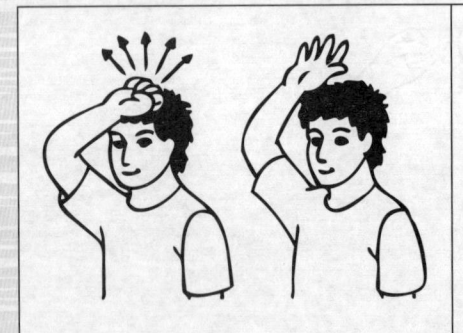

BALEIA

CM: mão em "S", palma para cima
PA: tocando o topo da cabeça
M: abrir e fechar os dedos
O: sem orientação

BARATA

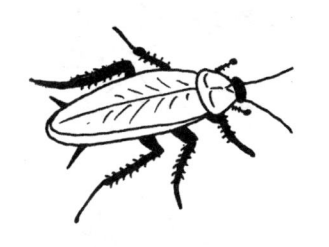

CM: mão em "V", palma para a frente
PA: tocando a testa
M: balançar os dedos alternadamente
O: sem orientação

BEIJA-FLOR

CM: mão aberta com dedos polegar e indicador unidos, palma para a esquerda
PA: acima da mão em "C", palma para a direita
M: aproximar e afastar
O: para cima e para baixo

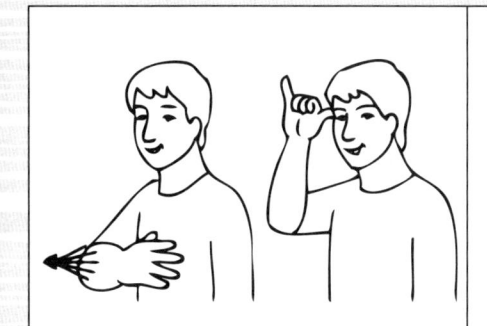

BEZERRO

CM: mão aberta com palma para dentro
PA: tocando o lado esquerdo do peito
M: fechando a mão com as pontas dos dedos unidas
O: para a frente
Em seguida, fazer o sinal de vaca (p. 201).

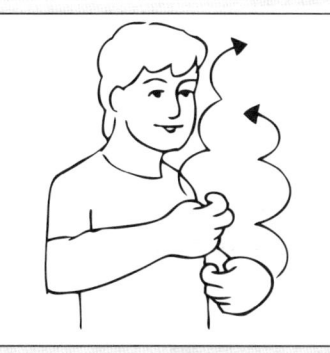

BICHO-PREGUIÇA

CM: mãos em "5", palmas para dentro
PA: à frente, uma acima da outra
M: arco alternado
O: para cima

BODE

CM: mão em "5", palma para dentro
PA: tocando a testa
M: sem movimento
O: sem orientação
Ao mesmo tempo, mão esquerda em "S", palma para dentro abaixo do queixo.

BOI

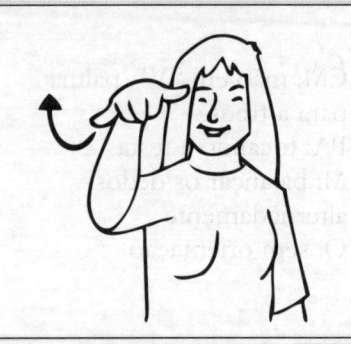

CM: mão em "Y", palma para baixo
PA: tocar na têmpora
M: desdobrar o pulso
O: para cima

BORBOLETA

CM: mãos abertas, palmas para dentro, polegares cruzados
PA: à frente
M: dobrar o pulso
O: para trás e para a frente

BURRO

CM: mãos abertas, palma a palma
PA: tocando as têmporas
M: dobrar o pulso
O: para trás

CABRA

CM: mão em "V", palma para dentro
PA: tocando a testa
M: sem movimento
O: sem orientação

CACHORRO

CM: mão em "C", palma para dentro
PA: na altura da cabeça
M: aproximar e afastar
O: para dentro e para fora, rapidamente

CAMELO

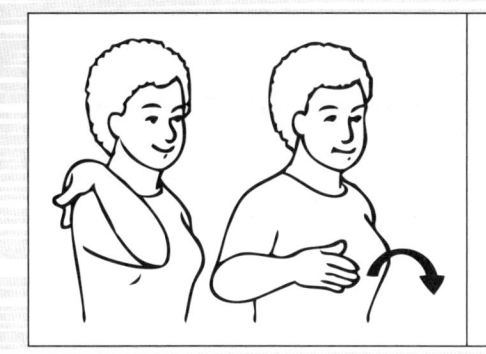

CM: mão aberta, palma para dentro
PA: tocando a nuca
M: sem movimento
O: sem orientação
E em seguida descrever as corcundas do animal.

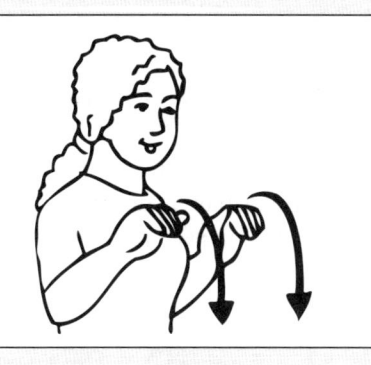

CANGURU

CM: mãos abertas, dedos flexionados, palmas para a frente
PA: à frente
M: arco
O: para baixo e para a frente

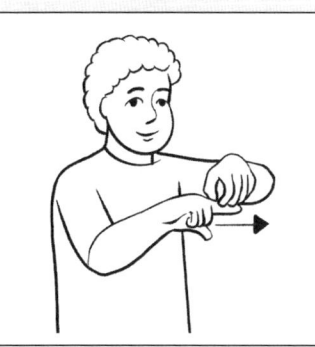

CARACOL

CM: mão em "C", palma para baixo
PA: acima da mão em "D", palma para baixo
M: sem movimento
O: para frente

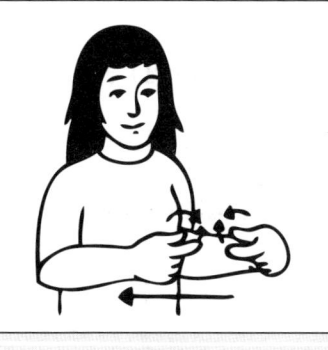

CARANGUEJO

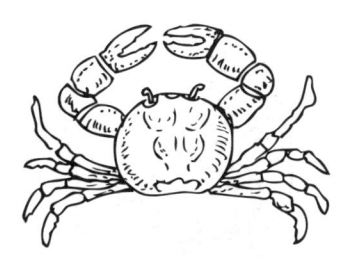

CM: mãos em "L", dedos unidos, palma a palma
PA: à frente
M: abrir e fechar
O: da direita para a esquerda

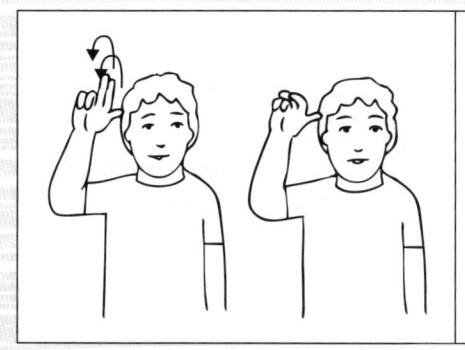

CAVALO

CM: mãos abertas, dedos mínimo e anular dobrados, palma para fora
PA: tocando a têmpora
M: flexionar os dedos, duas vezes
O: para baixo e para cima

COBRA

CM: mão em "V", palma para baixo
PA: tocando abaixo do queixo
M: circular, várias vezes
O: sentido horário

COELHO

CM: mãos em "U", palma para trás
PA: tocando a têmpora
M: flexionar os dedos
O: para baixo e para cima

CORUJA

CM: mão em "X", palma para a frente
PA: tocando o nariz
M: sem movimento
O: sem orientação
E, em seguida, fazer o sinal de óculos (p. 172).

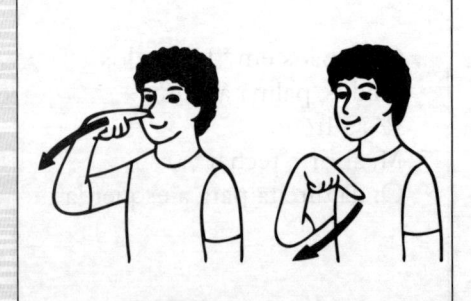

ELEFANTE

CM: mão em "D", palma para baixo
PA: tocando o nariz
M: arco
O: para baixo e para a frente

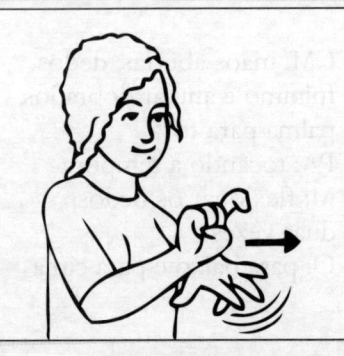

ESCORPIÃO

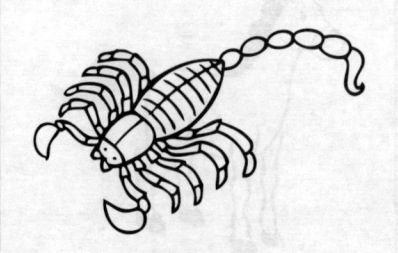

CM: mão em "X", palma para a frente
PA: tocando o dorso esquerdo
M: tremular os dedos
O: para a frente

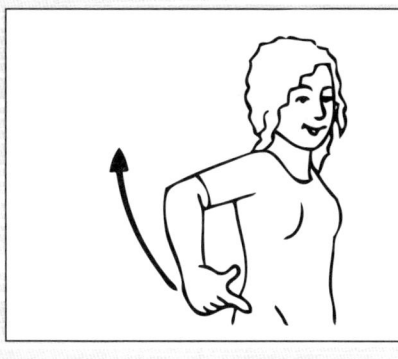	ESQUILO 	CM: mão em "L", palma para trás PA: na altura da cintura M: arco O: de baixo para cima
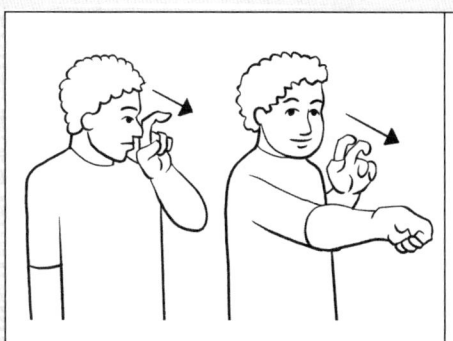	FALCÃO 	CM: mão direita fechada, indicador dobrado, palma para fora PA: à frente do nariz M: afastar O: para frente Depois, mãos fechadas, polegares, indicadores e médios abertos, palmas para fora, para baixo e para a frente, ao mesmo tempo em que fecha os dedos.
	FOCA 	CM: mãos abertas, palma a palma PA: à frente M: afastar O: para trás
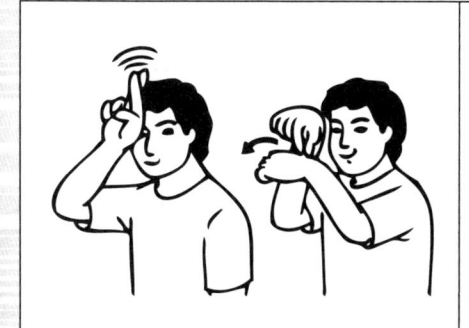	FORMIGA 	CM: mão em "V", palma para fora PA: tocando a testa M: tremular os dedos O: sem orientação E em seguida simular o andar do animal.
	GALINHA 	CM: mão aberta, palma para a esquerda PA: tocando a testa M: fechar os dedos um a um O: para baixo

GALO

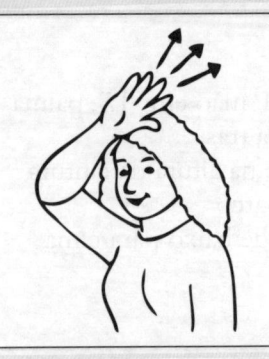

CM: mão aberta, palma para a esquerda
PA: acima da cabeça
M: sem movimento
O: para trás

GAMBÁ

CM: mão em "L", dedos curvados
PA: tocando a testa
M: sem movimento
O: para trás

GANSO

CM: mão fechada, palma para baixo, dedos indicador, médio e polegar estendidos
PA: à frente da boca
M: abrir e fechar
O: sem orientação

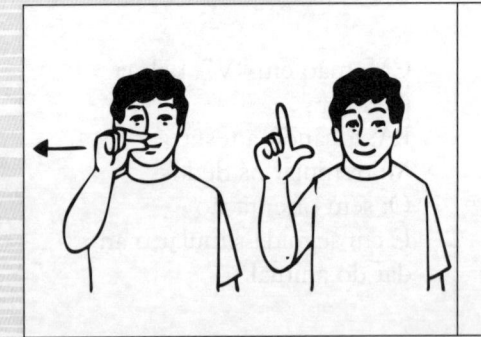

GATO

CM: mão em "L", dedos unidos, palma para a esquerda
PA: tocando a lateral da bochecha
M: afastar e abrir os dedos
O: para o lado oposto

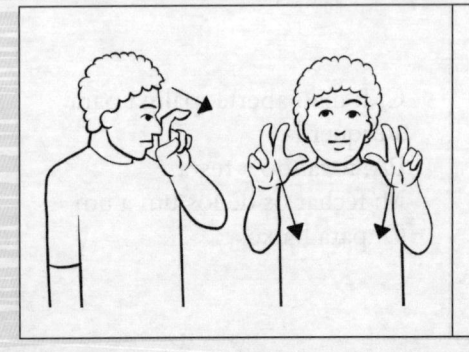

GAVIÃO

CM: mãos fechadas com dedos polegares, indicadores e médios abertos, palmas para fora
PA: ao lado da cabeça
M: fechar
O: para frente e para baixo

GIRAFA

CM: mãos em "C", palmas para dentro
PA: tocando o pescoço
M: sem movimento
O: para cima

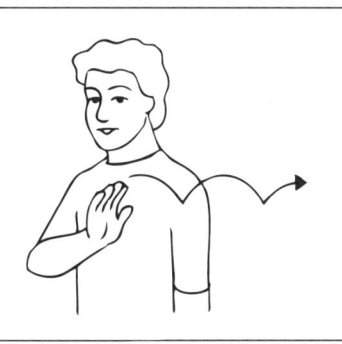

GOLFINHO

CM: mão aberta, palma para baixo
PA: à frente
M: arcos
O: para cima e para baixo

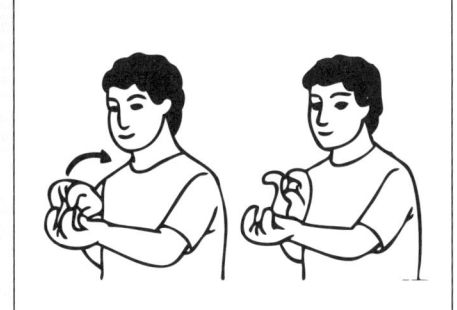

HIPOPÓTAMO

CM: mãos unidas e fechadas, dedos indicador e mínimo estendidos, palma a palma
PA: à frente
M: aproximar e afastar, unindo pelas pontas dos dedos
O: para cima e para baixo

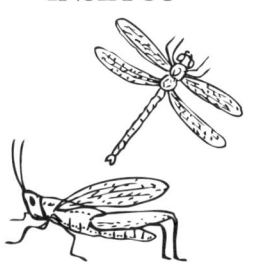

INSETOS

CM: mão em "V", palma para fora
PA: tocando a testa
M: tremular os dedos
O: sem orientação

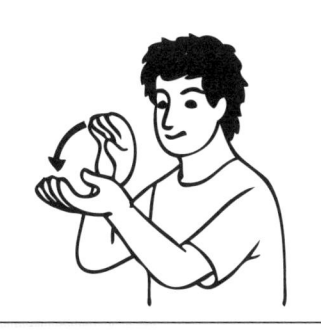

JACARÉ

CM: mãos abertas, palma a palma, unidas pelo pulso
PA: à frente
M: abrir e fechar
O: sem orientação

LAGARTIXA

CM: mão em "D", palma para a esquerda
PA: tocando a palma esquerda
M: esfregar em curvas
O: para cima

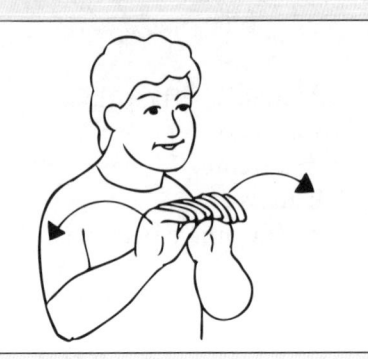

LAGOSTA

CM: mãos fechadas, dedos unidos, palma para a frente
PA: à frente
M: afastar
O: para os lados opostos

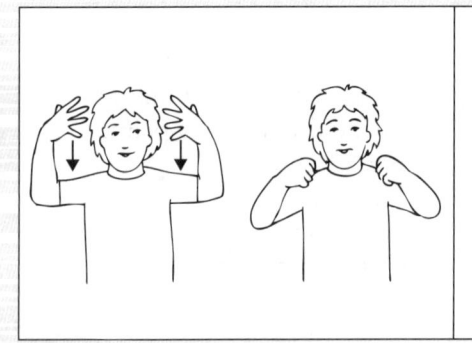

LEÃO

CM: mãos abertas, palmas para trás
PA: tocando a têmpora
M: fechar os dedos um a um
O: para baixo

LOBO

CM: mão aberta, palma para dentro, dedos levemente curvados
PA: tocando o nariz
M: afastar e unir as pontas
O: para a frente

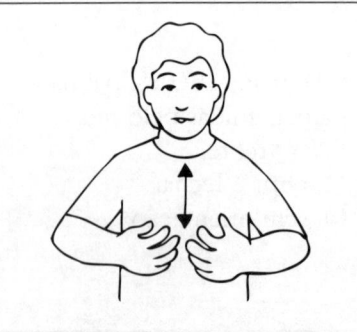

MACACO

CM: mãos abertas, dedos levemente curvados, palmas para dentro
PA: tocando o peito
M: alternado
O: para baixo e para cima

	MARIPOSA 	Mãos em "C", palma para cima, altura da cabeça, virar a mão pelos pulsos e, em seguida, fazer o sinal de mosca (nesta página).
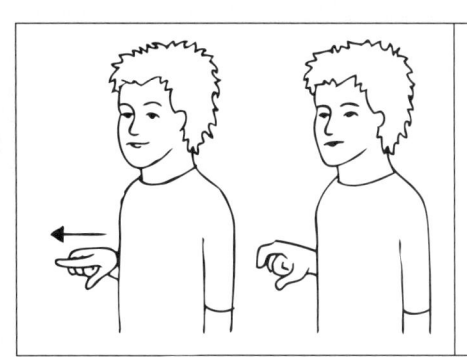	MINHOCA 	CM: mão em "D", palma para baixo PA: à frente M: fechar e abrir O: para a frente
	MORCEGO 	CM: mão em "5", palma para a esquerda PA: tocando a lateral do pescoço M: aproximar O: para dentro
	MOSCA 	CM: mão em "L", dedos unidos, palma para a frente PA: na altura da cabeça M: ondulatório O: para baixo
	ONÇA 	Fazer o sinal de leão (p. 194) e, em seguida: CM: mãos abertas com ponta de polegares e indicadores unidas, palma para fora PA: tocando o peito, deslocadas M: aproximar e afastar O: para cima e para baixo

OVELHA

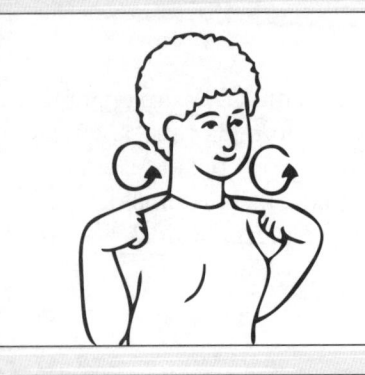

CM: mãos em "D", palma para baixo
PA: lateral da cabeça
M: circular
O: sentido horário e anti-horário

PAPAGAIO

CM: mão em "X", palma para baixo
PA: tocando o nariz
M: dobrar o pulso
O: para baixo e para cima

PÁSSARO

CM: mãos em "L" com palma para a frente
PA: à frente da boca
M: abrir e fechar
O: sem orientação

PATO

CM: mão fechada, palma para a frente, dedos indicador, médio e polegar estendidos e unidos
PA: tocando a boca
M: abrir e fechar
O: sem orientação

PAVÃO

CM: mãos abertas, palma para fora, com dedos polegares cruzados
PA: à frente
M: sem movimento
O: sem orientação

	PEIXE 	CM: mão em "X", palma para trás PA: tocando a bochecha M: esfregar, várias vezes O: para trás e para a frente
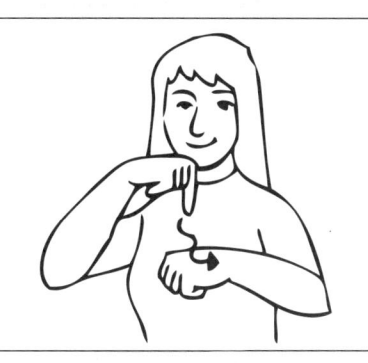	PERNILONGO 	CM: mão em "L", dedos unidos, palma para baixo PA: tocando o dorso da mão esquerda M: aproximar e ondulatório O: para baixo
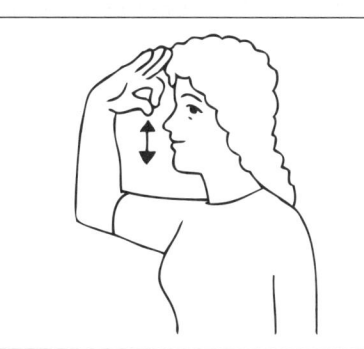	PERU 	CM: mão em "L", dedos unidos, palma para baixo PA: na altura do nariz M: dobrar o pulso O: para baixo e para cima
	PINGUIM 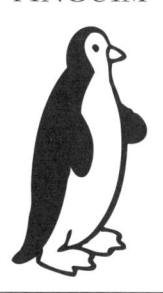	CM: mãos abertas, palma para baixo PA: na altura do quadril M: sem movimento O: sem orientação EF/C: tremular o corpo
	POLVO 	CM: mãos fechadas, dedos unidos, palma para baixo PA: tocando o dorso da mão esquerda M: ondulatório O: para a frente

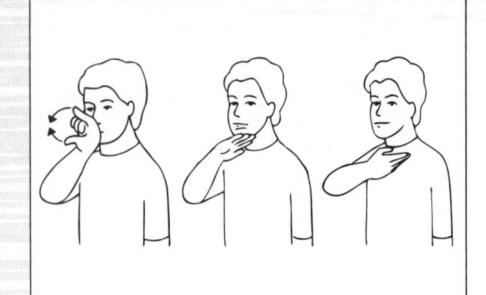

POMBO

Fazer o sinal de pássaro (p. 196) e, em seguida:
CM: mão direita aberta, palma para baixo
PA: tocando abaixo do queixo
M: arco
O: para baixo

PORCO

CM: mão em "I", palma para a esquerda
PA: tocando o nariz
M: girar o pulso
O: para a esquerda e para a direita

PULGA

CM: mãos em "A", palma a palma
PA: à frente
M: espremer
O: para dentro

RÃ

CM: mão fechada, palma para baixo, dedos polegar, indicador e médio unidos
PA: tocando o antebraço
M: arco
O: para a esquerda

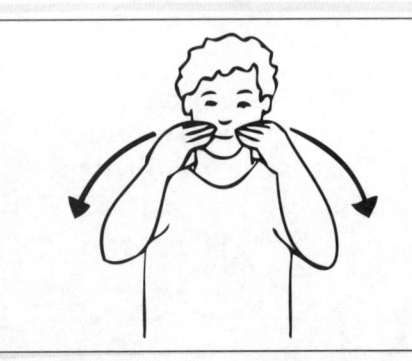

RAPOSA

CM: mãos com os dedos unidos, palmas para baixo
PA: tocando os cantos da boca
M: afastar
O: para os lados

	RATO 	CM: mão em "L", dedos unidos, palma para a esquerda PA: tocando a bochecha M: aproximar e afastar, várias vezes O: para dentro e para fora
	RINOCERONTE 	CM: mão em "Y", palma para a esquerda PA: tocando o nariz M: sem movimento O: para cima EF/C: levantar a cabeça
	SAPO 	CM: mão aberta, palma para baixo PA: tocando o antebraço M: arco O: para a esquerda
	TAMANDUÁ 	CM: mão em "X", palma para baixo PA: tocando o queixo M: afastar e aproximar O: para baixo e para cima EF/C: língua para fora
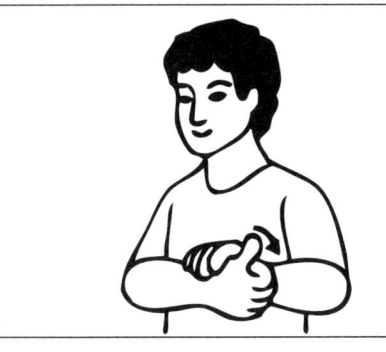	TARTARUGA 	CM: mão em "A", palma para a esquerda PA: tocando a palma da mão esquerda M: dobrar o polegar O: sem orientação

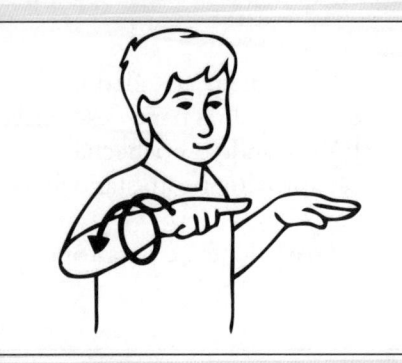

TATU

CM: mão em "D", palma para baixo
PA: à frente
M: espiral
O: para a frente

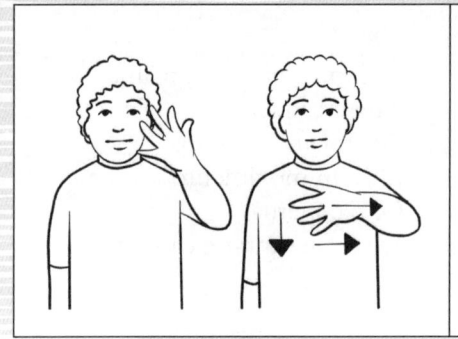

TIGRE

Fazer o sinal de leão (p. 194) e, em seguida:
CM: mão em "4", palma para dentro
PA: à frente do peito
M: raspar
O: para a direita

TUBARÃO

CM: mão em "B", palma para a esquerda
PA: à frente
M: ondulatório
O: para a frente

TUCANO

CM: mão em "L", palma para dentro
PA: na altura do nariz
M: fechar
O: para a frente

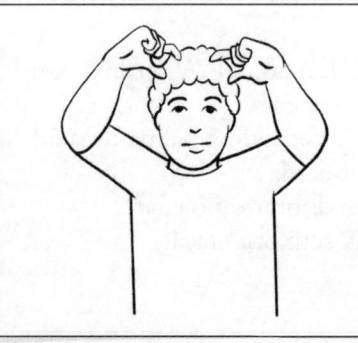

URSO

CM: mãos fechadas com dedos polegares e indicadores abertos, palma para baixo
PA: acima da cabeça
M: sem movimento
O: sem orientação

URSO PANDA

CM: mãos fechadas com dedos polegares e indicadores abertos, palma a palma
PA: à frente dos olhos
M: sem movimento
O: sem orientação

URUBU

CM: mãos abertas, palmas para baixo
PA: à frente
M: afastar
O: para a frente

VACA

CM: mão em "Y", palma para baixo
PA: tocando o polegar na têmpora
M: girar o pulso
O: para cima e para trás

VEADO

CM: mãos abertas, palmas para fora
PA: tocando as têmporas
M: sem movimento
O: sem orientação

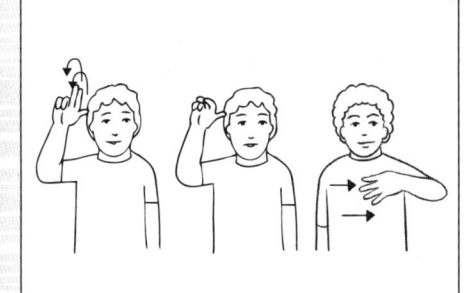

ZEBRA

Fazer o sinal de cavalo (p. 189) e, em seguida:
CM: mão em "4", palma para dentro
PA: tocando o peito
M: raspar
O: para a direita

CORPO HUMANO

ÂNUS

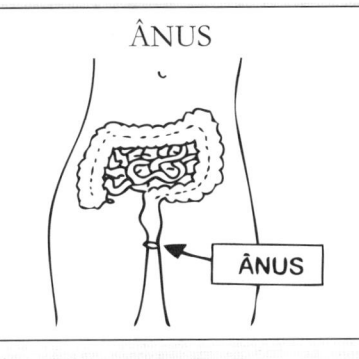

CM: mão aberta com polegar indicador fechado, palma para cima
PA: à frente
M: sem movimento
O: sem orientação

BARBA

CM: mão aberta, dedos curvados, palma para dentro
PA: encostando as pontas dos dedos na lateral do rosto
M: esfregar
O: para baixo e para dentro

BARRIGA

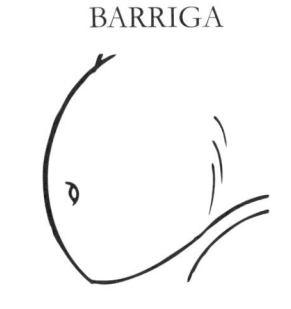

CM: mão aberta, palma para dentro
PA: encostando na barriga
M: sem movimento
O: sem orientação

BOCA

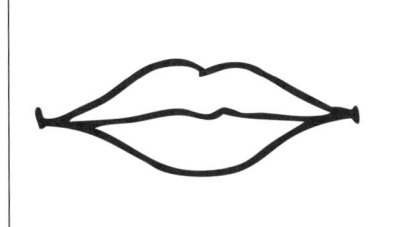

CM: mão em "D", palma para dentro
PA: encostando na lateral da boca
M: circular
O: sentido horário

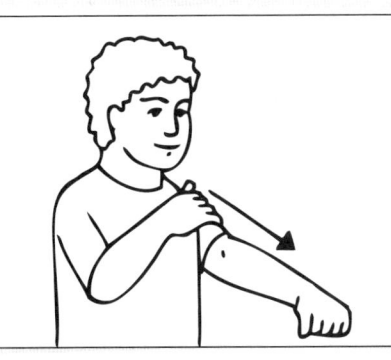

BRAÇO

CM: mão aberta, palma para baixo
PA: tocando o antebraço esquerdo
M: deslizar
O: para baixo

	CABEÇA 	CM: mão aberta, palma para a esquerda PA: tocando o lado da cabeça M: aproximar e afastar O: para dentro e para fora
	CABELO 	CM: mão em "L", dedos unidos, palma para a esquerda PA: tocando alguns fios de cabelo M: puxar O: para cima
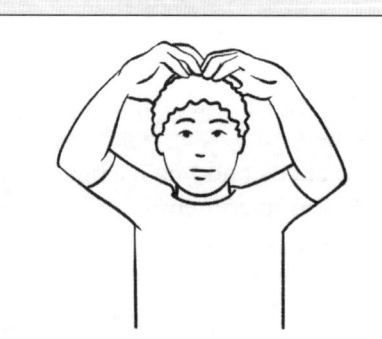	CÉREBRO 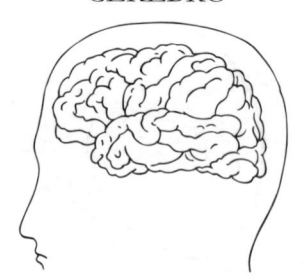	CM: mãos em "C", dedos abertos, palmas para dentro PA: tocando a cabeça M: nulo O: nulo
	CÍLIOS 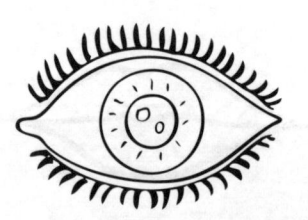	CM: mão em "B", palma para baixo PA: à frente dos olhos M: dobrar o pulso O: para cima
	CORAÇÃO 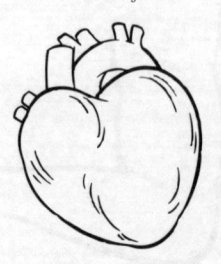	CM: mão aberta, palma para dentro PA: tocando o peito M: esfregar O: para baixo e para cima

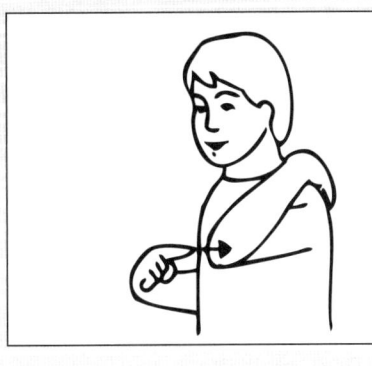	COTOVELO 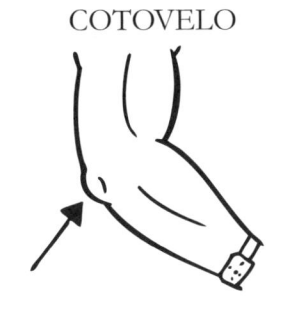	CM: mão em "D", palma para a direita PA: tocando o cotovelo M: aproximar O: para dentro
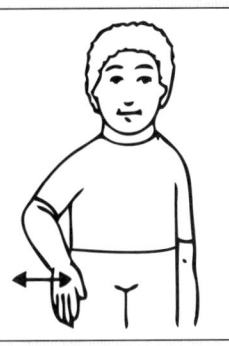	COXA 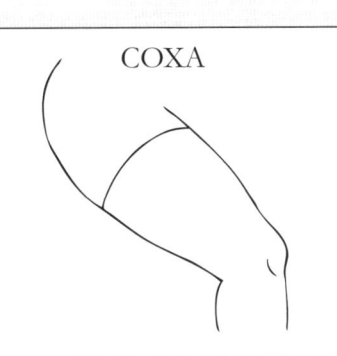	CM: mão aberta, palma para a esquerda PA: tocando a lateral da coxa M: afastar e aproximar O: para fora e para dentro
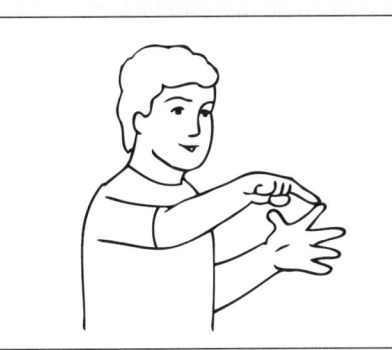	DEDO 	CM: mão em "D", palma para baixo PA: tocando a ponta do dedo indicador M: sem movimento O: sem orientação
	DENTE 	CM: mão em "D", palma para dentro PA: tocando os dentes M: sem movimento O: sem orientação EF/C: boca semiaberta
	FÍGADO 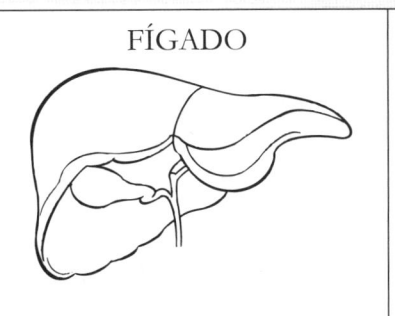	CM: mão aberta, dedo médio dobrado, palma para dentro PA: tocando a lateral da barriga M: aproximar e afastar O: para dentro e para fora

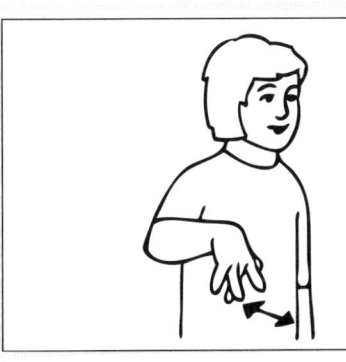

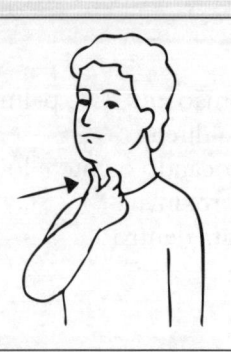	**GARGANTA** 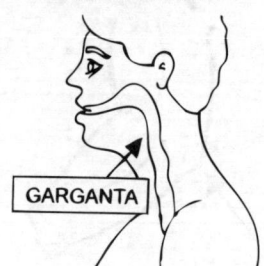	CM: mão em "L", dedos curvados, palma para dentro PA: tocando o pescoço M: aproximar O: para dentro
	**INTESTINO** 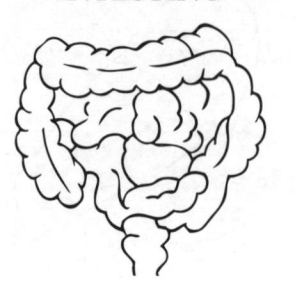	CM: mão em "C", palma para dentro PA: tocando a barriga M: ondulatório O: para a direita e para a esquerda EF/C: bochechas infladas
	**JOELHO** 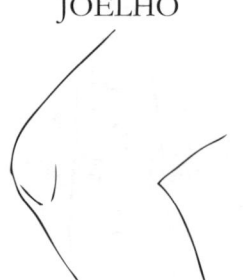	CM: mão aberta, palma para baixo PA: tocando o joelho M: aproximar O: para dentro EF/C: perna flexionada
	**LÍNGUA** 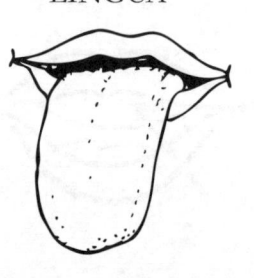	CM: mão em "D", palma para dentro PA: tocando a língua M: aproximar O: para dentro EF/C: língua para fora
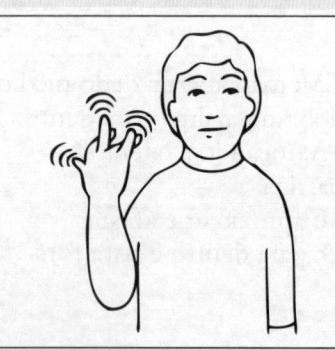	**MÃO** 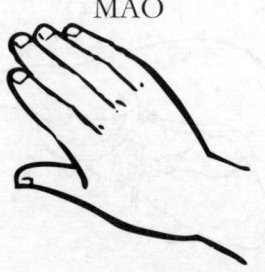	CM: mão aberta, palma para trás PA: na altura dos ombros M: tremular os dedos O: sem orientação

	NÁDEGAS 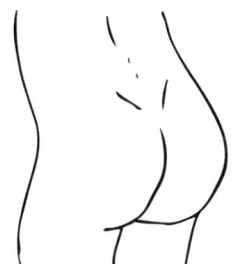	CM: mãos em "C", palma a palma PA: à frente M: aproximar O: para dentro e para fora EF/C: bochechas infladas
	NARIZ 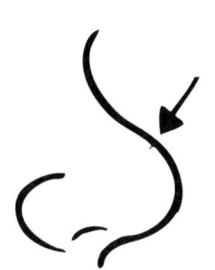	CM: mão em "D", palma para dentro PA: tocando a ponta do nariz M: sem movimento O: sem orientação
	OLHO 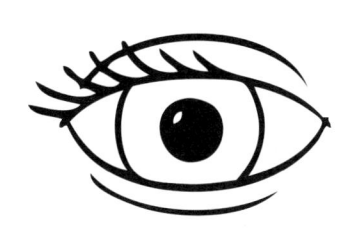	CM: mão em "D", palma para dentro PA: à frente dos olhos M: aproximar O: para dentro
	OMBRO 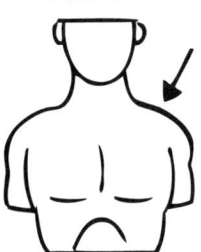	CM: mãos abertas, palma para baixo PA: tocando os ombros M: aproximar O: para baixo
	ORELHA 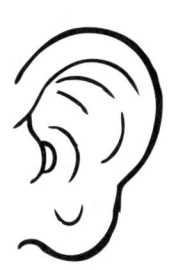	CM: mão aberta, indicador e polegar flexionado, palma para fora PA: tocando a orelha M: sem movimento O: sem orientação

OSSO

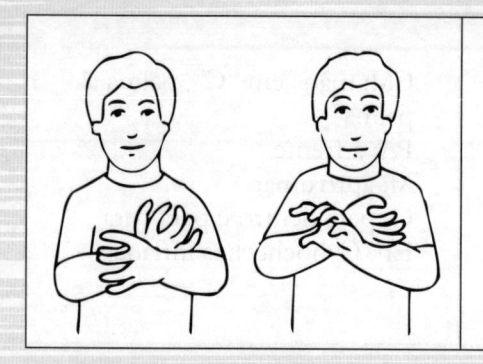

CM: mãos em "C", palmas para dentro cruzadas
PA: à frente
M: girar os pulsos
O: para fora

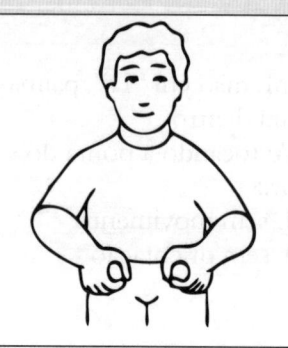

OVÁRIO

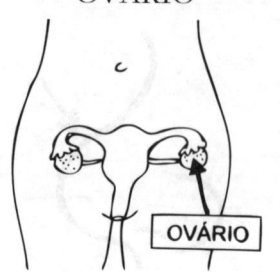

CM: mãos em "O", palma a palma
PA: tocando a região pélvica
M: sem movimento
O: sem orientação

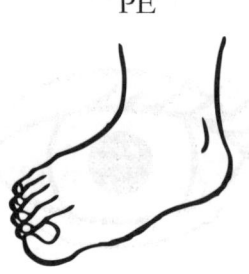

PÉ

CM: mãos abertas, palmas para baixo
PA: à frente
M: alternado
O: para cima e para baixo

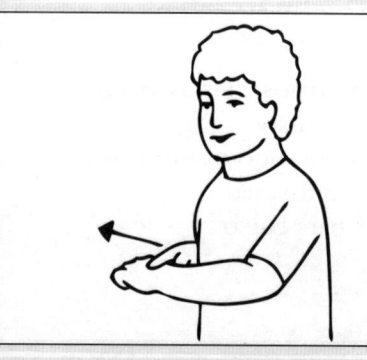

PELE

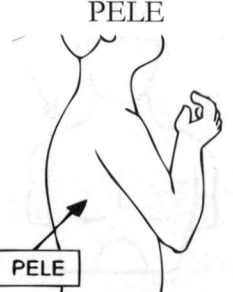

CM: mão em "D", palma para baixo
PA: tocando o dorso
M: esfregar
O: para a frente e para trás

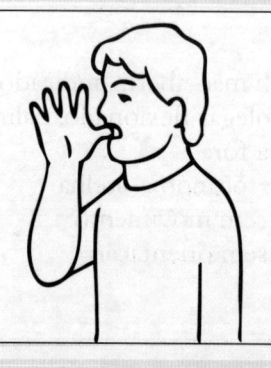

PÊNIS

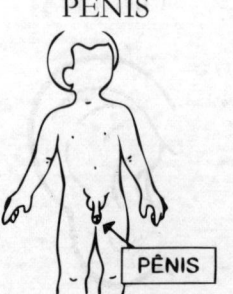

CM: mão aberta, palma para a esquerda
PA: mordendo o polegar
M: sem movimento
O: sem orientação
EF/C: boca aberta

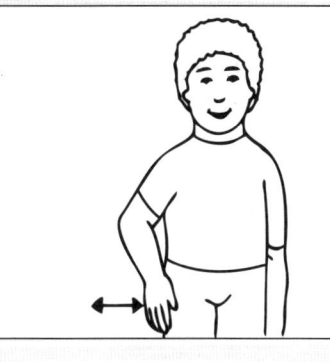

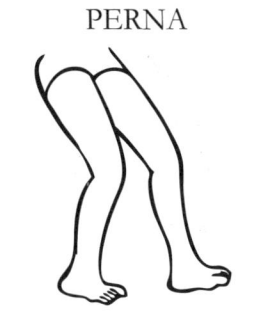

	PERNA	
		CM: mão aberta, palma para a esquerda PA: tocando a lateral da perna M: aproximar e afastar O: para dentro e para fora

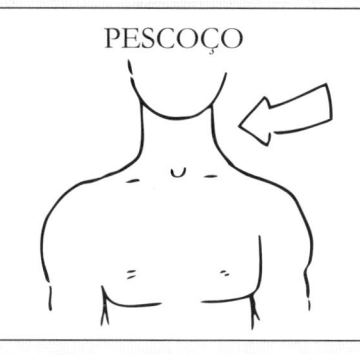

	PESCOÇO	
		CM: mão aberta, palma para dentro PA: tocando o pescoço M: sem movimento O: sem orientação

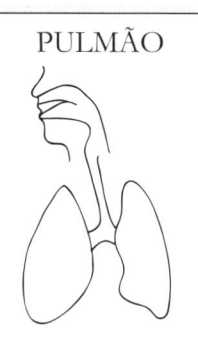

	PULMÃO	
		CM: mão direita aberta, palma para dentro PA: tocando as costas M: sem movimento O: sem orientação

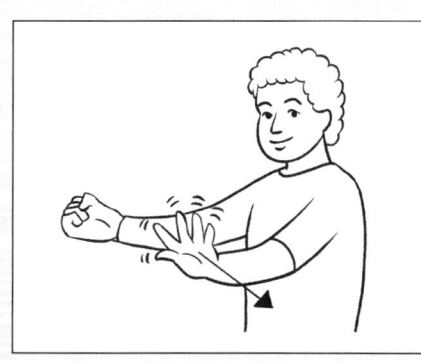

	SANGUE	
		Fazer o sinal de vermelho (p. 109) e, em seguida: CM: mão aberta, palma para cima PA: sobreposta no antebraço M: tremular e afastar O: para baixo

	SOBRANCELHA	
		CM: mão em "D", palma para dentro PA: tocando a sobrancelha M: deslizar O: para a direita

	UNHA	
		CM: mão aberta com polegar e anular flexionados, palma para fora PA: à frente M: esfregar O: para baixo

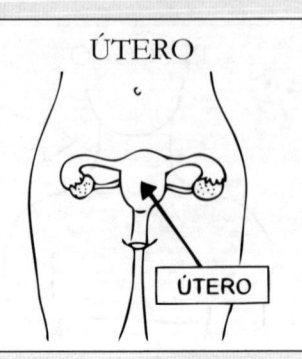

	ÚTERO	
		CM: mãos em "C", palma a palma PA: tocando a região pélvica M: sem movimento O: sem orientação

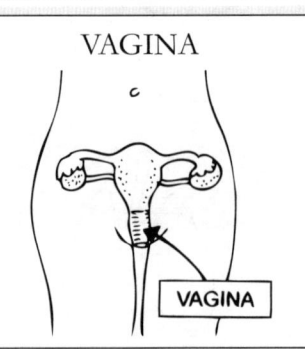

	VAGINA	
		CM: mão aberta com dedos polegar e indicador unidos, palma para baixo PA: à frente M: sem movimento O: sem orientação

HIGIENE

ESCOVA DE DENTE

CM: mão em "S", palma para baixo
PA: à frente da boca
M: rapidamente
O: para a esquerda e para a direita

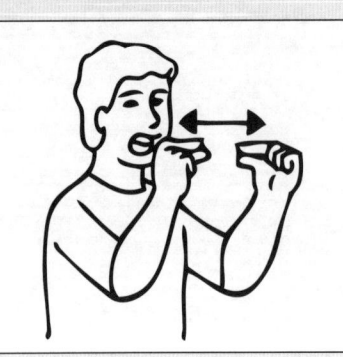

FIO DENTAL

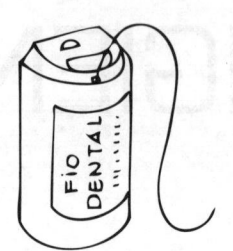

CM: mãos em "L", dedos unidos, palma a palma
PA: à frente da boca
M: rápida e alternadamente
O: para a esquerda e para a direita
EF/C: sorrindo

LENÇO DE PAPEL

Fazer o sinal de papel (p. 116) e, em seguida:
CM: mãos abertas, palma a palma, unidas pelas pontas dos dedos
PA: tocando o nariz
M: afastar
O: para a frente

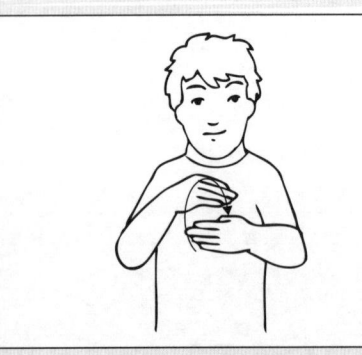

PAPEL HIGIÊNICO

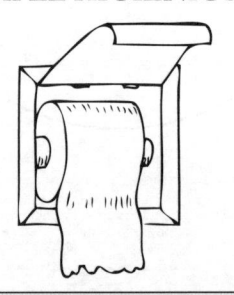

CM: mãos abertas com palmas para dentro
PA: à frente
M: enrolar
O: para dentro e para fora

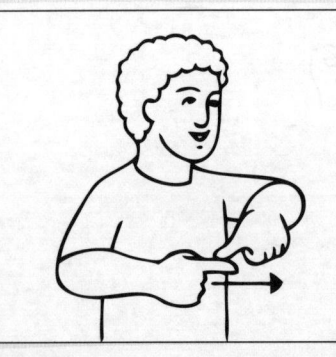

PASTA DE DENTE

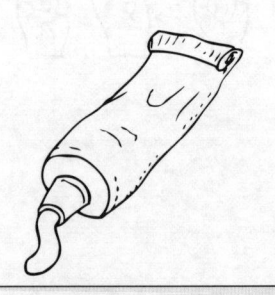

CM: mão em "A" com polegar esticado
PA: tocando o indicador
M: deslizar
O: para fora

PENTE

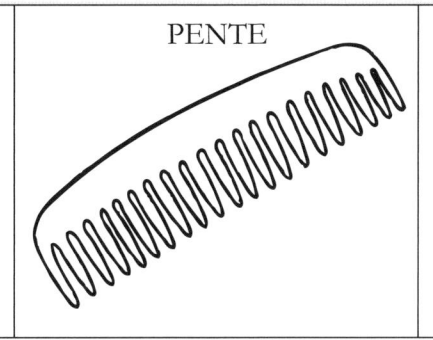

CM: mão em "S", palma para a esquerda
PA: altura da cabeça
M: deslizar
O: para baixo

PERFUME

CM: mão em "Y", palma para dentro
PA: à frente do tórax
M: aproximar
O: para dentro e para fora

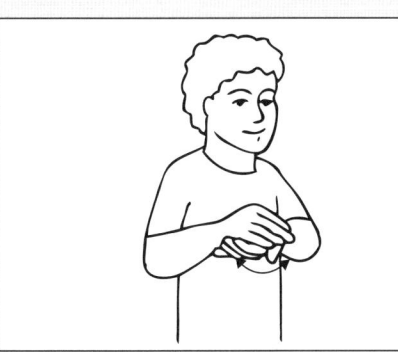

SABONETE

CM: mão aberta, palma para baixo
PA: tocando a palma
M: esfregar, várias vezes
O: para trás e para a frente

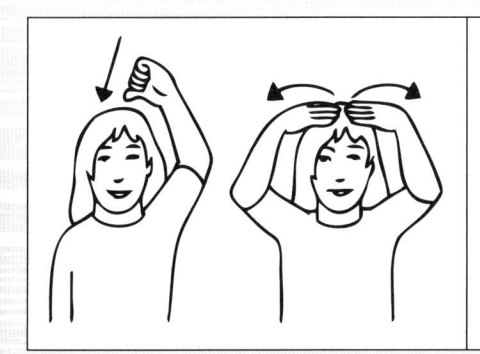

XAMPU

CM: mão em "A", palma para fora
PA: acima da cabeça
M: aproximar e afastar
O: para baixo e para cima
E, em seguida, simular esfregar a cabeça.

SAÚDE

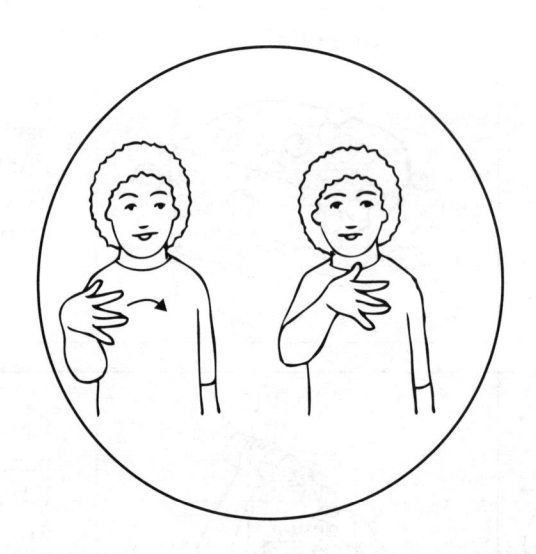

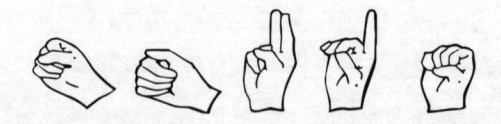

AGULHA

CM: mão direita fechada com dedos polegar e indicador unidos
PA: tocando o indicador da palma esquerda
M: sem movimento
O: sem orientação

ALERGIA

CM: mãos em "C", palma para baixo
PA: tocando o antebraço
M: esfregar, rapidamente
O: para a frente e para trás
EF/C: boca e olhos semiabertos

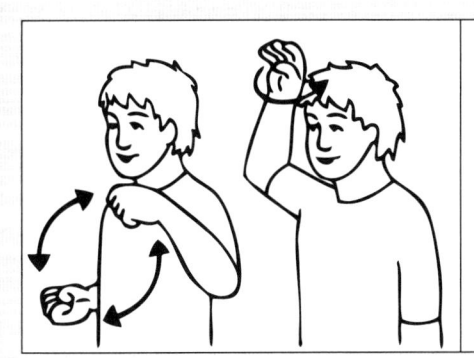

AMBULÂNCIA

Fazer o sinal de carro e em seguida:
CM: mão aberta em "C", palma para fora
PA: à frente da testa
M: girar o pulso
O: para a direita e para a esquerda

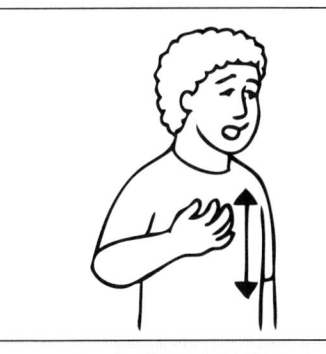

BRONQUITE

CM: mão em "C", palma para dentro
PA: tocando o tórax
M: várias vezes
O: para baixo e para cima
EF/C: respiração ofegante

CATAPORA

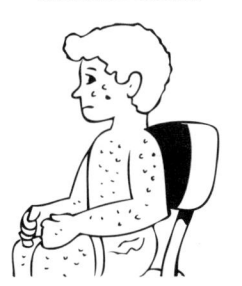

CM: mão em "C", palma para a esquerda
PA: encostando na bochecha
M: várias vezes
O: para baixo e para cima

	CAXUMBA 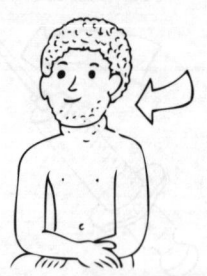	CM: mãos em "C", palma a palma PA: encostado na lateral do pescoço M: sem movimento O: sem orientação EF/C: bochechas infladas
	CIRURGIA 	CM: mão em "A", palma para baixo PA: à frente M: deslizar O: sem orientação
	CIRURGIA PLÁSTICA 	CM: mãos em "V", dorso a dorso PA: laterais da cabeça M: abrir e fechar, várias vezes O: para trás
	COVID-19 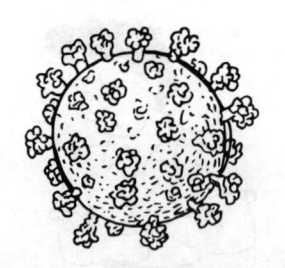	CM: mão aberta, palma para fora PA: atrás da mão fechada, palma para baixo M: girar O: para a frente
	DIARREIA 	CM: mão em "A", palma para dentro PA: tocando o peito M: sem movimento O: para baixo EF/C: cara de desconforto e língua de fora

DOR

CM: mão em "F", palma para a esquerda
PA: lateral do rosto
M: girar o pulso rapidamente
O: para fora e para dentro
EF/C: testa franzida e bico

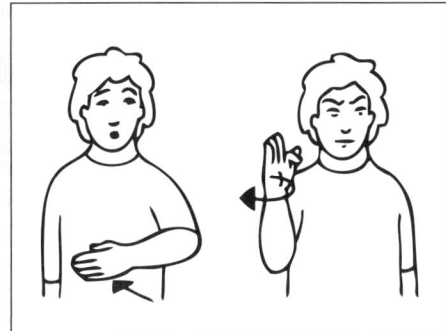

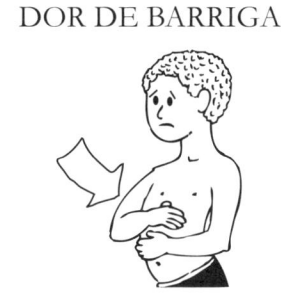

DOR DE BARRIGA

CM: mão aberta, palma para dentro
PA: encostado na barriga
M: esfregar
O: para a direita e para a esquerda
EF/C: cara de desconforto
E, em seguida, fazer o sinal de dor (p. 216).

DOR DE CABEÇA

Mão em "D", palma para baixo, tocando a têmpora e, em seguida:
CM: mão aberta com ponta dos dedos polegares e médios unidas, palma para fora
PA: ao lado da cabeça
M: raspar e abrir
O: para frente
EF/C: franzir a testa

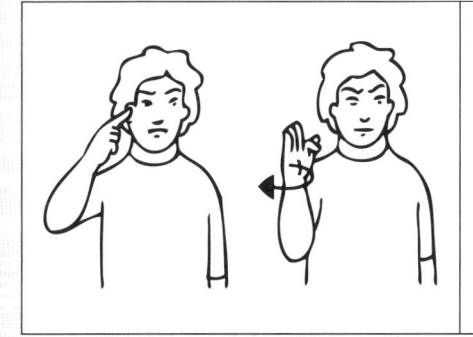

DOR DE OUVIDO

CM: mão em "D", palma para a esquerda
PA: tocando a orelha
M: sem movimento
O: sem orientação

FEBRE

CM: mão em "B", palma para fora
PA: tocando a testa pelo dorso
M: sem movimento
O: sem orientação
EF/C: cara de desânimo

GRIPE

CM: mão em "L", dedos unidos, palma para dentro
PA: tocando o nariz
M: raspar
O: baixo

INJEÇÃO

CM: mão fechada, dedos indicador, médio e polegar abertos, palma para dentro
PA: tocando o ombro
M: fechar o polegar
O: para dentro

NÁUSEA

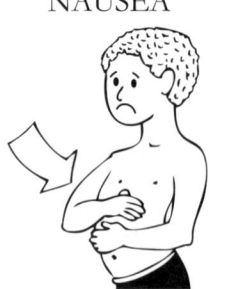

CM: mão aberta, palma para dentro
PA: tocando a barriga
M: circular, várias vezes
O: sentido horário

REMÉDIO

CM: mão fechada com ponta dos dedos polegar e indicador unidos, para dentro
PA: à frente da boca
M: aproximar e abrir
O: para dentro

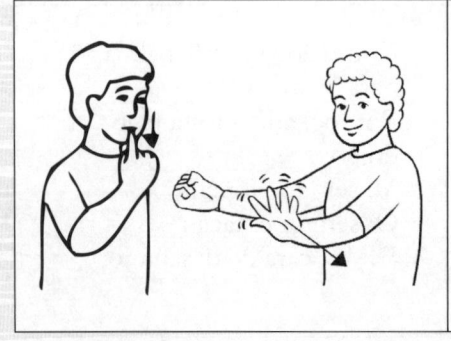

SANGUE

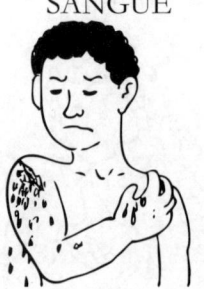

CM: mão aberta, palma para cima
PA: tocando o antebraço estendido
M: tremular e raspar
O: para baixo e para cima

SERINGA

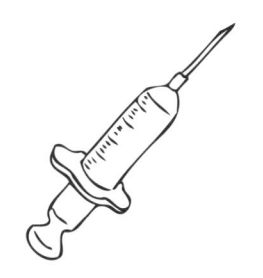

CM: mão fechada, dedos indicador, médio e polegar abertos, palma para dentro
PA: tocando o ombro
M: fechar os dedos
O: para dentro

TONTURA

CM: mão em "B", palma para a esquerda
PA: altura da cabeça
M: circular
O: sem orientação

TOSSE

CM: mão em "S", palma para a esquerda
PA: à frente da boca
M: sem movimento
O: sem orientação
EF/C: olhos fechados e boca aberta, cabeça para a frente

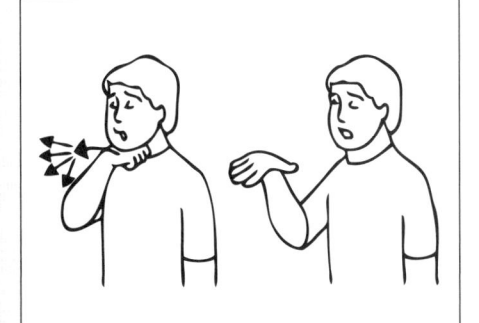

VÔMITO

CM: mão fechada, palma para baixo
PA: tocando abaixo do queixo
M: afastar e abrir os dedos
O: para a frente

MEIOS DE TRANSPORTE

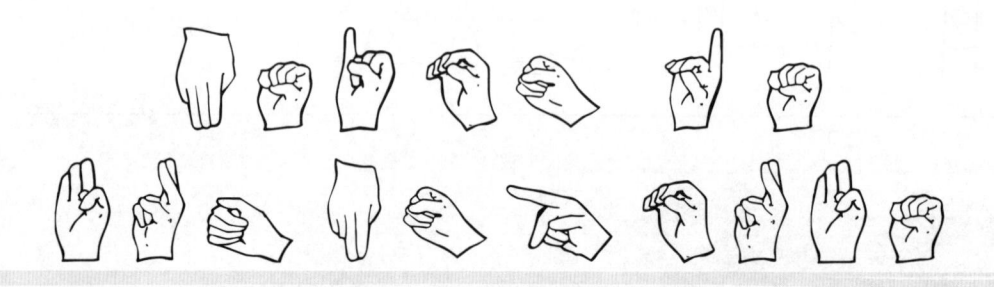

AVIÃO

CM: mão em "Y", palma para baixo
PA: na altura da cabeça
M: arco
O: para a esquerda

BARCO

CM: mãos abertas, palma a palma, unidas pelos dedos mínimos
PA: à frente
M: arco, repetitivo
O: para a frente

BICICLETA

CM: mãos em "S", palmas para baixo
PA: à frente
M: círculos abertos e alternados
O: sentido horário

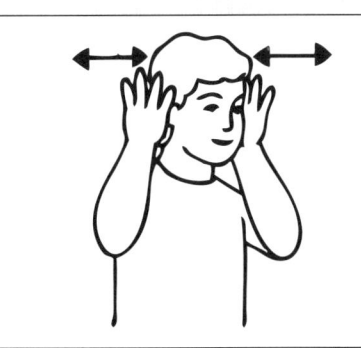

CAMINHÃO

CM: mãos abertas, palma a palma
PA: lateral da cabeça
M: dobrar o pulso
O: para a frente e para trás

CARRO

CM: mãos em "S", palma a palma
PA: à frente
M: semiarcos alternados
O: para cima e para baixo

HELICÓPTERO

CM: mão fechada, dedos médio, indicador e polegar abertos
PA: tocando a mão esquerda em "D"
M: tremular os dedos
O: para cima

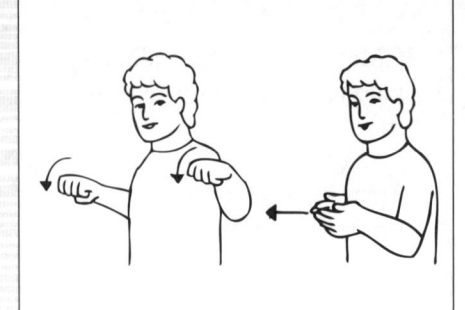

JET SKI

CM: mãos em "S", palma para baixo
PA: à frente
M: girar os pulsos
O: para baixo
E, em seguida, fazer o sinal de barco (p. 221).

METRÔ

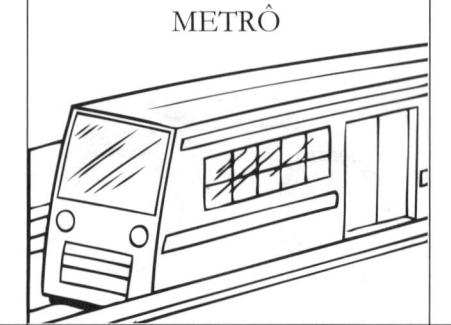

CM: mão em "5", palma a palma
PA: à frente
M: afastar
O: para a frente

MOTO

CM: mãos em "S", palma para baixo
PA: à frente
M: girar os pulsos
O: para baixo
EF/C: testa franzida e tremular lábios

NAVIO

CM: mãos abertas, palma a palma, unidas pelos dedos mínimos
PA: à frente
M: afastar
O: para a frente

	ÔNIBUS	
		CM: mão em "A", palma para dentro PA: tocando os dedos M: afastar, girando o pulso O: para fora

	TÁXI	
		CM: mão aberta, palma para dentro PA: tocando a palma da mão esquerda M: dobrar o pulso O: para a esquerda

	TREM	
		CM: mãos abertas, palma a palma PA: à frente M: circular O: sentido horário

	TRÓLEBUS	
		CM: mão em "V", palma para a frente PA: na altura da cabeça M: afastar O: para a frente

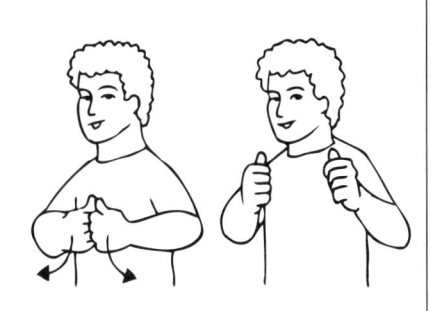

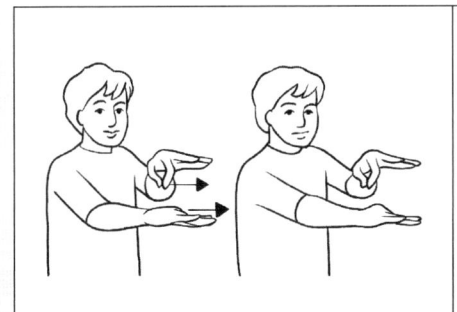

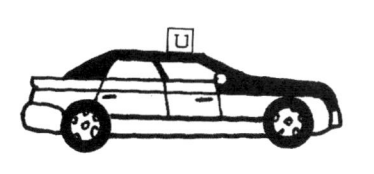

	UBER	
		CM: mão aberta, ponta do polegar e indicador unidos, palma para baixo PA: acima do dorso da mão aberta, palma para baixo M: afastar O: para frente

MEIOS DE COMUNICAÇÃO/ REDES SOCIAIS

CARTA

CM: mão em "U", palma para dentro
PA: tocando a língua
M: dobrar o pulso
O: para baixo
EF/C: língua para fora

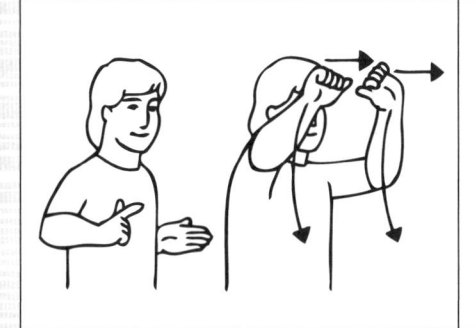

CARTAZ

Fazer o sinal de papel (p. 116) e, em seguida:
CM: mãos em "A", palma para fora
PA: na altura da cabeça
M: afastar e deslizar
O: para a frente e para baixo

CELULAR

CM: mão em "A", com palma para dentro
PA: à frente
M: aproximar a afastar o polegar
O: sem orientação

COMPUTADOR

CM: mãos em "X", palmas para a frente
PA: à frente
M: circular e alternado
O: sem orientação

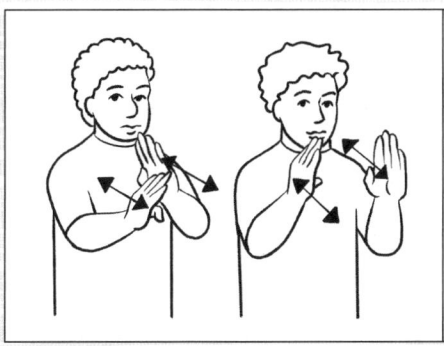

FACEBOOK

CM: mãos abertas, palma a palma
PA: à frente da boca
M: alternado
O: para frente e para trás

	INSTAGRAM 	CM: mão fechada com polegar, indicador e mínimo distendidos, palma para fora PA: a frente do olho M: dobrar o polegar e indicador O: sem orientação
	INTERNET 	CM: mão em "I", palma para a esquerda PA: tocando abaixo da mão M: semicírculo O: para a frente
	JORNAL 	CM: mão em "L", palma para a esquerda PA: tocando a palma da mão M: afastar O: para o lado direito
	MANDAR E-MAIL 	CM: mão aberta, palma para baixo PA: passando entre a mão esquerda em "C" M: afastar O: para a frente
	ORELHÃO 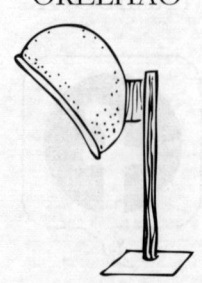	Fazer o sinal de telefone (p. 227) e, em seguida: CM: mãos abertas, palmas para baixo unidas pelos polegares PA: acima da cabeça e lateral das mãos unidas M: semicírculo O: para baixo

	RÁDIO 	CM: mão em "C", palma para a esquerda PA: tocando a orelha M: tremular O: sem orientação
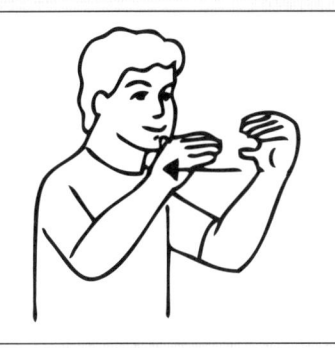	RECEBER E-MAIL 	CM: mão aberta, palma para baixo PA: passando entre a mão esquerda em "C" M: aproximar O: para dentro
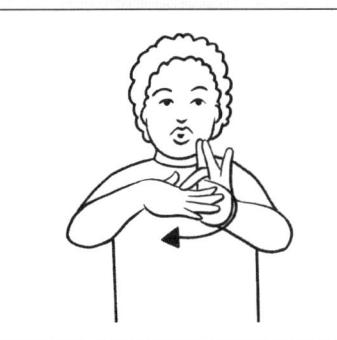	REDE SOCIAL 	CM: mão aberta, dedo médio dobrado, palma para a esquerda PA: ao lado da mão aberta, palma para baixo M: semicírculo O: para frente
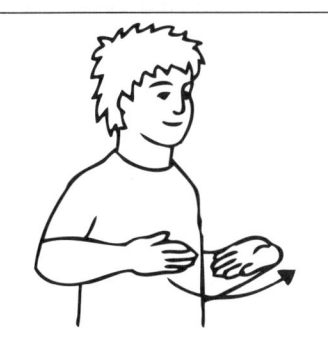	REVISTA 	CM: mão aberta, palma para a esquerda PA: raspando na palma M: girar pulsos O: para a esquerda
	TELEFONE 	CM: mão em "Y", palma para a esquerda PA: tocando a orelha M: sem movimento O: sem orientação

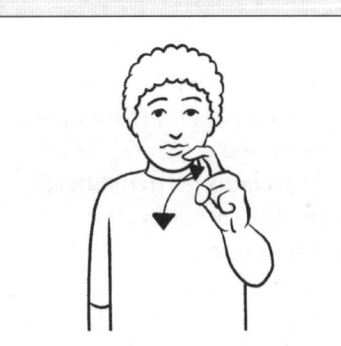

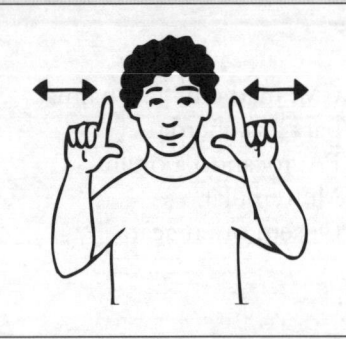	**TELEVISÃO** 	CM: mãos em "L", palmas para a frente PA: à frente M: balançar alternadamente O: para cima e para baixo
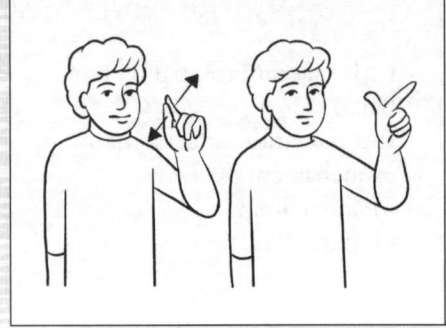	**TELEGRAM**	CM: mão fechada, polegar e indicador unidos PA: ao lado da cabeça M: abrir e afastar O: para frente
	TIK TOK	CM: mão fechada, palma para esquerda, indicador dobrado PA: à frente M: dobrar o pulso O: para baixo e para cima
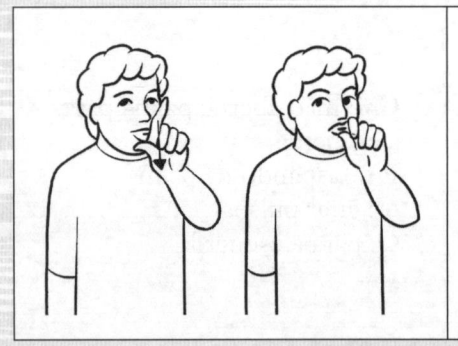	**TWITTER**	CM: mão fechada, polegar e indicador abertos, palma para fora PA: à frente da boca M: fechar e abrir O: sem orientação EF/C: lábios proeminentes
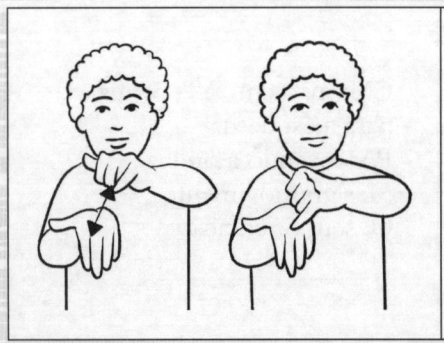	**WHATSAPP**	CM: mão fechada, polegar e mínimo abertos, palma para baixo PA: acima, palma aberta M: aproximar e afastar O: para cima e para baixo

LAZER/
ESPORTE

BARALHO

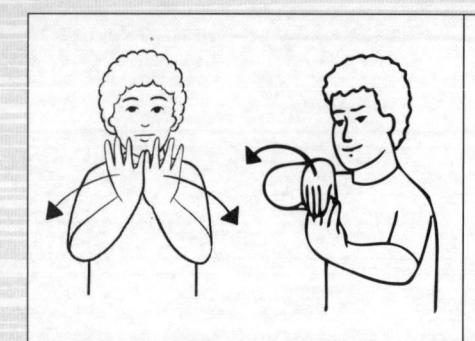

CM: mãos em "4", palmas para dentro
PA: à frente
M: afastar
O: para os lados opostos e para baixo

BASQUETE

CM: mão aberta, palma para a frente
PA: ao lado da cabeça
M: arco
O: para a frente

BILHAR/SINUCA

CM: mão em "A", polegar estendido, palma para dentro
PA: à frente
M: aproximar
O: para a frente

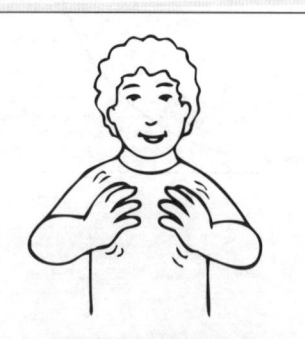

BOLA

CM: mãos em "C", palma a palma
PA: à frente
M: tremular
O: sem orientação

BOLICHE

CM: mão aberta, palma para cima
PA: ao lado da cintura
M: arco
O: para a frente

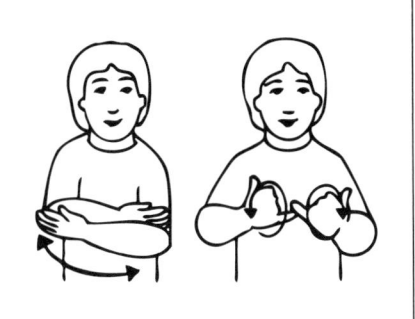

BONECA

Fazer o sinal de bebê (p. 72) e, em seguida:
CM: mãos em "Y", palmas para dentro
PA: à frente
M: circular e alternado
O: sentido horário

BOXE

CM: mãos em "S", palma a palma
PA: à frente
M: afastar, repetitivo
O: para a frente e para trás

BRINQUEDO

CM: mãos em "Y", palmas para dentro
PA: à frente
M: circular e alternado
O: sentido horário

CANOAGEM

CM: mãos em "S", palma a palma, sobrepostas
PA: lateral do corpo
M: girar pulsos
O: para baixo

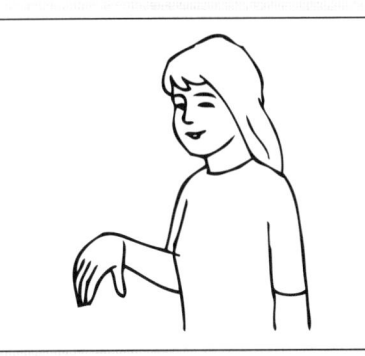

CARRINHO

CM: mão em "C", palma para baixo
PA: à frente
M: sem movimento
O: para a direita e para a esquerda

CICLISMO

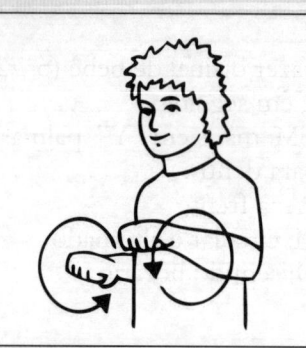

CM: mãos em "A", palmas para baixo
PA: à frente
M: circular e alternado
O: sentido horário

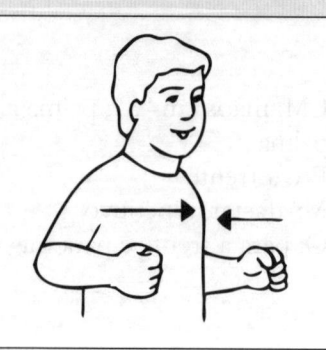

CORRIDA

CM: mãos em "S", palma a palma
PA: lateral do tronco
M: afastar e aproximar
O: para a frente e para trás

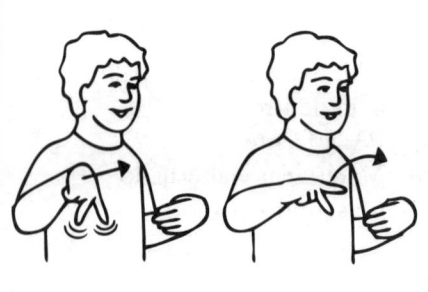

CORRIDA DE OBSTÁCULOS

CM: mão em "V", palma para baixo
PA: à frente
M: tremular os dedos, arco
O: para a frente

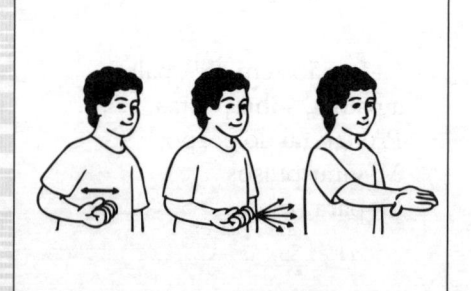

DADO

CM: mão em "S", palma para cima
PA: à frente
M: abrir
O: para a frente

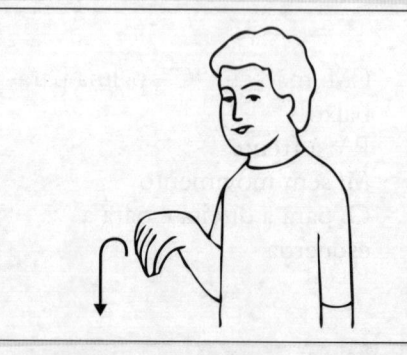

DAMA

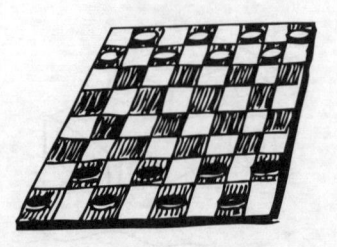

CM: mão aberta, dedos unidos
PA: à frente
M: arco
O: para os lados

DOMINÓ

CM: mãos em "C", palmas para baixo
PA: à frente
M: girar os pulsos
O: para dentro e para cima

FUTEBOL

CM: mãos em "S", polegar estendido, palma a palma
PA: lateral do corpo
M: alternado
O: para cima e para baixo

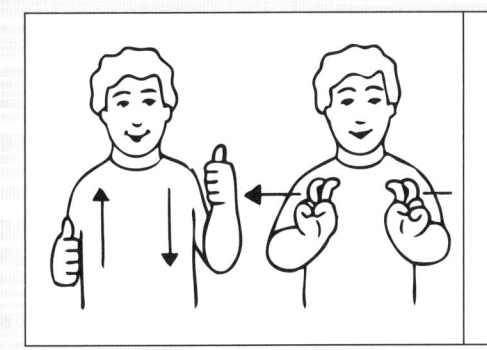

FUTEBOL DE SALÃO

Fazer o sinal de futebol (nesta página) e, em seguida:
CM: mãos em "5", palmas para a frente
PA: na altura do peito
M: afastar
O: para os lados opostos

GINÁSTICA

CM: mãos em "S", palma a palma
PA: na altura dos ombros
M: girar os pulsos
O: para fora e para dentro

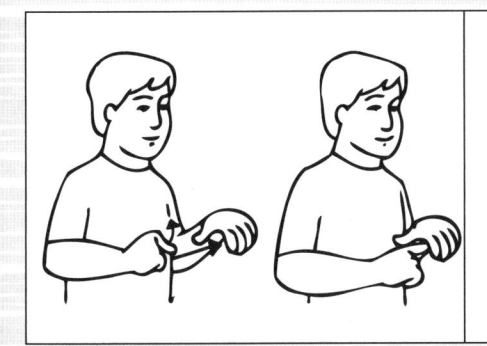

GOL

CM: mão em "X", palma para baixo
PA: à frente
M: aproximar e esticar o dedo indicador
O: para a esquerda

GOLFE

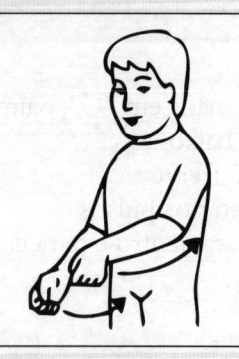

CM: mãos em "S", palma a palma, sobrepostas
PA: na altura da cintura
M: balançar
O: para a esquerda

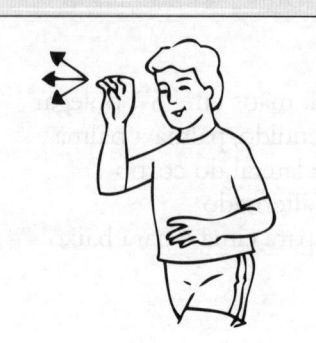

HANDEBOL

CM: mão em "C", palma para a frente
PA: ao lado da cabeça
M: abrir
O: para a frente

JUDÔ

CM: mãos em "S", palma a palma, sobrepostas
PA: acima dos ombros
M: arco
O: para a frente e para baixo

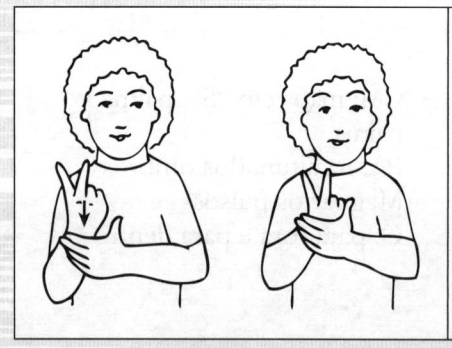

MERGULHO

CM: mão em "V", palma para dentro
PA: entre a mão esquerda, palma para dentro
M: tremular dedos
O: para baixo

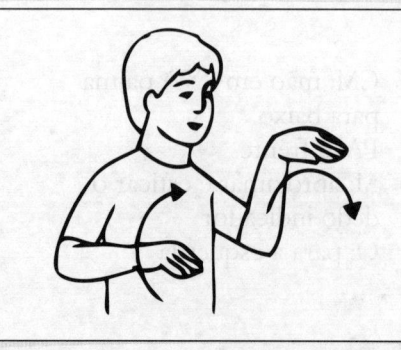

NATAÇÃO

CM: mãos abertas, palmas para baixo
PA: à frente
M: arco e alternado
O: para a frente e para trás

PATINS

CM: mãos abertas, palma para baixo
PA: à frente
M: dobrar os pulsos alternadamente
O: para cima e para baixo

PETECA

CM: mão aberta em "S", palma para a esquerda
PA: tocando a palma aberta
M: bater
O: para cima

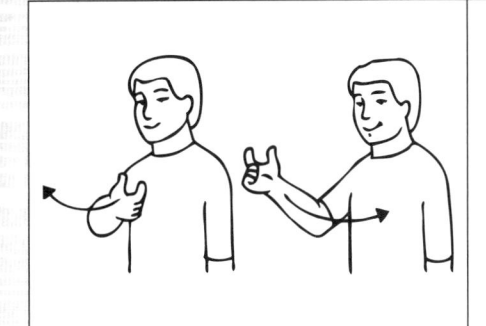

PINGUE-PONGUE

CM: mão em "L", dedos curvados, palma para dentro
PA: à frente
M: dobrar o pulso
O: para a frente e para trás

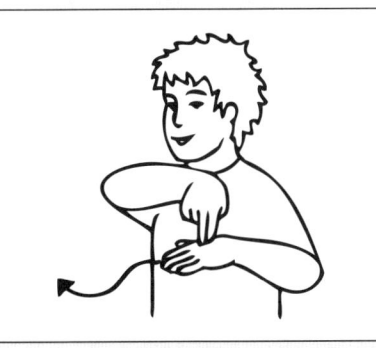

SKATE

CM: mão em "U", palma para dentro
PA: tocando o dorso da mão esquerda aberta
M: ondulatório
O: para a frente

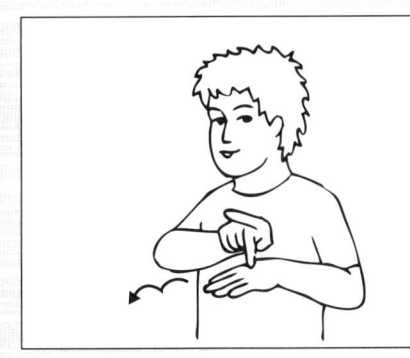

SURFE

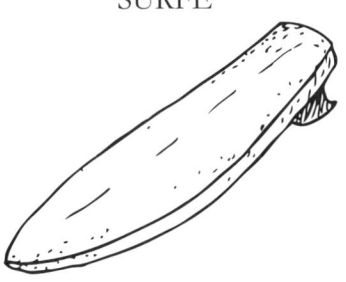

CM: mão em "P", palma para dentro
PA: tocando o dorso da mão esquerda aberta
M: ondulatório
O: para a frente

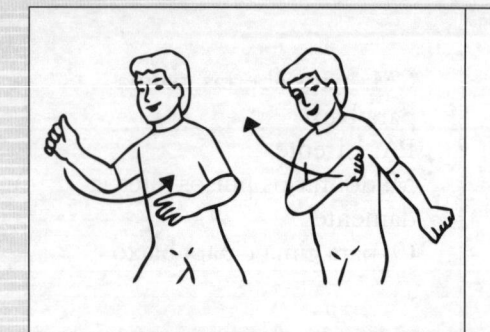

TÊNIS

CM: mão em "A", palma para a esquerda
PA: na altura do peito
M: aproximar e afastar
O: para dentro e para fora

VÔLEI

CM: mãos em "C", palmas para fora
PA: à frente da cabeça
M: dobrar os pulsos
O: para a frente

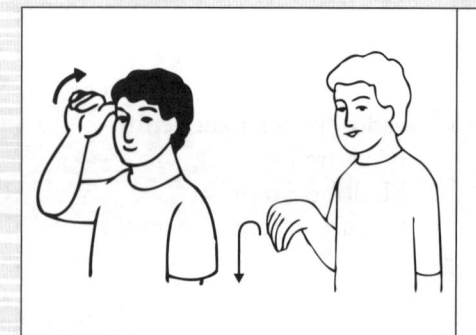

XADREZ

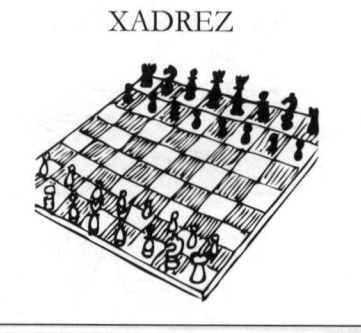

Fazer o sinal de cavalo (p. 189) e, em seguida:
CM: mão aberta, dedos unidos, palma para baixo
PA: à frente
M: arco
O: para os lados

INSTRUMENTOS MUSICAIS

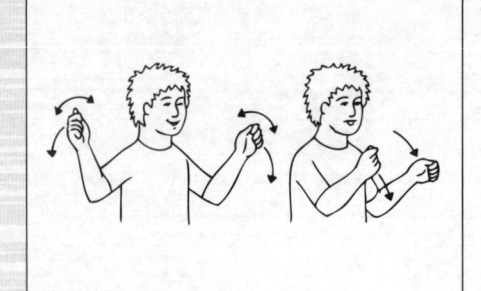

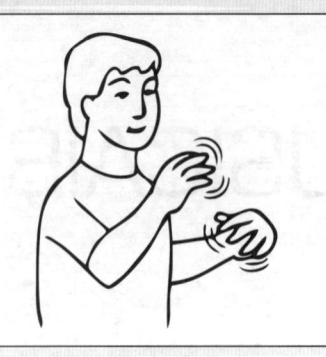

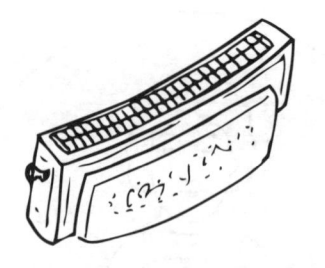

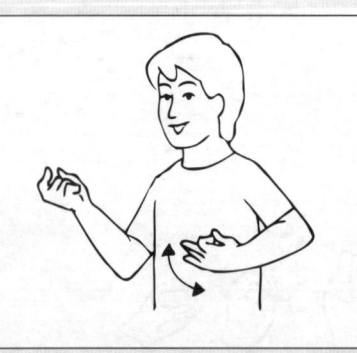

	BATERIA	
		CM: mãos em "A", palma a palma PA: na altura dos ombros M: dobrar os pulsos, várias vezes, alternado O: para a frente e para trás
	FLAUTA	
		CM: mãos em "C" PA: na altura do tórax M: tremular os dedos O: sem orientação EF/C: assoprando
	GAITA	
		CM: mãos em "C", palmas para dentro PA: à frente da boca M: sem movimento O: para a direita e para a esquerda
	GUITARRA	
		CM: mão aberta com dedos indicador e polegar unidos, palma para dentro PA: altura da cintura M: várias vezes O: para baixo e para cima
	HARPA	
		CM: mãos abertas, palma a palma PA: à frente M: tremular os dedos O: para a frente e para trás

| | PIANO | CM: mãos abertas, palmas para baixo
PA: na altura da cintura
M: tremular os dedos, afastar e aproximar
O: para fora e para dentro |
|---|---|---|
| | TAMBOR | CM: mãos abertas, palmas para baixo
PA: na altura do tronco
M: alternado, várias vezes
O: para baixo e para cima |
| | VIOLÃO | CM: mão aberta, palma para dentro
PA: na altura da cintura
M: tremular os dedos
O: para baixo e para cima |
| | VIOLINO | CM: mão em "A", palma para baixo
PA: na altura do tórax
M: aproximar e afastar
O: para trás e para a frente |
| | VIOLONCELO | CM: mão direita em "C", palma para dentro
PA: na altura da cintura
M: tremular os dedos
O: para baixo e para cima |

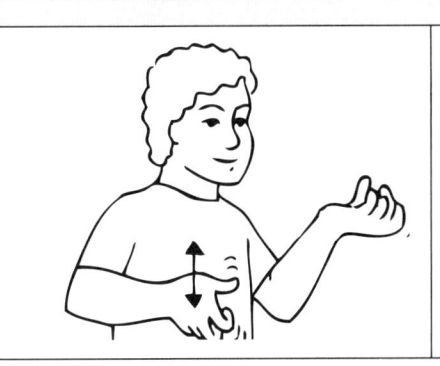

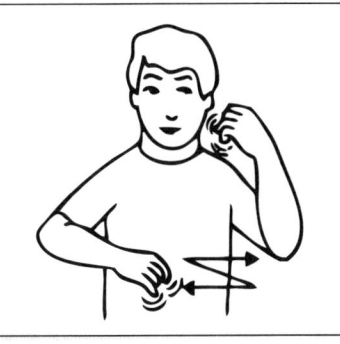

VERBOS

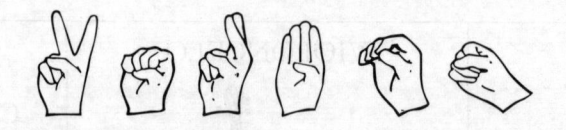

ABENÇOAR

CM: mãos em "A", palmas para baixo
PA: acima da cabeça
M: abrir os dedos
O: para baixo

ABRAÇAR

CM: mãos em "C", palma para dentro
PA: tocando o peito com os braços cruzados
M: sem movimento
O: sem orientação

ABRIR

CM: mãos em "B", palmas para fora
PA: à frente
M: girar o pulso
O: para dentro

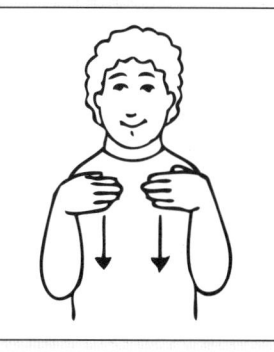

ACALMAR

CM: mãos abertas, palmas para dentro
PA: tocando o peito
M: esfregar
O: para baixo

ACHAR

CM: mãos em "D", palma a palma
PA: à frente
M: aproximar
O: para o centro

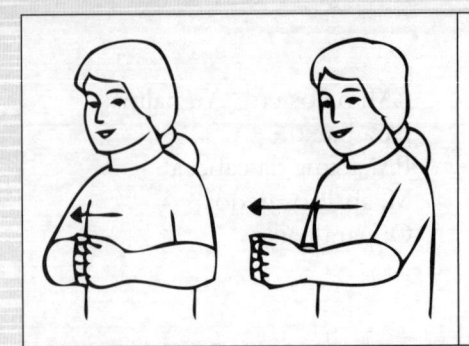

ACOMPANHAR

CM: mãos em "A", palma a palma
PA: à frente
M: afastar
O: para a frente

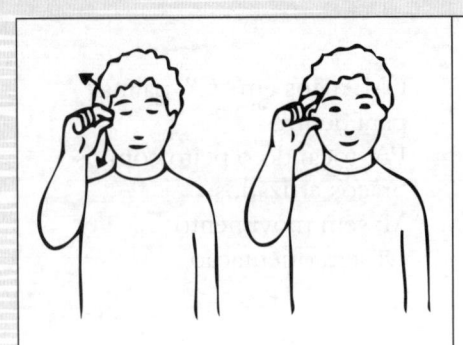

ACORDAR

CM: mão direita em "L", dedos unidos, palma para a frente
PA: tocando a lateral do olho
M: abrir
O: sem orientação

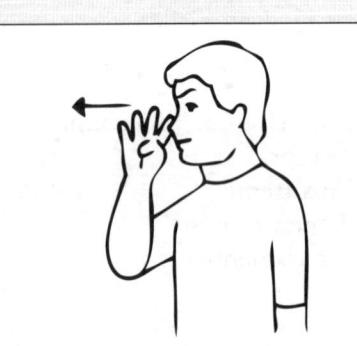

ACUSAR

CM: mão direita em "B", palma para a esquerda
PA: tocando a ponta do nariz
M: afastar
O: para a frente

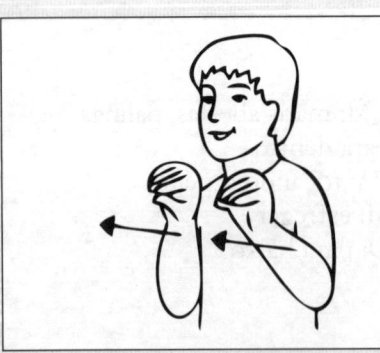

ADIAR

CM: mãos com dedos unidos, palma para a frente
PA: à frente
M: afastar lateralmente
O: para a direita

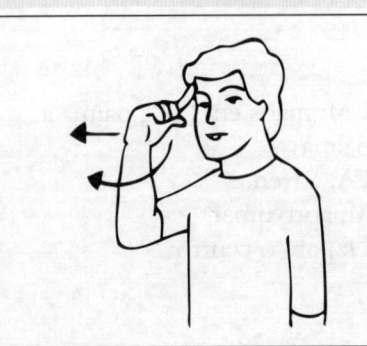

ADIVINHAR

CM: mão direita em "D", palma para a esquerda
PA: tocando a têmpora
M: girar o pulso
O: para fora

ADMITIR

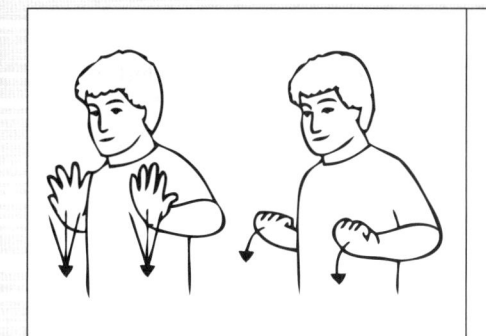

CM: mãos abertas, palmas para cima
PA: à frente
M: fechar os dedos
O: para baixo

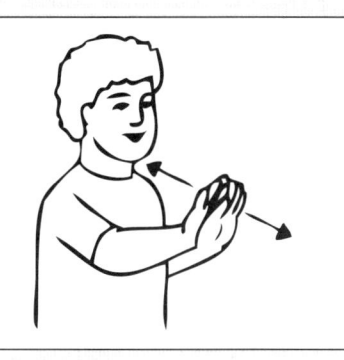

AFASTAR

CM: mãos abertas, dorso a dorso
PA: à frente
M: afastar
O: para fora e para dentro

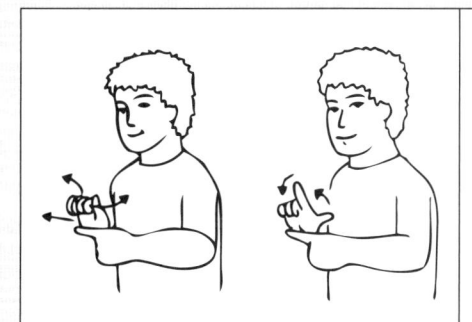

ALUGAR

CM: mão direita em "A", palma para baixo
PA: tocando o dedo indicador da mão esquerda
M: deslizar e abrir os dedos
O: para a frente

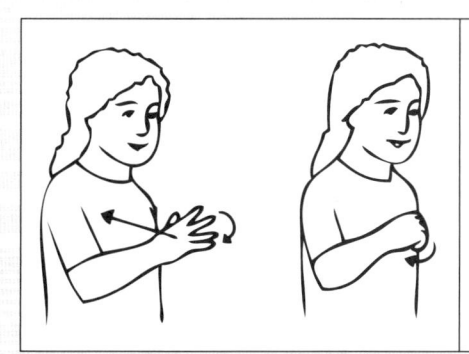

AMAR

CM: mão direita aberta, palma para baixo
PA: tocando o peito
M: fechar os dedos um a um
O: sem orientação

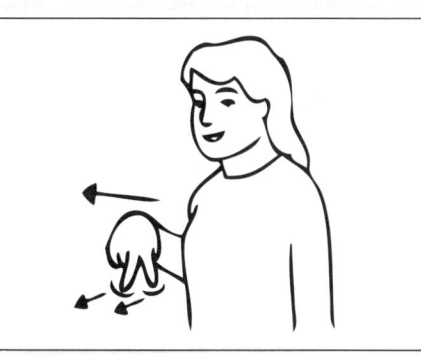

ANDAR

CM: mão direita em "V", palma para dentro
PA: à frente
M: movimentar os dedos alternadamente
O: para a frente

ANOTAR

CM: mão direita com dedos unidos
PA: tocando a palma para cima
M: raspar em arco
O: para dentro

APAGAR

CM: mão direita aberta, palma para a frente
PA: à frente
M: fechar unindo os dedos
O: para cima

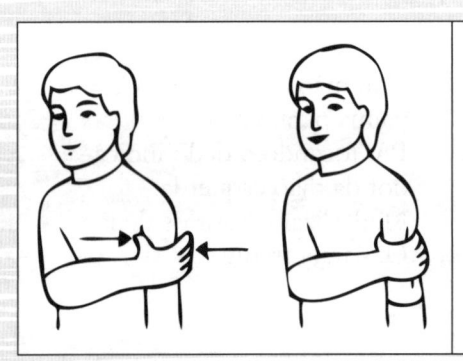

APERTAR

CM: mão direita em "C", palma para a direita
PA: tocando o braço esquerdo
M: fechar levemente os dedos
O: sem orientação

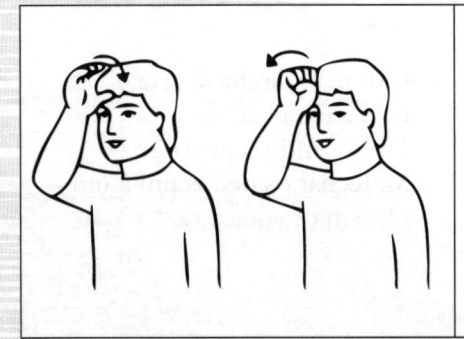

APRENDER

CM: mão direita em "C", palma para a esquerda
PA: tocando a testa
M: abrir e fechar, várias vezes
O: sem orientação

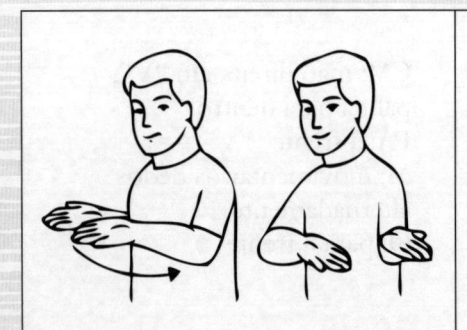

APRESENTAR

CM: mãos abertas, palma para cima
PA: ao lado esquerdo do corpo
M: arco
O: para a direita

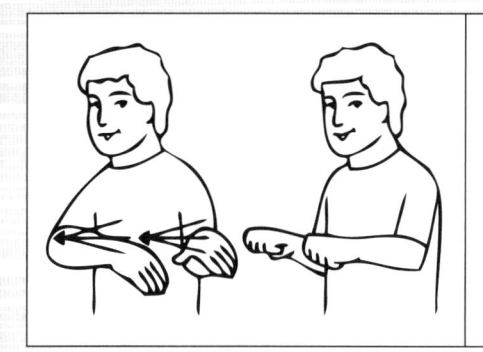

ARRASTAR

CM: mãos em "C", palma para baixo, lado a lado
PA: à frente
M: fechar as mãos e aproximar
O: para o centro

ARRUMAR

CM: mãos abertas, com ponta dos dedos polegares e indicadores unidas, palmas para fora
PA: à frente
M: alternado
O: para cima e para baixo

ASSISTIR

CM: mão direita em "L", dedos curvados, palma para a esquerda
PA: tocando abaixo do olho direito
M: sem movimento
O: sem orientação

ASSUSTAR

CM: mãos abertas, palmas para dentro
PA: tocando o peito
M: esfregar e afastar
O: para cima e para fora

ATRASAR

CM: mão direita em "L", palma para fora
PA: tocando a mão esquerda aberta
M: girar o pulso
O: para baixo

AUMENTAR

CM: mãos fechadas com dedos polegares e indicadores unidos, palma a palma
PA: à frente
M: afastar
O: para os lados opostos

AVISAR

CM: mão direita em "Y", palma para a esquerda
PA: tocando a boca
M: afastar em arco
O: para a frente

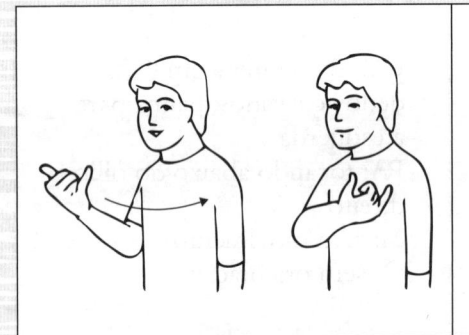

AVISAR-ME

CM: mão direita em "Y", palma para a direita
PA: tocando o peito
M: aproximar
O: para dentro

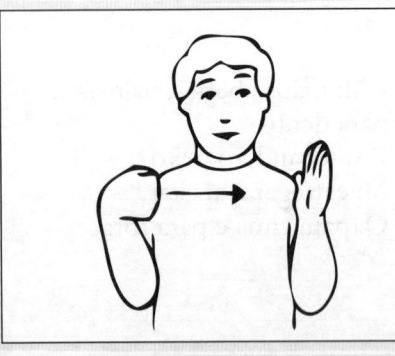

BATER

CM: mão direita em "S", palma para dentro
PA: tocar a palma esquerda aberta
M: aproximar
O: para a esquerda

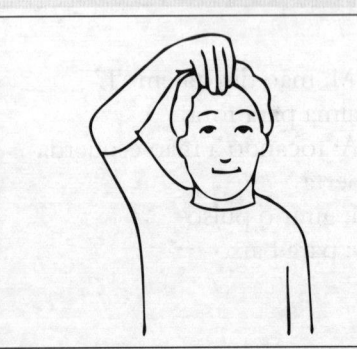

BATIZAR

CM: mão direita com as pontas dos dedos juntas, palma para baixo
PA: tocando a testa
M: raspando
O: para trás

BEBER

CM: mão direita em "A", polegar estendido, palma para a esquerda
PA: na altura da boca
M: girar o pulso
O: para dentro

BEIJAR

CM: mão direita com as pontas dos dedos juntas e palma para baixo
PA: altura da bochecha
M: aproximar
O: para dentro

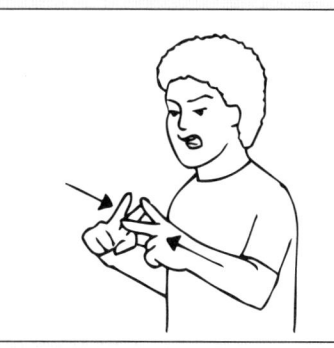

BRIGAR

CM: mãos em "V", palma a palma
PA: à frente
M: dobrar os pulsos
O: para o centro

BRINCAR

CM: mãos em "Y", palmas para dentro
PA: à frente
M: circular e alternado
O: sentido horário

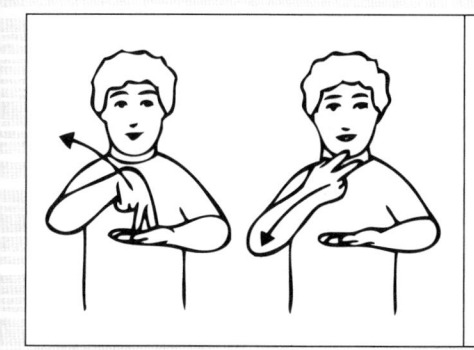

CAIR

CM: mão direita em "V", palma para a direita
PA: tocando na palma da mão esquerda
M: girar o pulso em arco
O: para a frente

CANSAR

CM: mãos em "C", palma para cima
PA: tocando o peito
M: esfregar
O: para baixo
EF/C: cara de desânimo e inclinar a cabeça para baixo

CHAMAR

CM: mão direita aberta, palma para cima
PA: à frente
M: dobrar os dedos
O: para dentro

CHEGAR

CM: mão direita em "D", palma para a esquerda
PA: ao lado do corpo
M: arco
O: para baixo

CHORAR

CM: mãos em "D", palma para dentro
PA: tocando abaixo dos olhos
M: zigue-zague
O: para baixo

CHUTAR

CM: mão direita aberta, palma para a direita
PA: tocar a palma da mão esquerda
M: aproximar
O: para a esquerda

CLASSIFICAR

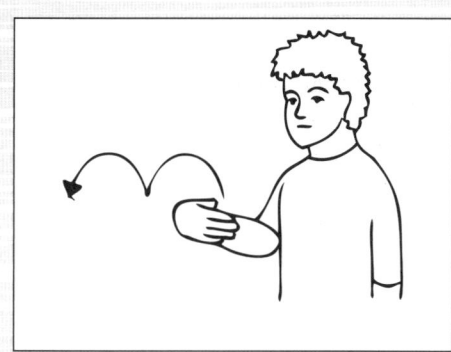

CM: mão direita aberta, palma para dentro
PA: à frente
M: afastar, várias vezes, em arco
O: para a frente

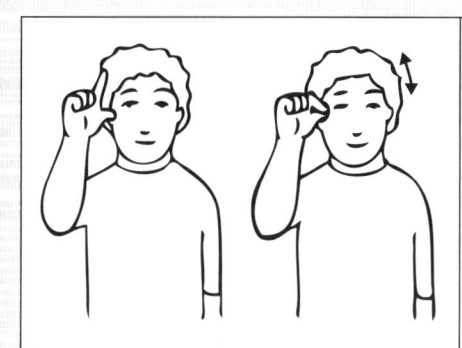

COCHILAR

CM: mão direita em "L", palma para a esquerda
PA: tocando abaixo do olho direito
M: fechar
O: sem orientação
EF/C: cabeça balançando para a frente e para trás

COLIDIR

CM: mãos em "S", palma para dentro
PA: à frente
M: aproximar
O: para o centro

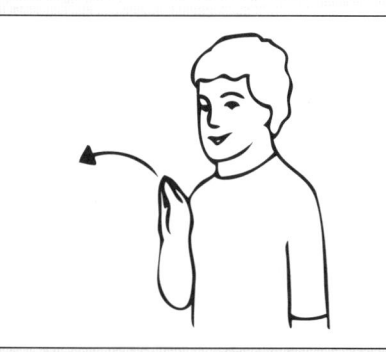

COLOCAR

CM: mão direita aberta, dedos unidos pelas pontas, palma para a frente
PA: à frente
M: arco
O: para a frente e para baixo

COMEMORAR

CM: mãos abertas, palmas para baixo
PA: à frente
M: girar os pulsos
O: para cima
EF/C: sorrir

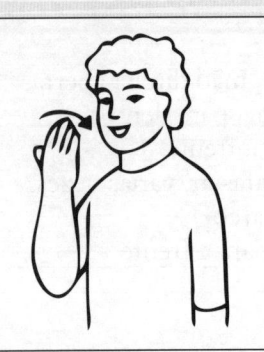

COMER

CM: mão direita aberta, palma para dentro
PA: na altura da boca
M: fechar e abrir os dedos
O: para dentro e para fora
EF/C: boca aberta

COMPARAR

CM: mãos abertas, palmas para dentro
PA: à frente
M: afastar e aproximar, alternado
O: para dentro e para fora

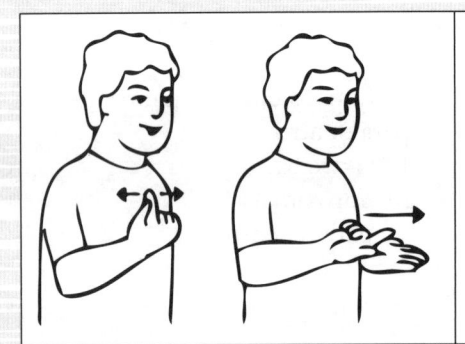

COMPRAR

Mão em "L" com dedos unidos, raspar os dedos e, em seguida:
CM: mão direita em "L", palma para cima
PA: tocando a palma esquerda aberta
M: esfregar
O: para a frente

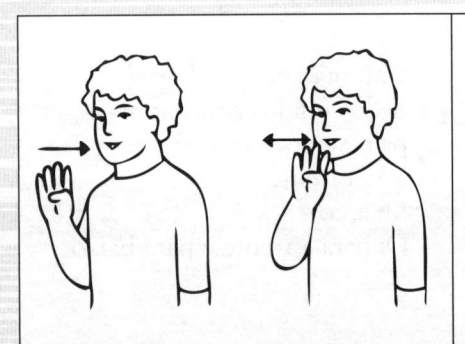

CONHECER

CM: mão direita em "B", palma para a esquerda
PA: tocando o queixo
M: aproximar e afastar, várias vezes
O: para fora e para dentro

CONSERTAR

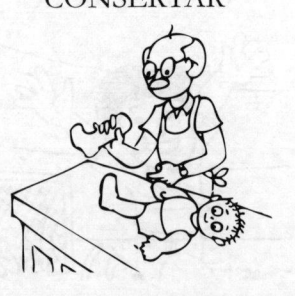

CM: mão direita em "V", palma para dentro
PA: tocando o dedo indicador esquerdo
M: girar os pulsos
O: para cima e para baixo
E, em seguida, faça o sinal de fazer (p. 262).

CONSOLAR

CM: mão direita aberta, palma para baixo
PA: tocando o dorso da mão esquerda
M: deslizar
O: para a frente

CONSTRUIR

CM: mãos abertas, palmas para dentro
PA: à frente
M: semicírculo
O: para cima

CONTAR

CM: mão fechada, palma para dentro
PA: à frente
M: abrir os dedos
O: sem orientação

CONTINUAR

CM: mão direita em "V", palma para a esquerda
PA: à frente
M: dobrar o pulso
O: para cima, para baixo e para a frente

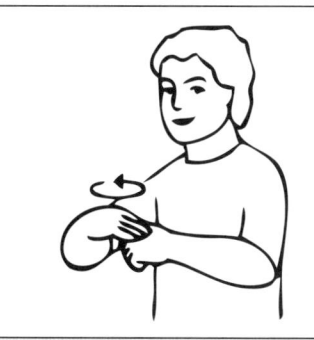

CONVERSAR

CM: mão direita aberta, palma para baixo
PA: tocando o dorso da mão esquerda
M: circular
O: sentido horário

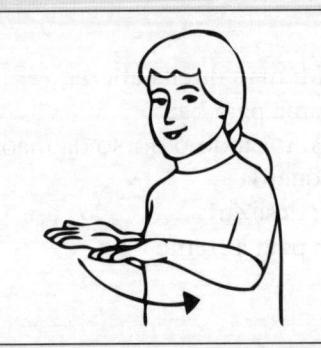

CONVIDAR

CM: mãos abertas, palmas para cima
PA: à frente
M: arco
O: para a direita

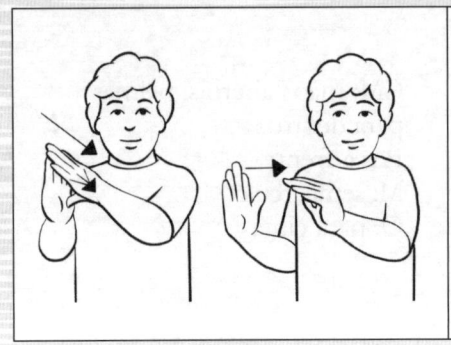

COPIAR

CM: mão aberta, palma para esquerda
PA: tocando a ponta dos dedos
M: fechar e afastar
O: para a direita

CORRER

CM: mãos em "A", palma a palma
PA: lateral do corpo
M: alternado
O: para cima e para baixo

CORRIGIR

CM: mão aberta com a ponta dos dedos polegar e indicador unidas, palma para fora
PA: ao lado da cabeça
M: girar o pulso
O: para baixo e para a direita

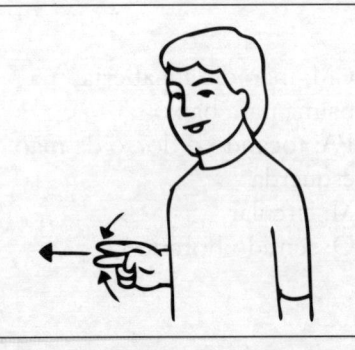

CORTAR

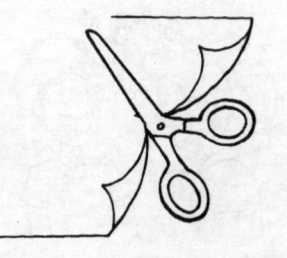

CM: mão direita em "V", palma para a esquerda
PA: à frente
M: unir e afastar os dedos
O: para a frente

CRER

CM: mão direita aberta, palma para dentro
PA: tocando a testa
M: aproximar
O: para baixo

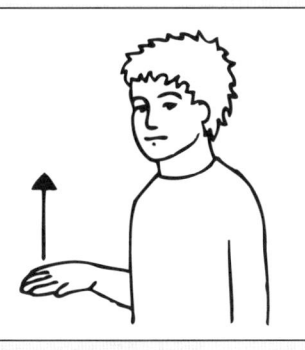

CRESCER

CM: mão direita aberta, palma para baixo
PA: ao lado do corpo
M: sem movimento
O: para cima

CUIDAR

CM: mão direita em "V", palma para a frente
PA: tocando o pulso da mão esquerda
M: aproximar e afastar
O: para dentro e para fora

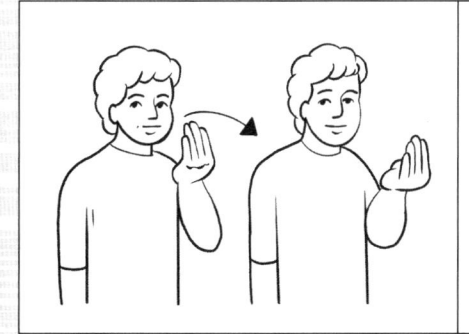

DAR

CM: mão aberta, ponta dos dedos unidas, palma para cima
PA: à frente
M: afastar
O: para frente

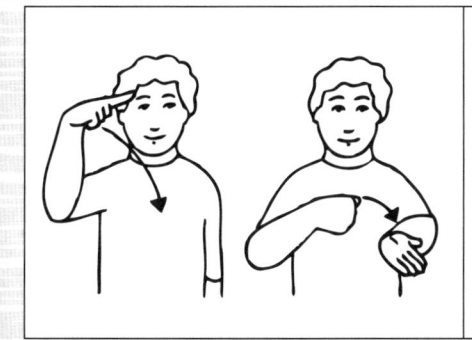

DECIDIR

CM: mão direita em "D", palma para baixo
PA: tocando a testa
M: fechar
O: para cima

DEFECAR

CM: mão direita em "A", palma para dentro
PA: tocando o peito
M: esfregar
O: para baixo
EF/C: cara de desconforto

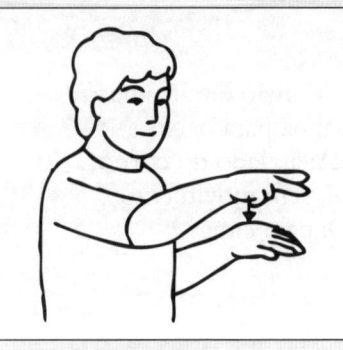

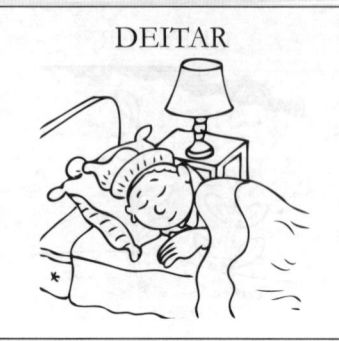

DEITAR

CM: mão direita em "C"
PA: tocando o dorso da mão esquerda
M: aproximar
O: para baixo

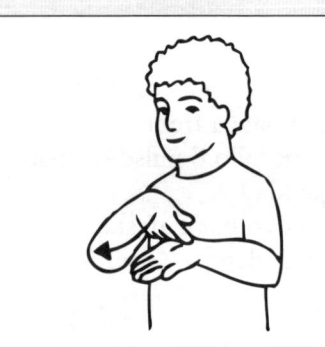

DEMITIR

CM: mão direita em "C", palma para dentro
PA: tocando a palma da mão esquerda
M: deslizar
O: para a frente

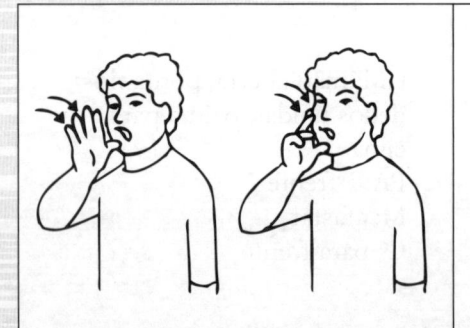

DEMORAR

CM: mão aberta, palma para a esquerda
PA: tocando no queixo
M: fechar os dedos um a um
O: sem orientação

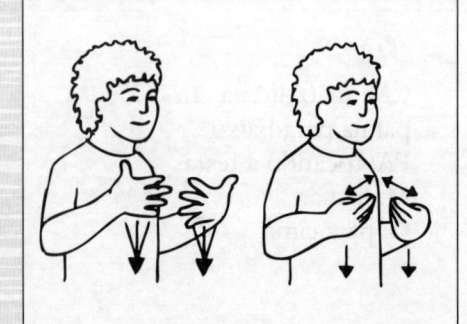

DERRETER

CM: mãos abertas, palmas para dentro
PA: à frente
M: unir os dedos
O: para baixo

DESCANSAR

CM: mão direita aberta, palma para dentro
PA: tocando o peito
M: esfregar
O: para baixo e para fora

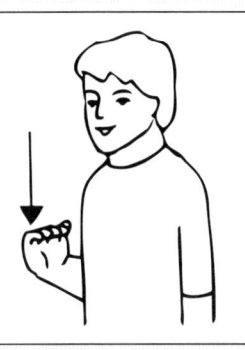

DESCER

CM: mão direita aberta, palma para baixo, dedos curvados
PA: ao lado do corpo
M: sem movimento
O: para baixo

DESENHAR

CM: mão direita em "U", palma para a esquerda
PA: próxima à palma esquerda aberta
M: ondulatório
O: para baixo

DESOBEDECER

CM: mãos abertas, dedos flexionados, palma a palma
PA: tocando a têmpora
M: afastar
O: para a frente
EF/C: cara de bravo

DESTRUIR

CM: mãos abertas, palma a palma
PA: à frente
M: girar o pulso
O: para os lados opostos
EF/C: sobrancelhas arqueadas

DEVER

CM: mão direita em "X", palma para a esquerda
PA: tocando o polegar da mão esquerda
M: aproximar
O: para dentro

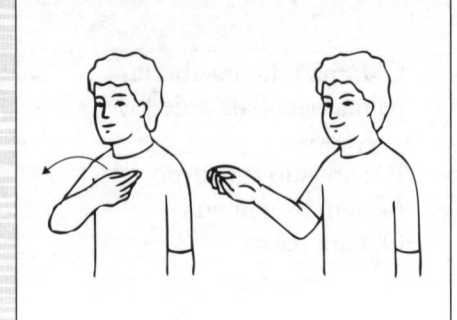

DEVOLVER

CM: mão aberta, dedos unidos, palma para cima
PA: à frente
M: aproximar
O: para dentro

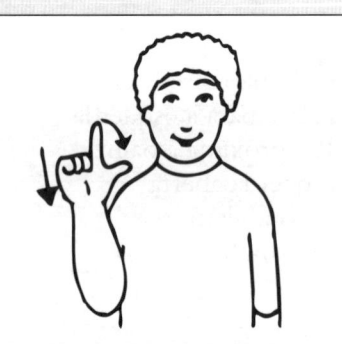

DIMINUIR

CM: mão direita em "L", palma para fora
PA: ao lado do corpo
M: fechar os dedos
O: para baixo

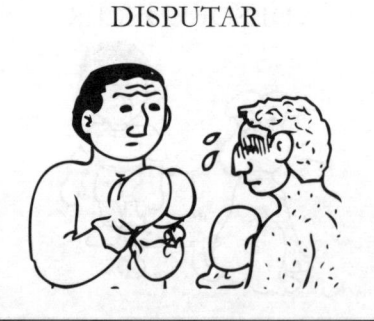

DISPUTAR

CM: mãos em "D", palmas para dentro
PA: à frente do peito
M: dobrar os pulsos
O: para dentro
EF/C: sobrancelhas arqueadas

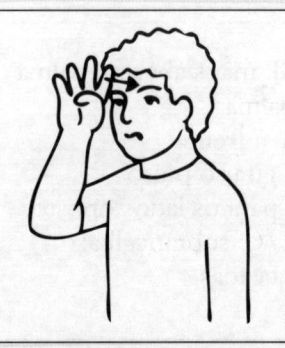

DISTRAIR

CM: mão direita em "B", palma para a esquerda
PA: tocando a testa
M: deslizar
O: para a esquerda

DIVIDIR

CM: mão direita aberta, palma para a esquerda
PA: tocando a palma da mão esquerda
M: esfregar
O: para dentro

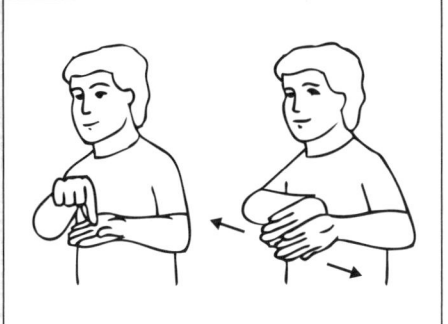

DIVORCIAR

Fazer o sinal de escrever (p. 259) e, em seguida, fazer o sinal de afastar pessoas (p. 243).

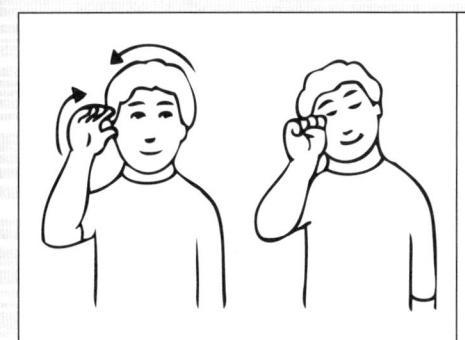

DORMIR

CM: mão aberta, palma para fora
PA: tocando a lateral do olho
M: fechar os dedos
O: sem orientação
EF/C: cabeça inclinando para a direita

DUVIDAR

CM: mão direita em "D", palma para a esquerda
PA: tocando a testa
M: girar o pulso e afastar
O: para fora

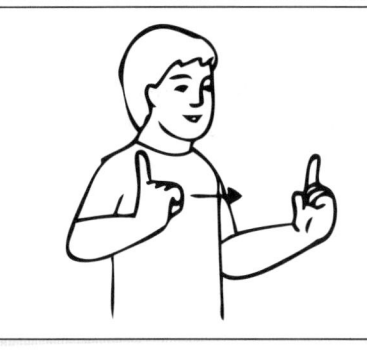

ENCONTRAR

CM: mãos em "D", palma a palma
PA: à frente
M: aproximar
O: ao centro

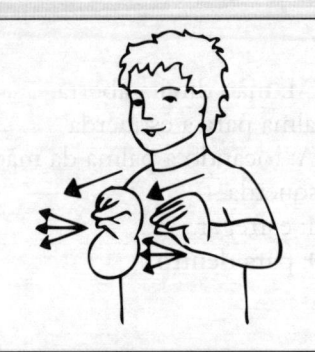

ENSINAR

CM: mãos abertas, dedos unidos, palmas para fora
PA: à frente
M: abrir os dedos
O: para a frente

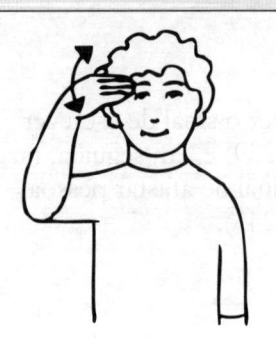

ENTENDER

CM: mão direita aberta, palma para baixo
PA: tocando a têmpora
M: girar o pulso
O: para a frente e para trás

ENTRAR

CM: mão direita aberta, palma para a esquerda
PA: tocando a palma da mão esquerda
M: esfregar
O: para a frente

ENVELHECER

CM: mão direita em "S", palma para dentro
PA: tocando o queixo
M: aproximar e afastar, duas vezes
O: para cima e para baixo

ENVERGONHAR

CM: mão direita em "5", palma para a esquerda
PA: tocando a bochecha
M: esfregar
O: para cima

ENVIAR

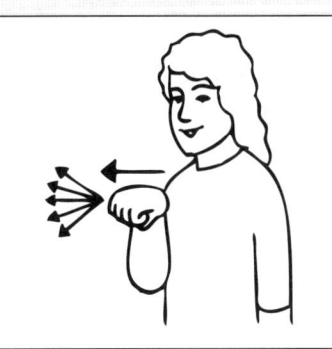

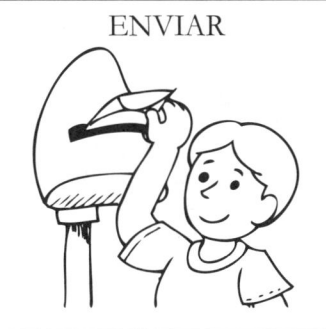

CM: mão direita em "S", palma para baixo
PA: à frente
M: abrir os dedos
O: para a frente

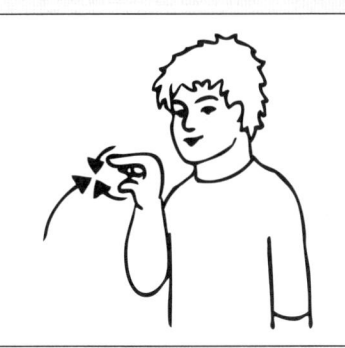

ESCOLHER

CM: mão em "L", palma para a frente
PA: à frente
M: unir os dedos
O: para dentro

ESCONDER

CM: mão direita em "C", palma para dentro
PA: tocando o dorso
M: deslizar
O: para a esquerda

ESCREVER

CM: mão direita em "L", dedos unidos, palma para baixo
PA: tocando a palma
M: esfregar e ondulatório
O: para a frente

ESCUTAR

CM: mão direita em "C", palma para a frente
PA: tocando a orelha direita
M: sem movimento
O: sem orientação

ESPERAR

CM: mãos em "S", palmas para baixo
PA: tocando o pulso da mão esquerda
M: aproximar e afastar, várias vezes
O: para baixo e para cima

ESQUECER

CM: mão em "C", palma para a esquerda
PA: tocando o lado esquerdo da testa
M: esfregar e fechar os dedos
O: para a direita

ESTAR

CM: mãos em "A", palmas para dentro, unidas pelos polegares
PA: à frente
M: afastar
O: para os lados opostos

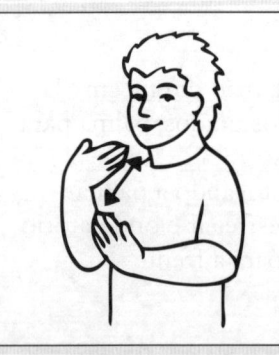

ESTUDAR

CM: mãos abertas, palmas para cima
PA: tocando a palma da mão esquerda
M: aproximar e afastar, várias vezes
O: para baixo e para cima

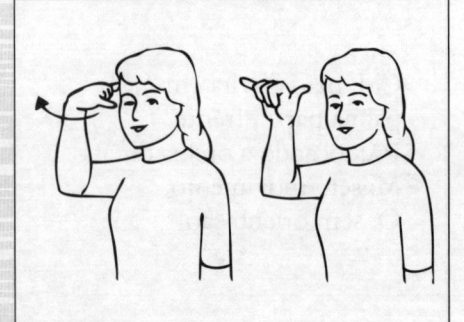

EVITAR

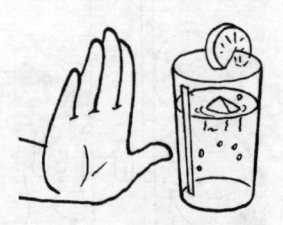

CM: mão direita em "Y", palma para baixo
PA: tocando a têmpora
M: girar o pulso em arco
O: para fora

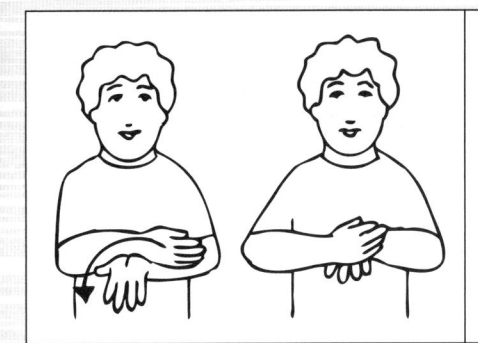

EXAGERAR

CM: mão direita aberta, palma para a esquerda
PA: tocando a mão aberta, palma para cima
M: arco
O: para a frente

EXPERIMENTAR

CM: mão direita, dedos unidos pelas pontas, palma para a esquerda
PA: tocando a bochecha do lado direito
M: aproximar e afastar
O: para dentro e para fora

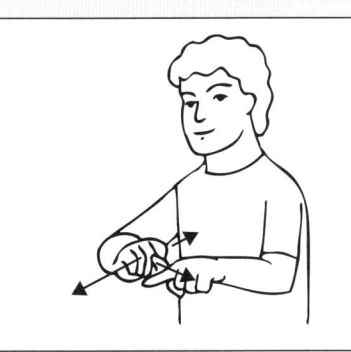

EXPULSAR

CM: mão direita em "A", palma para baixo
PA: tocando o indicador da mão esquerda
M: deslizar e abrir os dedos
O: para a frente

FALAR

CM: mão direita em "P", palma para cima
PA: à frente da boca
M: circular
O: sentido horário

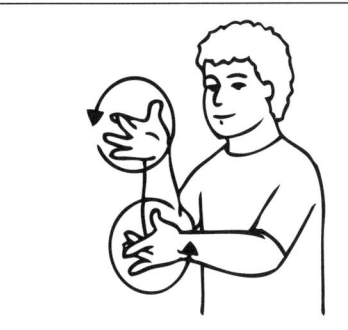

FALAR COM AS MÃOS/ LIBRAS

CM: mãos abertas, palma a palma
PA: à frente
M: circular e tremular os dedos, alternado
O: sentido horário

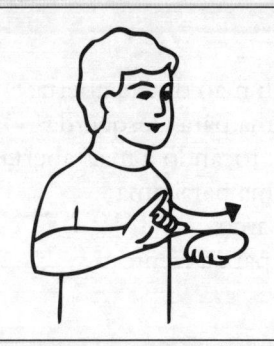

FALTAR

CM: mão direita em "Y", palma para baixo
PA: tocando o dorso da mão esquerda
M: esfregar em arco
O: para a frente

FAZER

CM: mãos em "A", unidas pelas unhas dos polegares
PA: à frente
M: aproximar e afastar, várias vezes
O: para baixo e para cima

FECHAR

CM: mãos em "B", palmas para fora
PA: à frente
M: aproximar
O: para o centro

FICAR

CM: mão aberta com palma para baixo
PA: à frente
M: sem movimento
O: para baixo

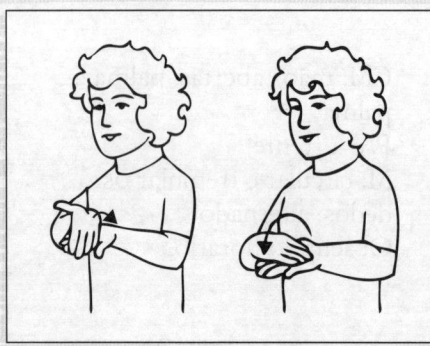

FRITAR

CM: mão aberta, palma a palma
PA: tocando a palma esquerda
M: girar o pulso
O: para cima

FUMAR

CM: mão em "V", palma para dentro
PA: tocando a boca
M: afastar e aproximar
O: para a frente e para trás

GANHAR

CM: mão direita em "L", palma para a esquerda
PA: ao lado da orelha
M: girar o pulso
O: para a frente

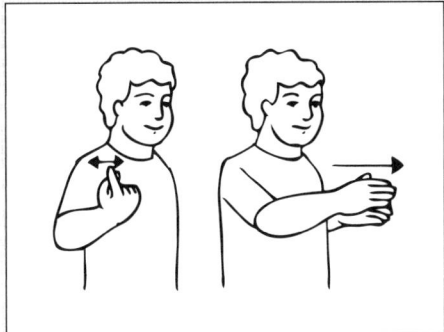

GASTAR

Mão em "L" com dedos unidos, raspar os dedos e, em seguida:
CM: mão aberta, palma para baixo
PA: à frente
M: deslizar e abrir os dedos
O: para a frente

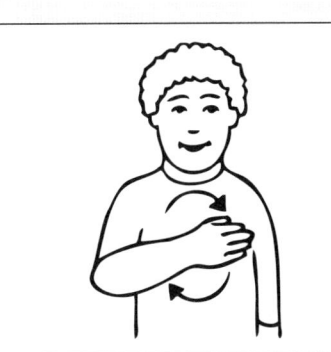

GOSTAR

CM: mão direita aberta, palma para dentro
PA: tocando o peito
M: circular
O: sentido horário

GRITAR

CM: mão em "5", palma para dentro
PA: à frente da boca
M: afastar em arco
O: para fora
EF/C: boca aberta

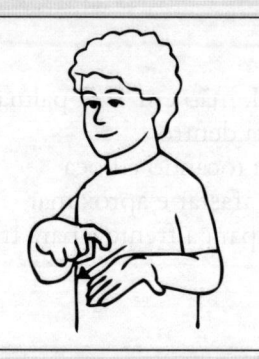

IMPRIMIR

CM: mão direita em "X", palma para fora
PA: tocando a palma da mão esquerda
M: deslizar, várias vezes
O: para a direita e para a esquerda

INVEJAR

CM: mão em "X", palma para fora
PA: tocando os dentes
M: sem movimento
O: sem orientação
EF/C: testa franzida

IR

CM: mão direita em "D", palma para dentro
PA: à frente
M: dobrar o pulso
O: para a frente

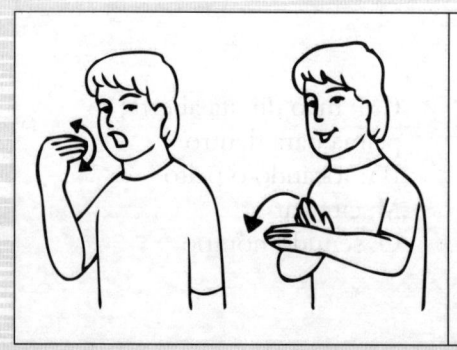

JANTAR

Fazer o sinal de comer (p. 250) e, em seguida:
CM: mãos abertas, palmas para baixo
PA: tocando o dorso da mão esquerda
M: esfregar
O: para a frente

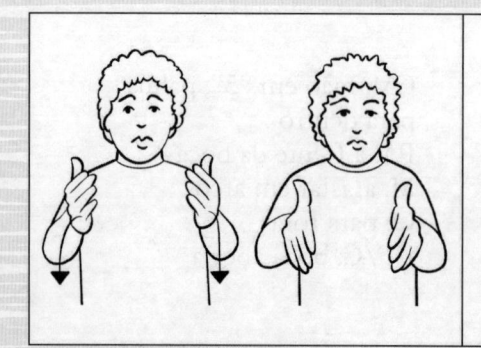

JOGAR

CM: mãos abertas, palma a palma
PA: à frente
M: deslocar
O: semicírculo à frente

JURAR

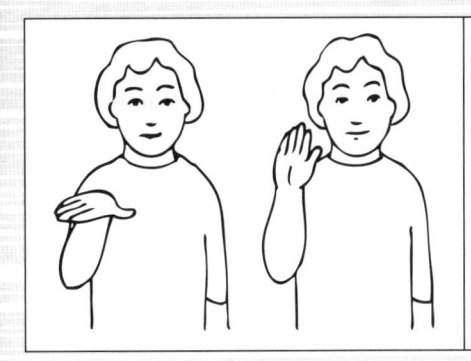

CM: mão aberta, palma para baixo
PA: ao lado do corpo
M: dobrar o pulso
O: para cima

LAVAR

CM: mãos em "A", palma a palma
PA: à frente
M: esfregar
O: para a frente e para trás

LEMBRAR

CM: mão direita em "V", palma para a frente
PA: tocando a têmpora
M: esfregar o dedo indicador na têmpora
O: para a frente e para trás

LER

CM: mão direita em "V", palma para fora
PA: próxima da palma da mão esquerda
M: dobrar o pulso
O: para baixo

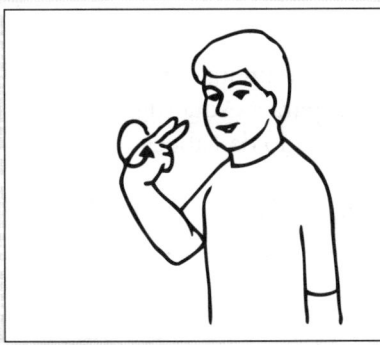

LER OS LÁBIOS

CM: mão direita em "U", palma para baixo
PA: à frente da boca
M: circular
O: sentido horário

	**LEVAR** 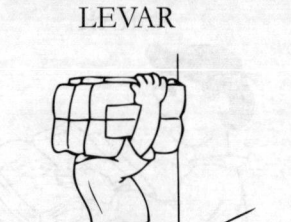 	CM: mãos abertas, palmas para cima PA: à frente M: arco O: para a frente
	**LIMPAR** 	CM: mão direita em "L", palma para baixo PA: tocando a palma da mão esquerda M: esfregar O: para a frente
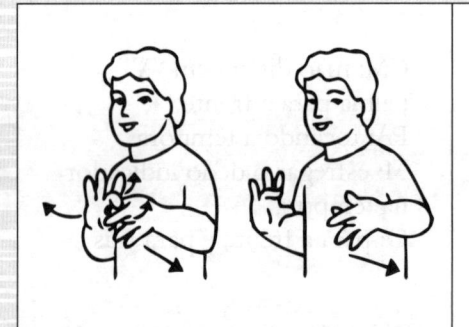	**LIVRAR** 	CM: mãos abertas, dedos médios e polegares unidos e entrelaçados PA: à frente M: abrir os dedos e afastar O: para os lados opostos
	**MANDAR** 	CM: mão direita em "D", palma para a esquerda PA: tocando a testa M: afastar em arco O: para a frente e para baixo
	**MATAR** 	CM: mão direita em "S", palma para a esquerda PA: ao lado da cabeça M: arco O: para a frente e para baixo EF/C: cara de raiva

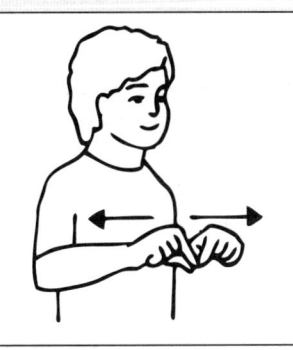	MEDIR 	CM: mãos em "L", dedos unidos, palmas para baixo PA: à frente M: afastar O: para os lados opostos
	MELHORAR 	CM: mão direita em "A", polegar estendido, palma para trás PA: ao lado do corpo M: espiral O: para cima
	MEMORIZAR 	CM: mão direita aberta, dedos unidos, palma para cima PA: à frente M: aproximar em arco O: para cima
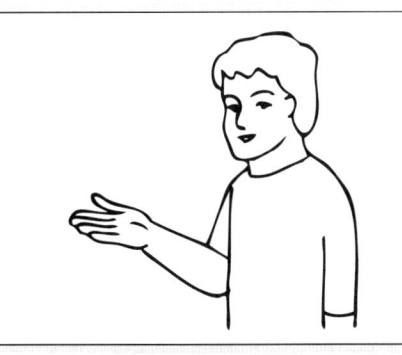	MENDIGAR 	CM: mão direita aberta, palma para cima PA: à frente M: sem movimento O: sem orientação
	MENTIR 	CM: mão direita em "X", palma para a esquerda PA: tocando a ponta do nariz M: esfregar O: para a esquerda e para a direita

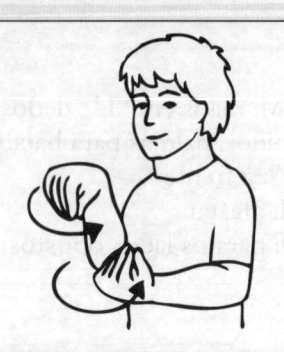

MISTURAR

CM: mãos abertas, dedos unidos, palma a palma
PA: à frente
M: circular e alternado
O: sentido horário

MONTAR

CM: mão direita em "V", palma para dentro
PA: tocando a mão esquerda em "B"
M: arco
O: para a frente

MORRER

CM: mão direita aberta, palma para baixo
PA: tocando abaixo do pescoço
M: esfregar
O: para a direita

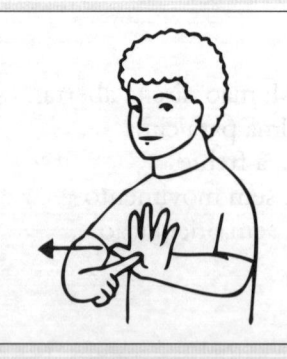

MOSTRAR

CM: mão direita em "D", palma para baixo
PA: tocando a palma esquerda aberta, palma para a frente
M: afastar
O: para fora

MUDAR

CM: mãos em "A", palmas para baixo, polegares estendidos
PA: à frente
M: circular e alternado
O: sentido horário

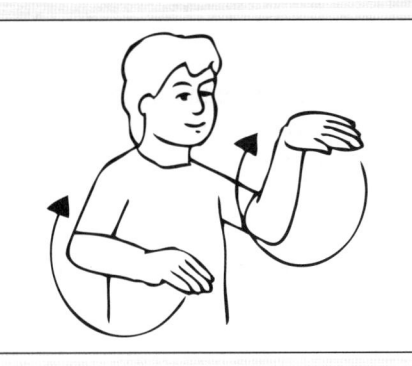

NADAR

CM: mãos abertas, palmas para baixo
PA: à frente
M: circular e alternado
O: sentido horário

NAMORAR

CM: mãos abertas com dedos médios dobrados, palma a palma
PA: à frente
M: dobrar os dedos médios
O: para baixo e para cima

NASCER

CM: mãos abertas, palma a palma
PA: na altura da barriga
M: arco
O: para os lados opostos

OBEDECER

CM: mãos em "C", palma a palma
PA: tocando a têmpora
M: afastar
O: para a frente

OBSERVAR

CM: mão direita em "V", palma para fora
PA: ao lado do olho
M: afastar
O: para a frente

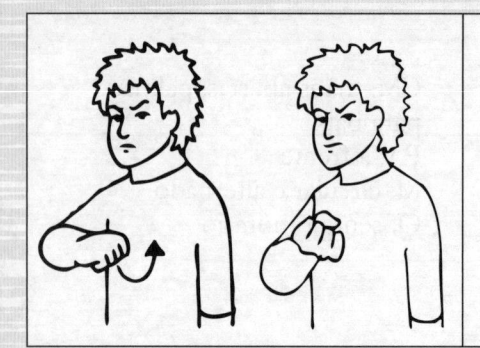

ODIAR

CM: mão direita em "S", palma para baixo
PA: tocando o peito
M: girar o pulso
O: para cima
EF/C: sobrancelhas franzidas

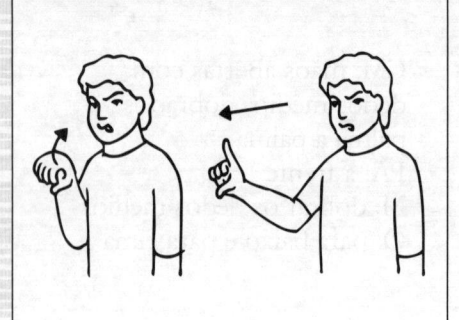

OFENDER

CM: mão direita em "9", palma para baixo
PA: à frente
M: abrir os dedos polegar e indicador
O: para cima, para baixo e para a frente
EF/C: sobrancelhas franzidas

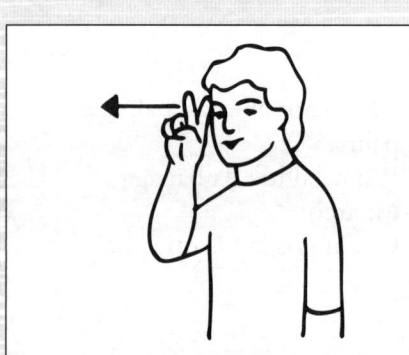

OLHAR

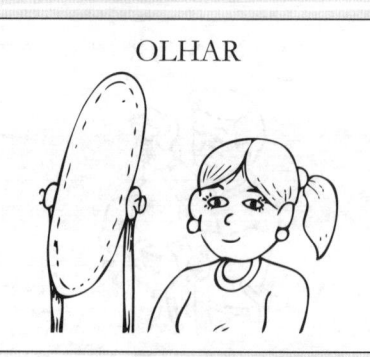

CM: mão direita em "V", palma para fora
PA: ao lado do olho
M: afastar
O: para a frente

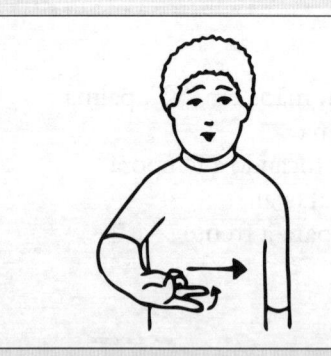

OPERAR

CM: mão direita em "V", palma para cima
PA: na altura da barriga
M: abrir e fechar os dedos
O: para a esquerda

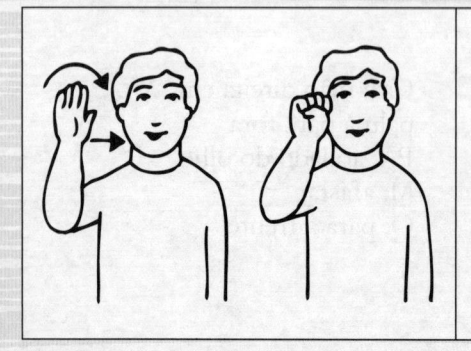

OUVIR

CM: mão direita aberta, palma para fora
PA: na altura da orelha
M: fechar os dedos e aproximar
O: para dentro

PAGAR

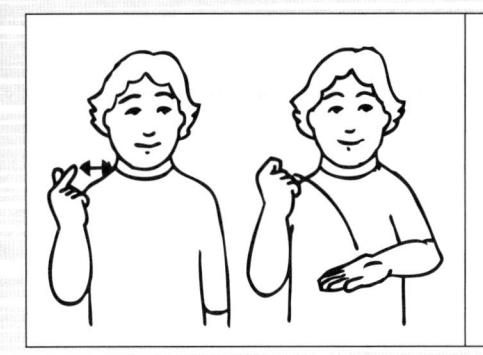

Mão em "L" com dedos unidos, raspar os dedos e, em seguida:
CM: mão direita em "A", palma para dentro
PA: tocando a palma da mão esquerda aberta
M: aproximar em arco
O: para baixo

PAQUERAR

CM: mão direita em "S", palma para baixo
PA: à frente dos olhos
M: estender o dedo mínimo
O: para a frente

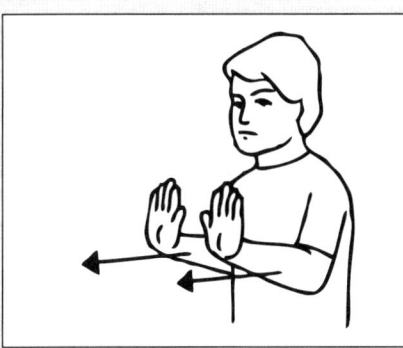

PARAR

CM: mãos abertas, palmas para a frente
PA: à frente
M: afastar
O: para fora

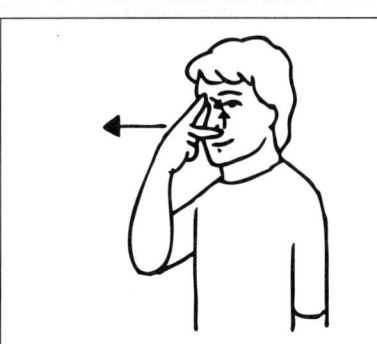

PARECER

CM: mão direita em "V", palma para dentro
PA: tocando o nariz
M: fechar os dedos e afastar
O: para fora

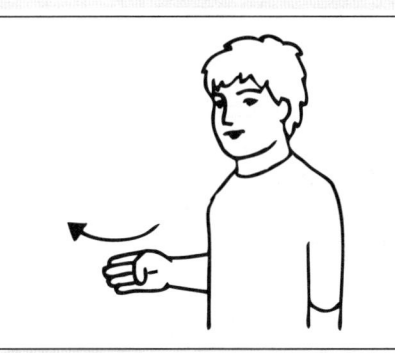

PASSAR

CM: mão direita em "B", palma para a esquerda
PA: ao lado do corpo
M: arco
O: para a frente

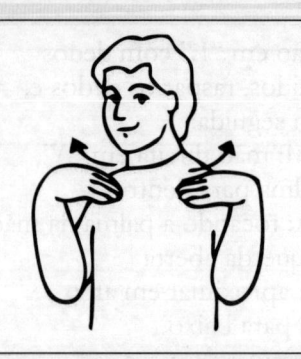

PASSEAR

CM: mãos abertas, palmas para baixo
PA: tocando os ombros
M: dobrar os dedos
O: para os lados opostos

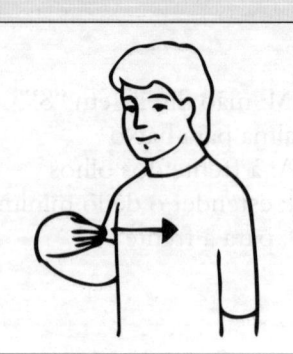

PECAR

CM: mão direita aberta, dedos unidos, palma para dentro
PA: tocando o peito
M: aproximar
O: para dentro

PEDIR

CM: mão aberta, palma para dentro
PA: tocar o queixo
M: afastar
O: para fora

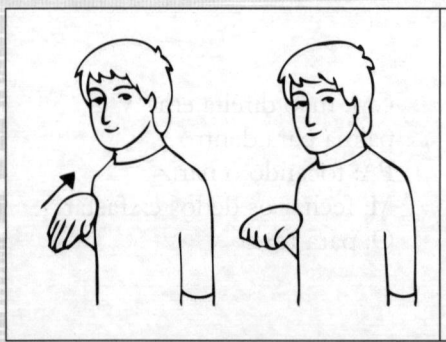

PEGAR

CM: mão direita aberta, palma para baixo
PA: tocar o queixo
M: afastar
O: para trás

PENDURAR

CM: mãos em "X", entrelaçadas
PA: à frente
M: sem movimento
O: para cima

PERDER

CM: mão aberta, palma para cima
PA: tocando a palma da mão esquerda
M: raspar
O: para os lados opostos

PERGUNTAR

CM: mão direita em "D", palma para baixo
PA: tocando a palma da mão esquerda
M: esfregar
O: para a frente

PESAR

CM: mãos abertas, palmas para cima
PA: à frente
M: alternado
O: para cima e para baixo

PESCAR

CM: mãos em "S" sobrepostas
PA: à frente
M: arco
O: para cima e para dentro

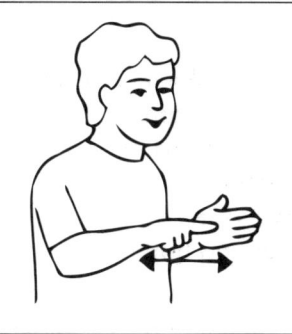

PESQUISAR

CM: mão direita em "D", palma para baixo
PA: tocando a lateral na palma esquerda aberta, palma para a direita
M: esfregar
O: para a frente e para trás

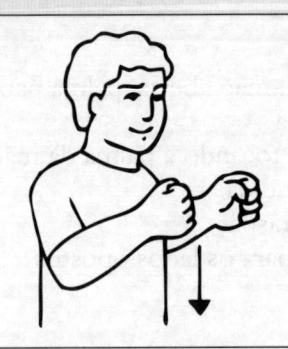

PODER

CM: mãos em "S", palma a palma
PA: à frente
M: sem movimento
O: para baixo

PÔR

CM: mão direita aberta, dedos unidos, palma para baixo
PA: à frente
M: dobrar o pulso
O: para a frente e para baixo

PRECISAR

CM: mãos em "A", palma para dentro
PA: à frente
M: balançar, várias vezes
O: para baixo e para cima

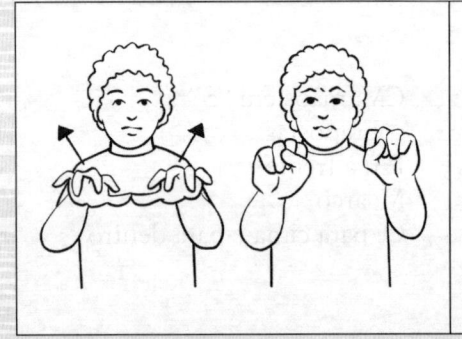

PRENDER

CM: mãos em "C", com dedos abertos, palmas para baixo
PA: à frente
M: fechar
O: para cima

PROCURAR

CM: mão direita em "P", palma para cima
PA: tocando o dorso da mão esquerda
M: circular
O: sentido horário

PROIBIR

CM: mãos em "D", palmas para dentro
PA: tocando o dedo indicador da mão esquerda
M: esfregar em arco
O: para baixo e para a frente

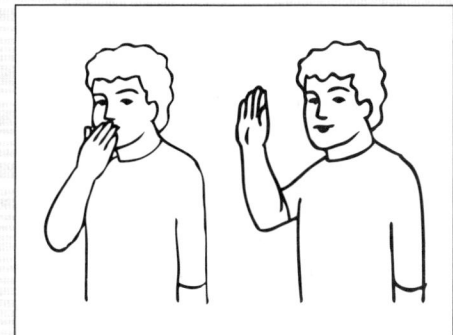

PROMETER

CM: mão direita aberta, palma para dentro
PA: à frente da boca
M: girar o pulso
O: para fora

PROTEGER

CM: mão em "V", palma para fora
PA: tocando o indicador da mão em D, palma para baixo
M: empurrar
O: para frente

PROVOCAR

CM: mãos em "D", palma a palma
PA: à frente
M: girar os pulsos simultaneamente
O: para baixo

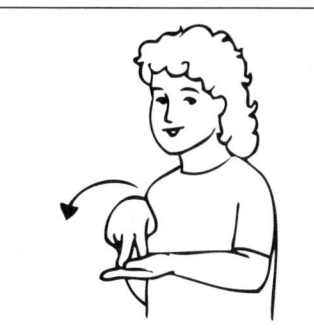

PULAR

CM: mão direita em "V", palma para a direita
PA: tocando a palma esquerda
M: arco
O: para a frente

QUEBRAR

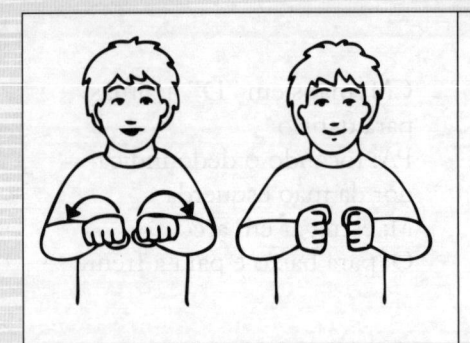

CM: mãos em "S", palma para baixo
PA: à frente
M: girar os pulsos
O: para cima e para os lados opostos

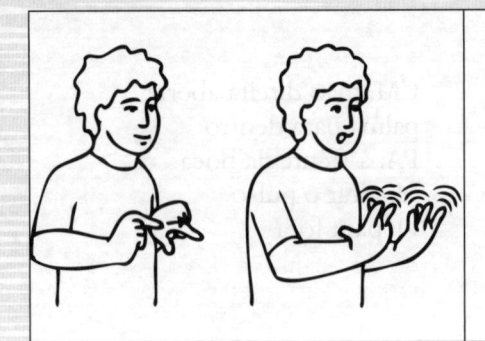

QUEIMAR

CM: mão direita em "L", dedos unidos
PA: tocando o dedo indicador da mão esquerda
M: esfregar
O: para a frente
E, em seguida, mãos abertas com palma para dentro mexendo os dedos.

QUERER

CM: mão direita em C, palma para cima
PA: à frente
M: aproximar
O: para dentro

RECEBER

CM: mão direita aberta, palma para cima
PA: à frente
M: fechar os dedos e aproximar
O: para dentro

REPREENDER

CM: mão direita em "B", palma para a esquerda
PA: tocando a mão esquerda aberta, palma para a direita
M: esfregar em arco
O: para a frente e para cima

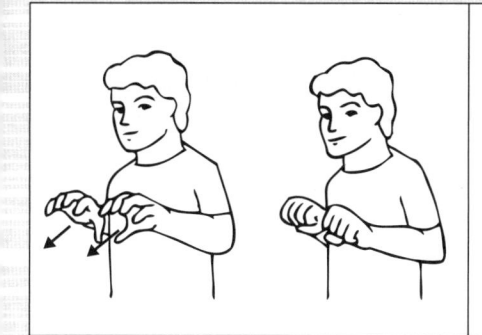

RESERVAR

CM: mãos em "C", palma para a frente
PA: à frente
M: fechar os dedos
O: para a frente

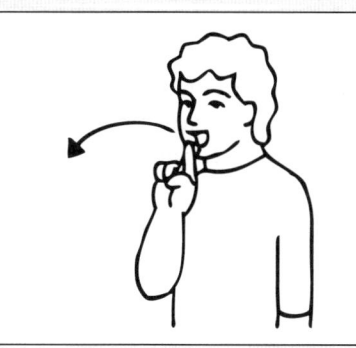

RESPONDER

CM: mão direita em "R", palma para a esquerda
PA: tocando a boca
M: afastar em arco
O: para a frente
EF/C: boca aberta

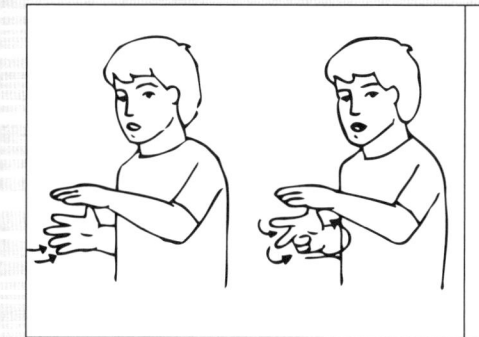

ROUBAR

CM: mão direita aberta, palma para a esquerda
PA: tocando a palma da mão esquerda aberta
M: fechar os dedos um a um
O: sem orientação
EF/C: língua deslizando pela bochecha

SABER

CM: mão direita aberta, palma para baixo
PA: tocando a têmpora
M: fechar os dedos e afastar
O: para baixo

SALVAR

CM: mão direita em "S", palma para dentro
PA: tocando a palma da mão esquerda aberta
M: sem movimento
O: para cima

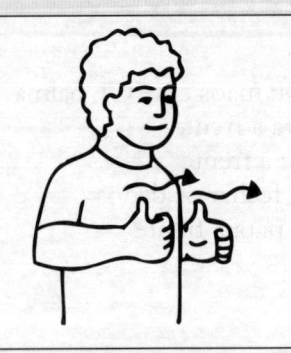

		SEGUIR	
			CM: mãos em "A", palma a palma, polegares estendidos PA: à frente M: ondulatório O: para a frente
		SEGURAR	
			CM: mão direita aberta, palma para baixo PA: tocando o pulso esquerdo M: sem movimento O: sem orientação
		SENTAR	
			CM: mãos em "U", palmas para baixo PA: tocando os dedos da mão esquerda cruzados M: sem movimento O: sem orientação
		SENTIR	
			CM: mão direita aberta, palma para dentro PA: tocando o peito M: aproximar O: para dentro
		SER	
			CM: mão direita em "D", palma para a frente PA: à frente M: dobrar o pulso O: para baixo

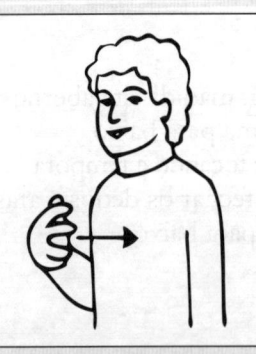

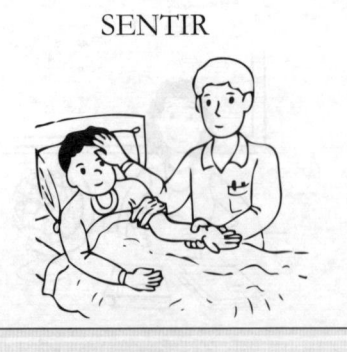

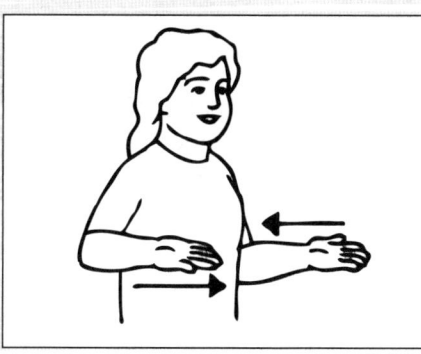

SERVIR

CM: mãos abertas, palmas para cima
PA: à frente
M: alternado
O: para a frente e para trás

SOFRER

CM: mão direita em "Y", palma para baixo
PA: tocando a lateral da cintura
M: aproximar
O: para a esquerda
EF/C: cara de desconforto

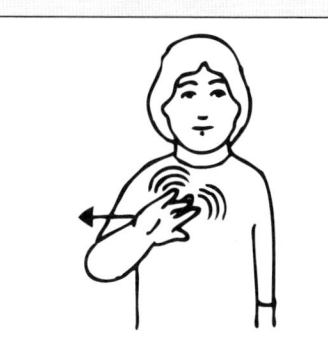

SOLETRAR

CM: mão direita aberta, palma para baixo
PA: à frente
M: tremular os dedos
O: para a direita

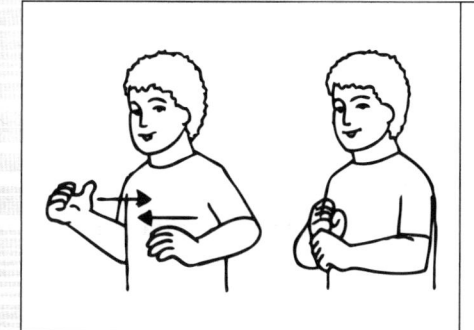

SOMAR

CM: mãos em "C", palma a palma
PA: à frente
M: fechar os dedos e aproximar
O: para o centro

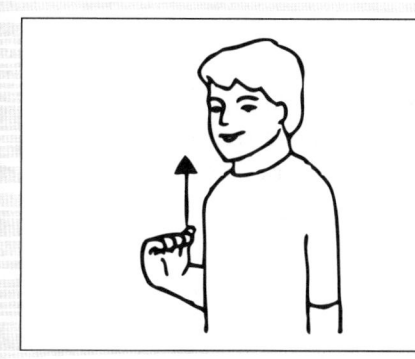

SUBIR

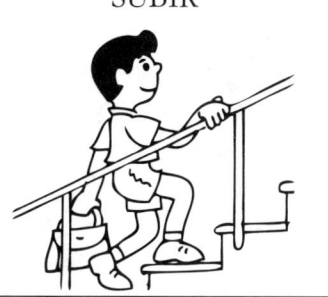

CM: mão direita aberta, dedos curvados, palma para a esquerda
PA: ao lado do corpo
M: sem movimento
O: para cima

TER

CM: mão direita em "L", palma para a esquerda
PA: tocando o peito
M: aproximar
O: para dentro

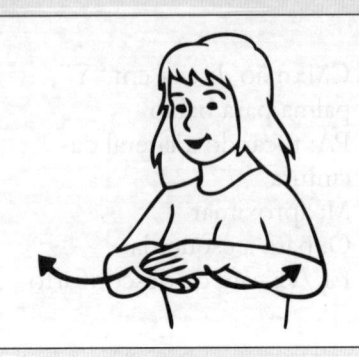

TERMINAR

CM: mãos abertas, palmas para baixo sobrepostas
PA: à frente
M: afastar
O: para os lados opostos

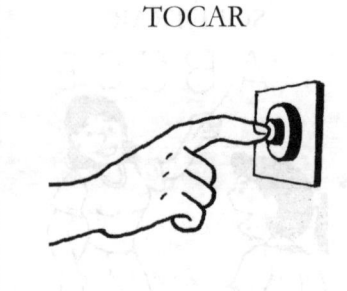

TOCAR

CM: mão direita aberta, palma para baixo com dedo médio dobrado
PA: tocando o dorso da mão esquerda aberta
M: aproximar
O: para baixo

TRABALHAR

CM: mãos em "L", palmas para baixo
PA: à frente
M: alternado
O: para a frente e para trás

TRAIR

CM: mão direita em "B", palma para a frente
PA: na altura da cabeça
M: girar o pulso
O: para trás

TRANCAR

CM: mão direita em "A", palma para baixo
PA: tocando a palma esquerda
M: girar o pulso
O: para cima

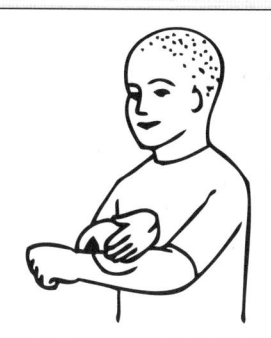

TREINAR

CM: mão direita aberta, palma para dentro
PA: tocando o braço esquerdo
M: esfregar e dobrar o pulso
O: para fora

TROCAR

CM: mãos em "A", polegares estendidos sobrepostos
PA: à frente
M: circular e alternado
O: sentido horário

USAR

CM: mão em "U", palma para a frente
PA: à frente
M: circular
O: sem orientação

VENCER

CM: mão direita fechada com os dedos polegar, indicador e médio abertos, palma para dentro
PA: tocando a mão esquerda em "D"
M: deslizar e fechar os dedos
O: para a frente

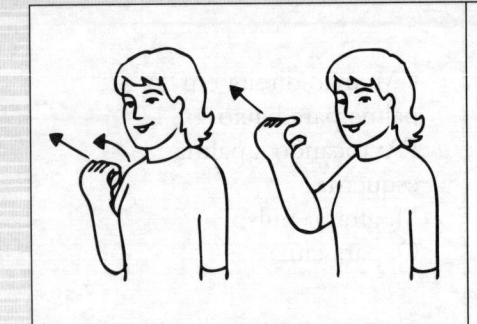

VIAJAR

CM: mão direita em "O", palma para dentro
PA: ao lado do ombro
M: abrir e fechar os dedos, distanciando
O: para a frente e para cima

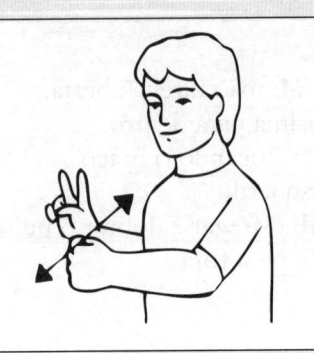

VIGIAR

CM: mão direita em "V", palma para a frente
PA: tocando a mão esquerda fechada
M: aproximar e afastar
O: para dentro e para fora

VIR

CM: mão direita em "D", palma para a esquerda
PA: ao lado do ombro
M: arco
O: para baixo

VISITAR

CM: mão direita em "P", palma para cima
PA: à frente
M: dobrar o pulso
O: para a direita

VIVER

CM: mão direita aberta, dedos unidos nas pontas, palma para cima
PA: tocando o peito do lado esquerdo
M: esfregar
O: para cima e para baixo

	**VOTAR** 	CM: mão direita aberta, palma para dentro PA: tocando a mão esquerda em "C" M: aproximar O: para baixo
	**XERETAR** 	CM: mão direita aberta, palma para a frente PA: ao lado dos olhos M: dobrar os dedos, várias vezes O: sem orientação EF/C: olhos arregalados
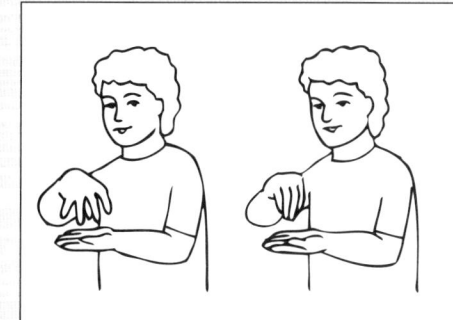	**XEROCAR** 	CM: mão direita aberta com dedos unidos, palma para baixo PA: acima da palma esquerda aberta M: unir os dedos e fechar O: sem orientação
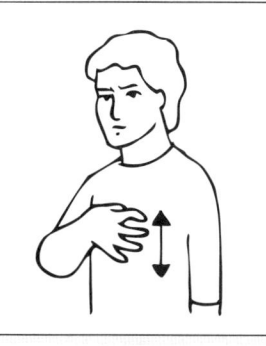	**ZANGAR** 	CM: mão direita aberta, dedos curvados, palma para dentro PA: tocando o peito M: esfregar O: para baixo e para cima EF/C: sobrancelhas arqueadas
	ZOMBAR 	CM: mão em "L", palma para dentro PA: na altura da boca M: balançar O: para a frente e para trás EF/C: língua para fora

NEGATIVOS

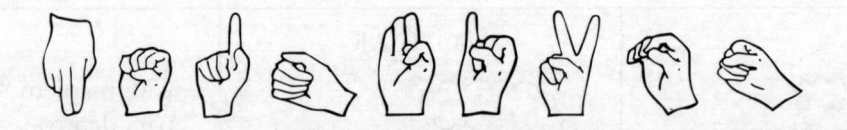

AINDA NÃO

CM: mão em "A", palma para a esquerda
PA: tocando o queixo
M: aproximar e afastar
O: para dentro e para fora
EF/C: bochechas sugadas

NÃO ADIANTAR

CM: mão em "X", palma para a esquerda
PA: tocando abaixo do queixo
M: arco
O: para a frente

NÃO CONHECER

CM: mão em "B", palma para a esquerda
PA: tocando o queixo
M: aproximar, várias vezes
O: para dentro e para fora
EF/C: cabeça balançando negativamente

NÃO CONSEGUIR

CM: mão em "L", palma para a direita
PA: na altura da orelha
M: girar o pulso
O: para a frente
EF/C: cabeça balançando negativamente

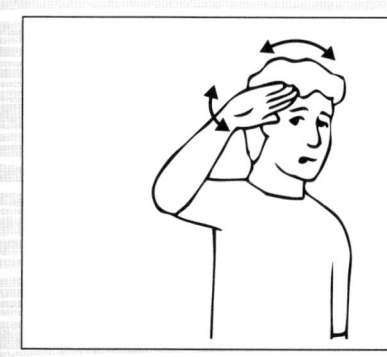

NÃO ENTENDER

CM: mão aberta, palma para a esquerda
PA: tocando a têmpora
M: girar o pulso
O: para a frente e para fora
EF/C: cabeça balançando negativamente

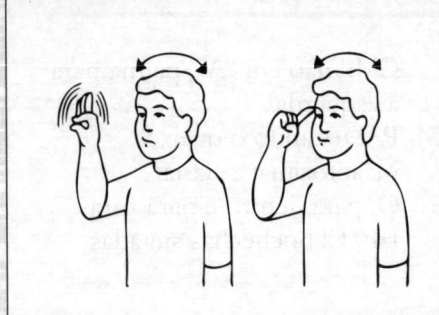

NÃO ENTENDER NADA

CM: mão em "D", palma para a esquerda
PA: tocando a têmpora
M: tremular, várias vezes
O: para a frente e para trás
EF/C: cabeça balançando negativamente

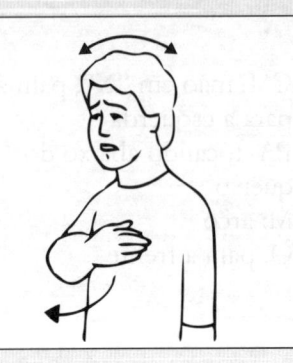

NÃO GOSTAR

CM: mão aberta, palma para dentro
PA: tocando o peito
M: afastar em arco
O: para baixo e para a frente
EF/C: cabeça balançando negativamente

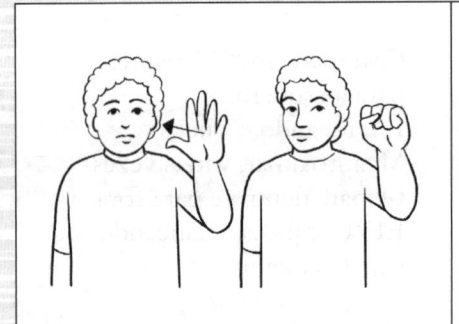

NÃO OUVIR

CM: mão aberta, palma para fora
PA: ao lado da cabeça
M: fechar e aproximar
O: para dentro
EF/C: balançar a cabeça negativamente

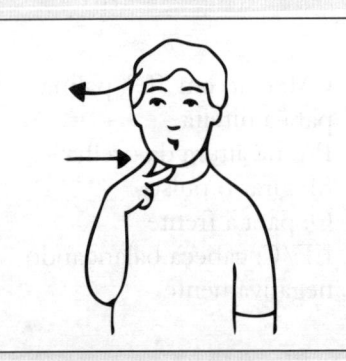

NÃO PODER

CM: mão em "V", palma para baixo
PA: tocando o pescoço
M: aproximar e afastar
O: para dentro e para fora
EF/C: boca semiaberta e cabeça balançando negativamente

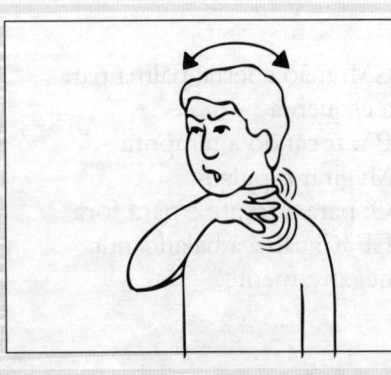

NÃO PRESTAR

CM: mão aberta, palma para baixo
PA: tocando abaixo do queixo
M: tremular, várias vezes
O: sem orientação
EF/C: cara de desprezo

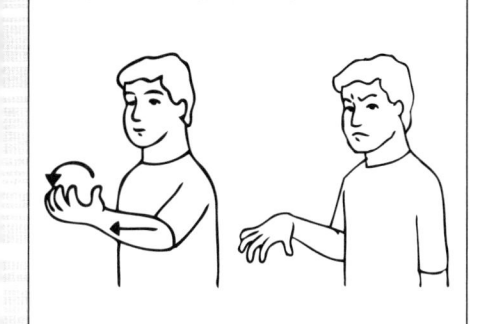

NÃO QUERER

CM: mão em "C", palma para cima
PA: à frente
M: girar o pulso
O: para baixo

NÃO SABER

CM: mão aberta, palma para a esquerda com dedo médio dobrado
PA: tocar a têmpora
M: girar o pulso
O: para a frente
EF/C: cabeça balançando negativamente

NÃO TER

CM: mão em "L", palma para a esquerda
PA: à frente
M: girar o pulso
O: para baixo
EF/C: cabeça balançando negativamente

NÃO TER JEITO

CM: mão em "U", palma para a esquerda
PA: à frente
M: descrever um círculo, girando
O: sem orientação

ADJETIVOS/
ADVÉRBIOS

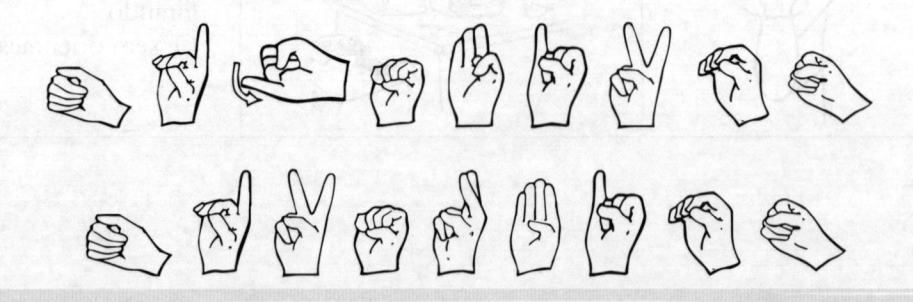

ALTO

CM: mão em "D", palma para a esquerda
PA: tocando o cotovelo esquerdo
M: espiral
O: para cima

ANSIOSO

CM: mãos em "S", palmas para dentro
PA: encostando no peito
M: alternado
O: para cima e para baixo

APERTADO

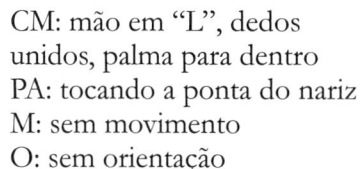

CM: mão em "L", dedos unidos, palma para dentro
PA: tocando a ponta do nariz
M: sem movimento
O: sem orientação
EF/C: bochechas infladas

ATRASADO

CM: mão em "L", palma para a frente
PA: tocando a palma esquerda
M: dobrar o pulso
O: para baixo

AVARENTO

CM: mão em "S", palma para dentro
PA: ao lado do corpo
M: dobrar o pulso
O: para a frente

BAIXO

CM: mão aberta, palma para baixo
PA: na altura da cabeça
M: sem movimento
O: para baixo

BARATO

Fazer o sinal de dinheiro e em seguida:
CM: mão aberta, palma para baixo
PA: à frente
M: dobrar o pulso
O: para baixo

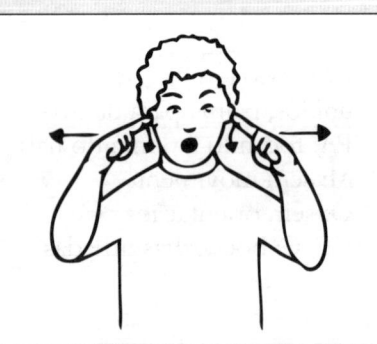

BARULHENTO

CM: mãos em "D", palma para baixo
PA: tocando as orelhas
M: afastar e flexionar os dedos
O: para os lados opostos
EF/C: testa franzida

BOBO

CM: mão em "Y", palma para a esquerda
PA: tocando a testa
M: circular
O: sentido horário

BOM/LEGAL

CM: mão em "B", palma para a frente
PA: tocando a bochecha
M: esfregar
O: para a frente

BONITO

CM: mão aberta, palma para dentro
PA: à frente do rosto
M: fechar os dedos um a um
O: para a direita

BRAVO

CM: mão aberta, palma para dentro
PA: tocando o peito
M: esfregar
O: para baixo e para cima
EF/C: testa franzida

CALMO

CM: mãos abertas, palmas para dentro
PA: tocando o peito
M: raspar
O: para baixo

CANSADO

CM: mãos em "C", palmas para cima
PA: tocando o peito
M: raspar
O: para baixo
EF/C: abaixar a cabeça

CARO

CM: mão aberta, palma para dentro
PA: na altura do peito
M: balançar
O: para a frente

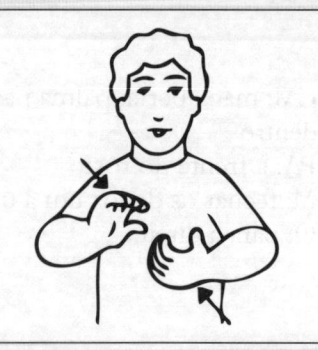

	CASADO	
		CM: mãos em "C", palma a palma PA: à frente M: aproximar O: para o centro

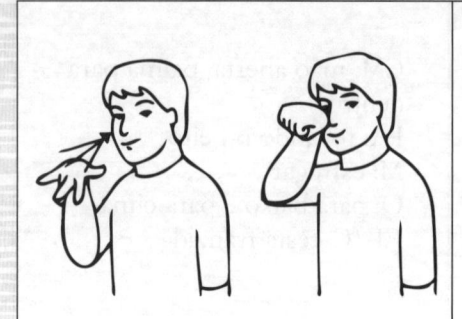

	CHEIROSO	
		CM: mão aberta, palma para baixo PA: tocando o nariz M: fechar O: para dentro

	CIUMENTO	
		CM: mão aberta, palma para cima PA: tocando o cotovelo esquerdo M: circular O: sentido horário EF/C: testa franzida

	COITADO	
		CM: mão aberta, dedo médio dobrado, palma para dentro PA: tocando o peito M: esfregar O: para baixo

	CONTENTE	
		CM: mãos abertas, palmas para dentro PA: tocando o peito M: raspar O: para cima EF/C: sorriso

CORAJOSO

CM: mão aberta, palma para baixo
PA: tocando o peito
M: esfregar
O: para cima e para fora

CUIDADOSO

CM: mão aberta, palma para a frente
PA: tocando a lateral da mão esquerda, palma para baixo
M: empurrar
O: para a frente

CURIOSO

CM: mão aberta, palma para a frente
PA: tocando a têmpora
M: dobrar os dedos rapidamente
O: para dentro e para fora

DELICIOSO

CM: mão aberta, palma para dentro
PA: tocando o dedo médio no queixo
M: deslizar
O: para a esquerda

DENTRO

CM: mão aberta, palma para dentro
PA: tocando dentro da mão esquerda em "C"
M: encaixar
O: para baixo

DESCONFIADO

CM: mãos abertas, palmas para dentro
PA: à frente
M: aproximar e afastar
O: para dentro e para fora
EF/C: sobrancelhas arqueadas

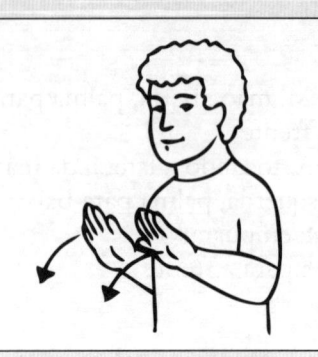

DEVAGAR

CM: mãos abertas, palmas para baixo
PA: à frente
M: empurrar
O: para baixo

DIFÍCIL

CM: mão em "D", palma para baixo
PA: tocando a testa
M: dobrar e esticar o dedo indicador, raspando
O: para a esquerda

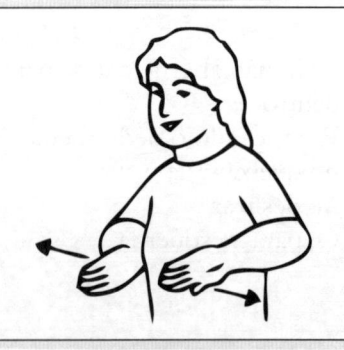

DIVORCIADO

CM: mãos abertas, dorso a dorso
PA: à frente
M: afastar
O: para os lados opostos

DOENTE

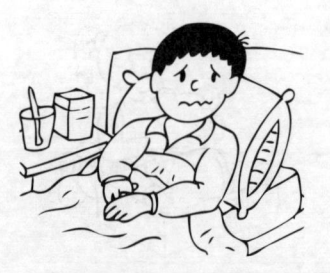

CM: mão aberta, palma para fora
PA: segurando o pulso esquerdo com os dedos médio e polegar
M: sem movimento
O: sem orientação

DURO

CM: mão em "X", palma para dentro
PA: tocando o dorso esquerdo
M: aproximar e afastar
O: para baixo e para cima

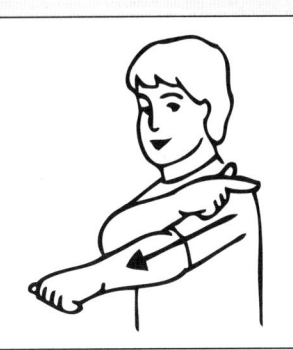

EDUCADO

CM: mão em "L", palma para baixo
PA: tocando o ombro esquerdo
M: deslizar
O: para baixo

ENVERGONHADO

CM: mão em "5", palma para a esquerda
PA: tocando a bochecha
M: esfregar
O: para cima

FÁCIL

CM: mão aberta, dedos médio e polegar unidos, palma para dentro
PA: tocando a testa
M: abrir e afastar
O: para fora

FAMINTO

CM: mão aberta, palma para baixo
PA: tocando a barriga
M: aproximar e afastar
O: para fora e para dentro
EF/C: boca semiaberta, testa franzida

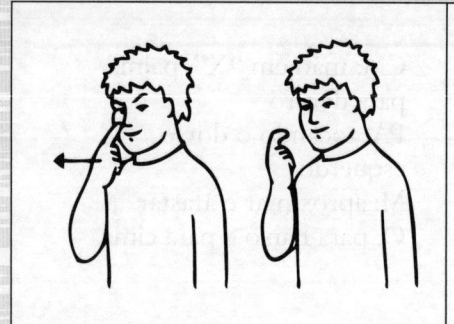

FEDIDO

CM: mão em "D", palma para dentro
PA: tocando a ponta do nariz
M: dobrar o dedo
O: para baixo e para a frente
EF/C: careta

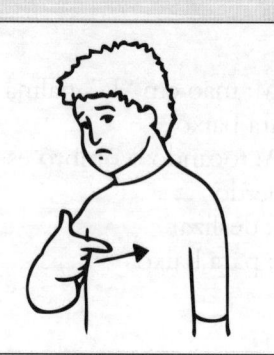

FEIO

CM: mão em "L", palma para dentro
PA: tocando o peito
M: aproximar
O: para dentro
EF/C: testa franzida

FELIZ

CM: mãos em "F", palma para a frente
PA: na altura da cabeça
M: ondulatório
O: para baixo

FINO

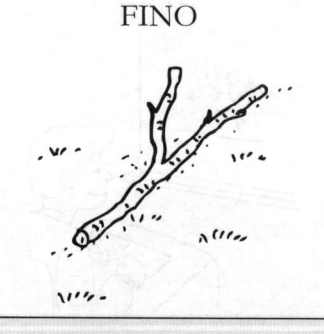

CM: mãos abertas, dedos polegar e indicador unidos, palmas para a frente
PA: à frente
M: afastar
O: para os lados opostos

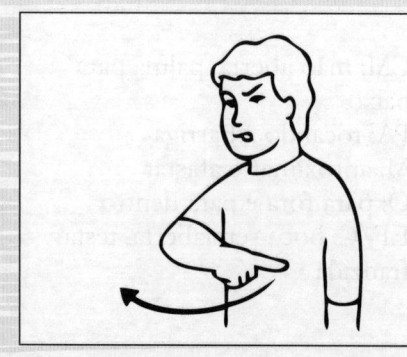

FORA

CM: mão em "D", palma para baixo
PA: na altura do peito
M: afastar em arco
O: para fora

FRACO

CM: dedos unidos, palma para dentro
PA: na altura da boca
M: dobrar o pulso repetidamente
O: para dentro e para fora

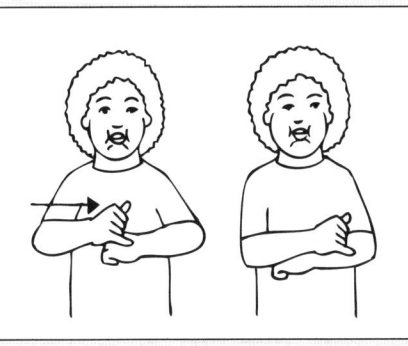

GORDO

CM: mãos em "Y", palma para baixo
PA: acima do braço
M: balançar
O: para cima
EF/C: bochechas infladas

GRANDE

CM: mãos em "C", palma a palma
PA: à frente
M: afastar em arco
O: para os lados opostos

GROSSO

CM: mão em "C", palma para a esquerda
PA: à frente
M: sem movimento
O: sem orientação
EF/C: bochechas infladas

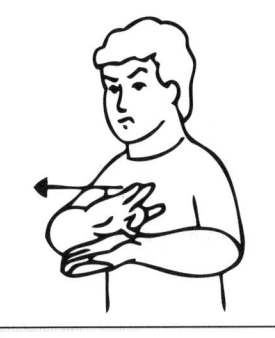

INIMIGO

CM: mão aberta, dedos médio e polegar unidos, palma para baixo
PA: tocando a palma esquerda
M: deslizar
O: para a frente
EF/C: testa franzida

INTELIGENTE

CM: mão em "5", palma para dentro
PA: tocando a têmpora
M: afastar
O: para fora

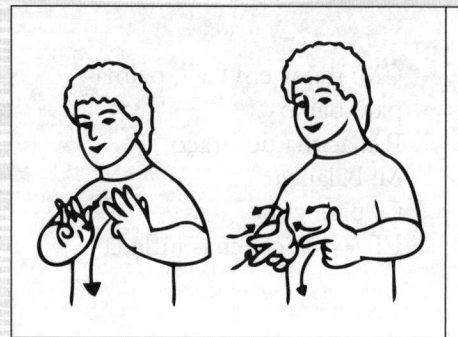

LIMPO

CM: mãos abertas, palma a palma
PA: ao lado do corpo
M: fechar os dedos um a um
O: para baixo

LONGE

CM: mãos abertas, dedos indicador e polegar unidos, palma para a frente
PA: à frente
M: afastar
O: para a esquerda

LOUCO

CM: mão em "D", palma para baixo
PA: ao lado da orelha
M: circular
O: sentido horário

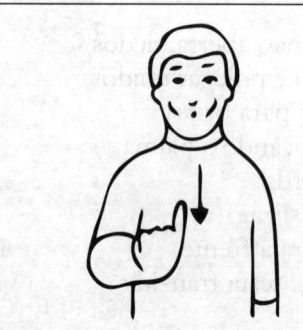

MAGRO

CM: mão em "I", palma para dentro
PA: na altura do peito
M: sem movimento
O: para baixo
EF/C: bochechas sugadas

MAL

CM: mão aberta, palma para a esquerda
PA: ao lado da cabeça
M: abaixar em arco
O: para baixo
EF/C: testa franzida

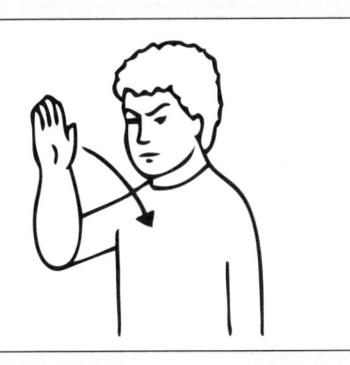

MALVADO

CM: mão aberta, palma para a esquerda
PA: ao lado da cabeça
M: abaixar em arco
O: para baixo
EF/C: testa franzida

MARAVILHOSO

CM: mãos em "O", palma para dentro
PA: à frente da boca
M: abrir e tremular
O: para a frente

MEDROSO

CM: mão aberta, dedos polegar e médio unidos, palma para dentro
PA: tocando o peito
M: abrir
O: para dentro

MOLE

CM: mãos abertas, palma a palma
PA: à frente
M: fechando os dedos um a um
O: para o centro
EF/C: abrir e fechar a boca

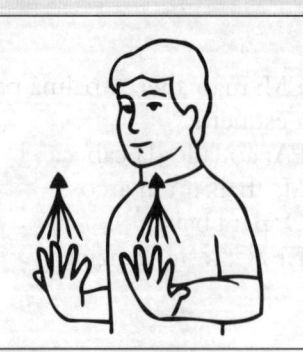	MUITO 	CM: mãos abertas, palmas para cima PA: à frente M: abrir e fechar os dedos repetidamente O: sem orientação
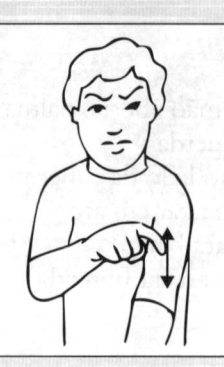	NERVOSO 	CM: mão em "X", palma para baixo PA: acima do antebraço esquerdo M: esfregar O: para a direita e para a esquerda EF/C: sobrancelha franzida
	NOVO 	CM: mão com os dedos unidos, palma para a esquerda PA: na altura do peito M: abrir os dedos O: para a esquerda
	OBEDIENTE 	CM: mãos em "C", palma a palma PA: tocando a têmpora M: afastar O: para fora
	PEQUENO 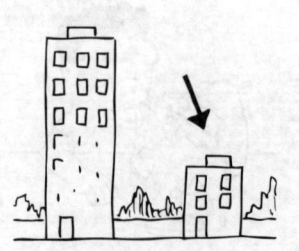	CM: mão em "L", palma para fora, dedos aproximados PA: à frente M: sem movimento O: sem orientação

PERIGOSO

CM: mão em "D", palma para a esquerda
PA: tocando a lateral do nariz
M: esfregar
O: para cima e para baixo

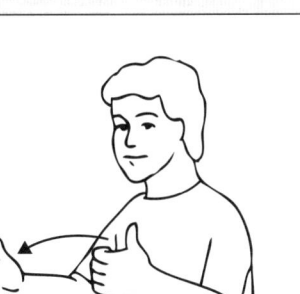

PERTO

CM: mãos em "A", polegares distendidos, palma a palma
PA: à frente
M: aproximar
O: para o centro

POBRE

CM: mãos abertas, palma a palma
PA: à frente
M: aproximar e afastar
O: para dentro e para fora
EF/C: cara de desânimo

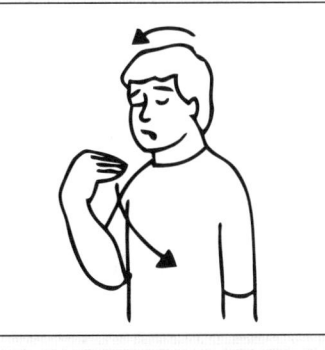

PREGUIÇOSO

CM: mão aberta e dedos unidos, palma para dentro
PA: à frente
M: dobrar o pulso
O: para baixo
EF/C: cabeça inclinada para a frente

PREOCUPADO

CM: mãos em "X", palma a palma
PA: laterais da cabeça
M: circular e alternado
O: sentido horário
EF/C: olhos semifechados

RÁPIDO

CM: mão em "C", palma para a esquerda
PA: à frente da boca
M: sem movimento
O: para a esquerda

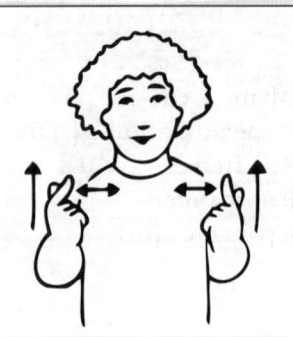

RICO

CM: mãos em "L", palma para dentro, dedos unidos
PA: à frente
M: esfregar
O: para cima

SAFADO

CM: mãos abertas, dedos flexionados, palmas para trás
PA: tocando a bochecha
M: circular
O: sentido horário
EF/C: sobrancelhas arqueadas

SEDENTO

Mão direita aberta, palma para dentro, raspar o dedo indicador no pescoço e, em seguida:
CM: mão aberta, dedos polegar e médio unidos, palma para fora
PA: à frente
M: abrir
O: sem orientação
EF/C: estalando a língua

SILENCIOSO

CM: mão em "D", palma para a esquerda
PA: tocando os lábios
M: sem movimento
O: sem orientação

SOLTEIRO

CM: mão em "S", palma para a esquerda
PA: à frente
M: circular
O: sentido horário

SONOLENTO

CM: mão em "L", palma para fora
PA: ao lado do olho
M: fechar e abrir os dedos
O: sem orientação
EF/C: fechar e abrir os olhos e cabeça tombando para a frente

SORTUDO

CM: mãos em "L", palmas para dentro, cruzadas
PA: à frente
M: afastar em arco
O: para os lados opostos

SOZINHO

CM: mão aberta, dedos médio e polegar unidos, palma para a frente
PA: à frente
M: abrir os dedos
O: sem orientação

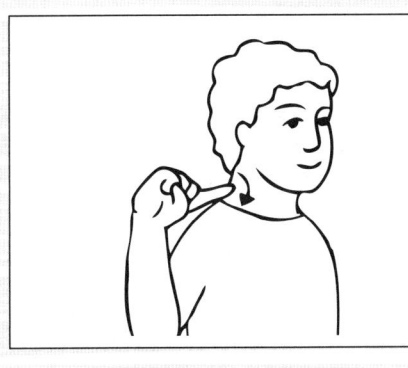

SUJO

CM: mão em "D", palma para a frente
PA: tocando a lateral do pescoço
M: girar o pulso
O: para a frente e para trás

TEIMOSO

CM: mão em "B", dedos abertos, palma para a esquerda
PA: tocando a ponta do nariz
M: dobrar o dedo indicador
O: para a frente e para trás

TRISTE

CM: mão em "Y", palma para dentro
PA: tocando o queixo
M: sem movimento
O: sem orientação
EF/C: cabeça tombando para a esquerda, testa franzida e boca formando bico

VAIDOSO

CM: mão em "Y", palma para dentro
PA: tocando o peito
M: raspar em arco
O: para cima

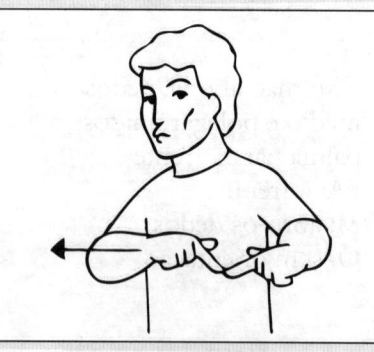

VAZIO

CM: mãos em "L", palmas para baixo
PA: à frente
M: afastar
O: para a esquerda

VELHO

CM: mão em "S", palma para dentro
PA: tocando o queixo
M: esfregar
O: para dentro e para fora

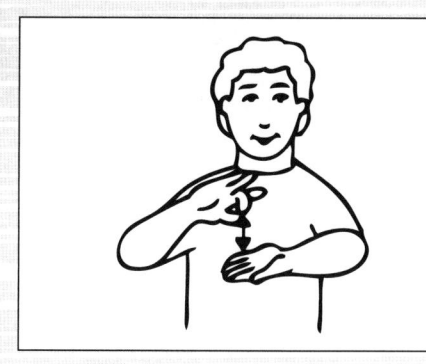

VERDADEIRO

CM: mão aberta, dedos médio e polegar unidos, palma para baixo
PA: tocando a palma esquerda
M: aproximar e afastar
O: para baixo e para cima

LOCALIDADES

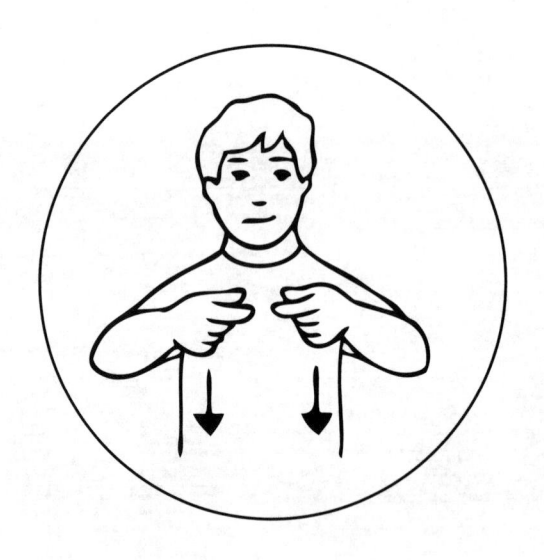

AVENIDA

CM: mãos em "D", palmas para dentro
PA: à frente
M: dobrar o pulso, várias vezes
O: para os lados opostos

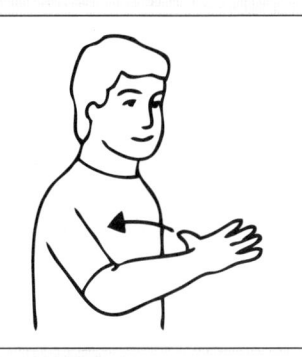

CIDADE

CM: mão aberta, palma para baixo
PA: tocando o peito
M: aproximar e afastar
O: para dentro e para fora

ENDEREÇO

Fazer o sinal de casa (p. 91) e, em seguida:
CM: mão aberta, palma para dentro
PA: à frente do antebraço, palma para baixo
M: girar o pulso
O: para a direita e para a esquerda

PAÍS

CM: mão em "P", palma para baixo
PA: acima do dorso esquerdo
M: circular
O: sentido horário

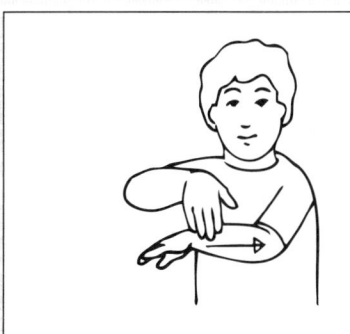

RUA

CM: mão aberta, palma para dentro
PA: à frente na lateral do braço esquerdo
M: várias vezes
O: para a esquerda e para a direita

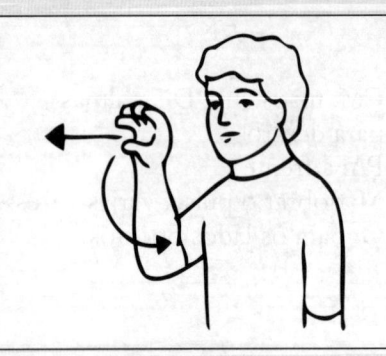

REGIÃO

CM: mão direita em "C", palma para a frente
PA: à frente
M: afastar e aproximar, circular
O: sentido horário

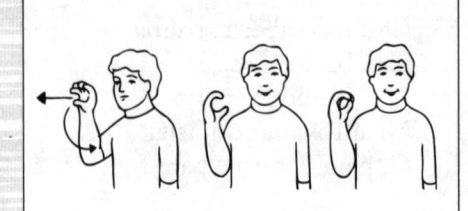

REGIÃO CENTRO-OESTE

Fazer o sinal de região (nesta página), em seguida, fazer o sinal da letra "C" e em seguida, o sinal da letra "O".

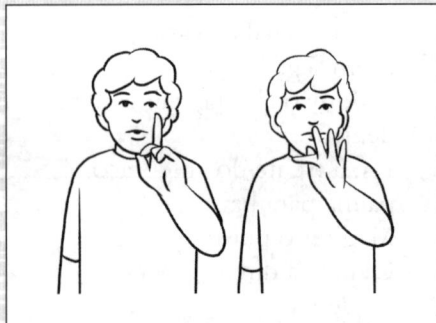

DISTRITO FEDERAL

CM: mão em "D", palma para fora
PA: à frente
M: sem movimentação
O: sem orientação
E, em seguida, fazer a letra "F", palma para fora

BRASÍLIA

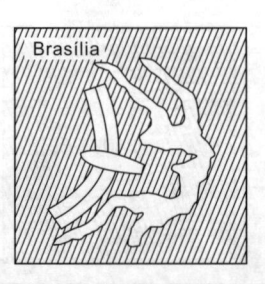

CM: mãos em "L", palmas para a frente
PA: à frente
M: fechar os dedos e afastar
O: para os lados opostos

GOIÁS

CM: mão em "G", palma para a esquerda
PA: à frente
M: girar o pulso
O: para dentro e para fora

GOIÂNIA

CM: mão em "G", palma para a esquerda
PA: à frente
M: girar o pulso
O: para dentro e para fora

MATO GROSSO

CM: mão em "C", palma para esquerda
PA: ao lado da cabeça
M: aproximar e afastar
O: para esquerda e para a direita

CUIABÁ

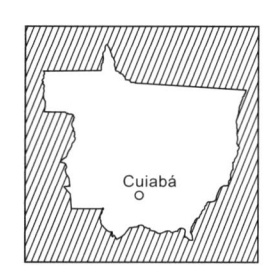

CM: mão em "C", palma para a esquerda
PA: à frente do rosto
M: circular
O: sentido horário

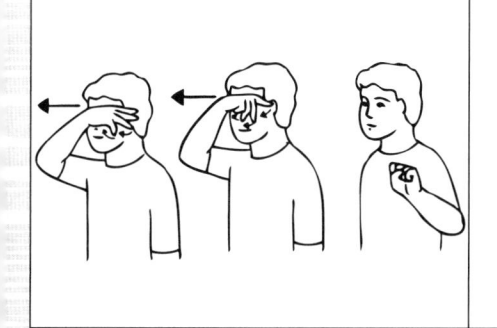

MATO GROSSO DO SUL

CM: mão aberta, palma para baixo
PA: tocando a testa
M: fechar os dedos um a um e esfregar
O: para a direita
E, em seguida, fazer o sinal da letra "S".

CAMPO GRANDE

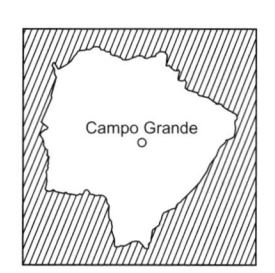

Fazer o sinal da letra "C" e, em seguida, fazer o sinal da letra "G".

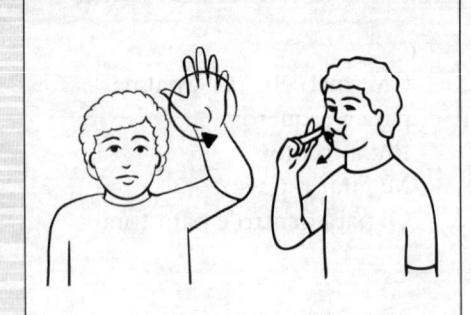

	 **REGIÃO NORDESTE**	CM: mão aberta, palma para fora PA: ao lado da cabeça M: girar O: sentido horário
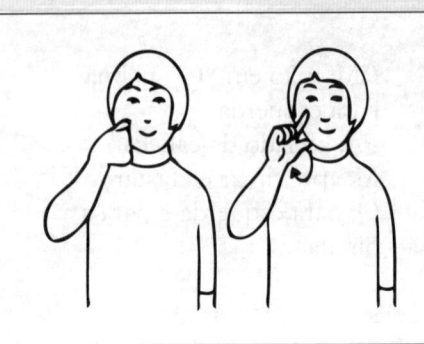	 **ALAGOAS**	CM: mão em "L", palma para fora PA: ao lado da bochecha M: girar o pulso e fechar a mão O: para dentro
	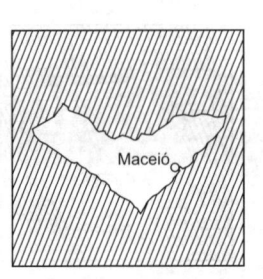 **MACEIÓ**	CM: mão em "L", dedos unidos, palma para a esquerda PA: tocando a lateral da boca M: esfregar O: para baixo e para cima
	BAHIA	CM: mão em "C", palma para dentro PA: na altura do peito M: aproximar e afastar O: para dentro e para fora
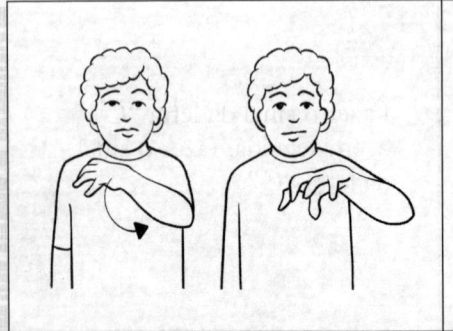	**SALVADOR**	CM: mão em "C", dedos abertos, palma para dentro PA: tocando o peito M: deslocar O: para frente

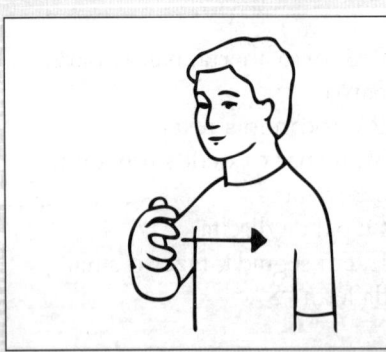

CEARÁ

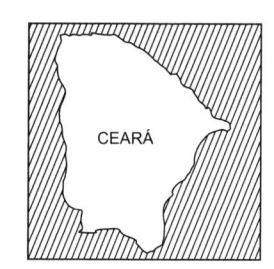

CM: mão em "P", palma para dentro
PA: tocando a bochecha
M: esfregar
O: para baixo e para cima
EF/C: bochecha direita distendida pela língua

FORTALEZA

CM: mão direita em "X", palma para dentro
PA: tocando o dorso
M: aproximar
O: para cima e para baixo

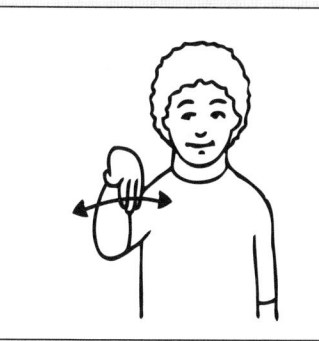

MARANHÃO

CM: mão em "M", palma para a frente
PA: à frente
M: balançar
O: para baixo e para cima

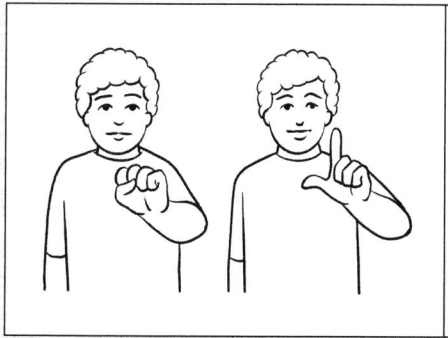

SÃO LUÍS

CM: mão em "S", palma para fora
PA: à frente
M: sem movimento
O: sem orientação
E, em seguida, fazer a letra "L", palma para fora

PARAÍBA

CM: mão em "P", palma para baixo
PA: tocando a bochecha
M: circular
O: sentido horário

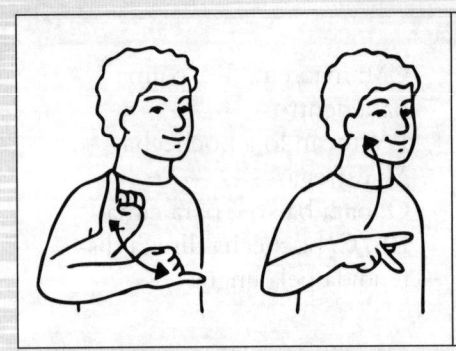

JOÃO PESSOA

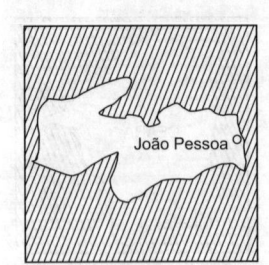

Fazer o sinal de letra "J" e em seguida:
CM: mão em "P", palma para baixo
PA: à frente
M: arco
O: para cima

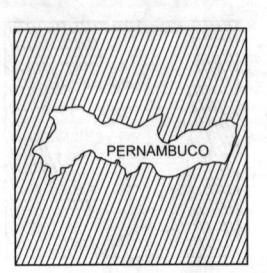

PERNAMBUCO

CM: mãos em "C", palma a palma
PA: à frente
M: fechar e abrir
O: para a direita e para a esquerda

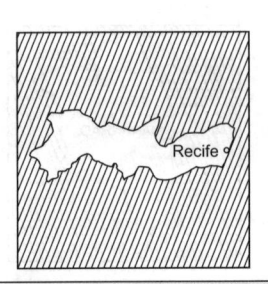

RECIFE

CM: mãos em "C", palma a palma
PA: à frente, unidas pelos pulsos
M: fechar e abrir
O: para cima e para fora

PIAUÍ

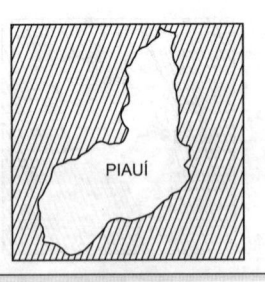

CM: mão em "P", palma para dentro
PA: tocando a lateral do braço esquerdo
M: circular
O: sentido horário

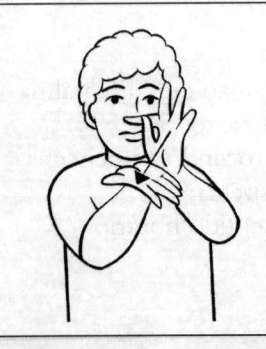

TERESINA

CM: mão em "T", palma para fora
PA: tocando a mão aberta, palma para cima
M: aproximar
O: para baixo

RIO GRANDE DO NORTE

CM: mão em "N", palma para baixo
PA: tocando a bochecha
M: circular
O: sentido horário

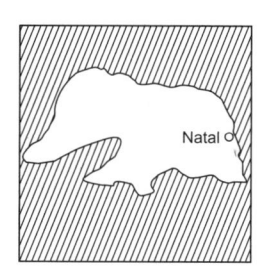

NATAL

CM: mão em "N", palma para baixo
PA: tocando a bochecha
M: circular
O: sentido horário

SERGIPE

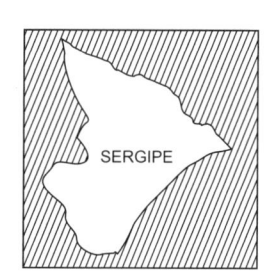

CM: mão em "S", palma para fora
PA: à frente
M: girar o pulso
O: para trás e para a frente

ARACAJU

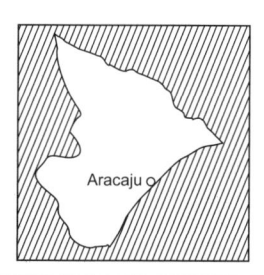

CM: mão fechada com dedo indicador e polegar dobrados, palma para frente
PA: tocando o nariz
M: dobrar o pulso
O: para baixo
Em seguida, mão em "A", palma para dentro, ao lado da boca.

REGIÃO NORTE

CM: mão em "C", palma para a frente
PA: acima da cabeça
M: circular
O: sentido horário

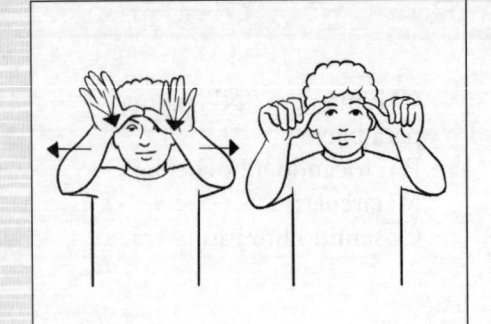

		ACRE	
			CM: mãos abertas, palmas para fora
PA: ao lado da cabeça
M: fechar
O: sem orientação
		RIO BRANCO	
			CM: mãos abertas, palma a palma
PA: à frente
M: curvas
O: para esquerda e para direita
Em seguida, mão aberta, palma para dentro, raspar no braço esticado
		AMAPÁ	
			CM: mão em "A", palma para a esquerda
PA: tocando a lateral direita da boca
M: afastar e encostar
O: para a esquerda e para a direita
		MACAPÁ	
			CM: mão em "A", palma para esquerda
PA: tocando ao lado da boca
M: deslocar e abrir em "P"
O: para a direita
		AMAZONAS	
			CM: mão aberta, palma para a frente
PA: tocando a testa
M: esfregar e fechar os dedos um a um
O: para a direita

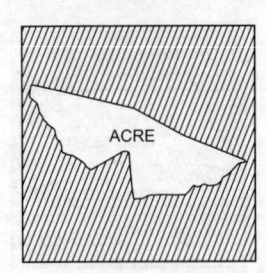

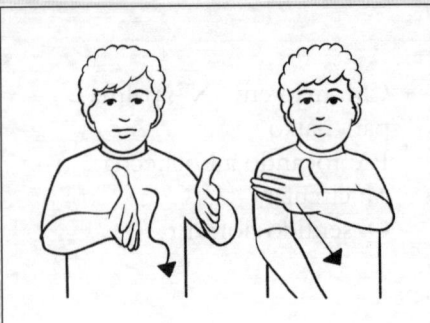

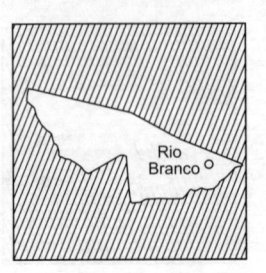

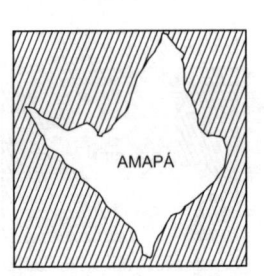

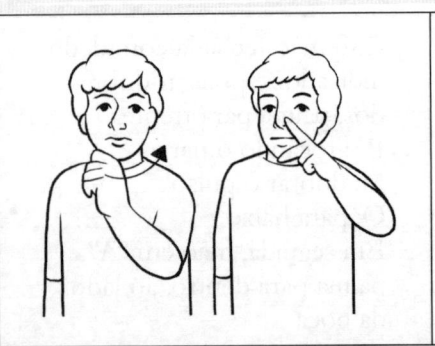

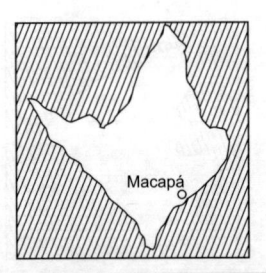

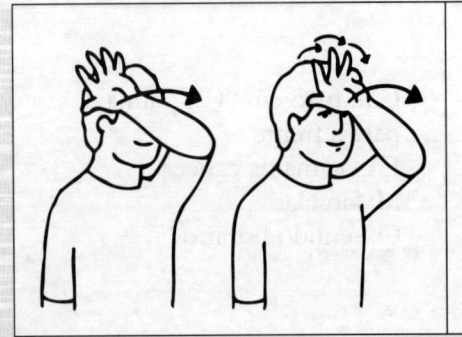

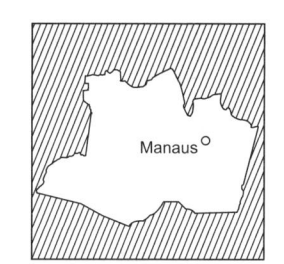

MANAUS

CM: mão aberta, palma para a frente
PA: tocando a testa
M: esfregar e fechar os dedos um a um
O: para a direita

PARÁ

CM: mão aberta, palma para a frente
PA: tocando a nuca
M: aproximar e afastar
O: para dentro e para fora

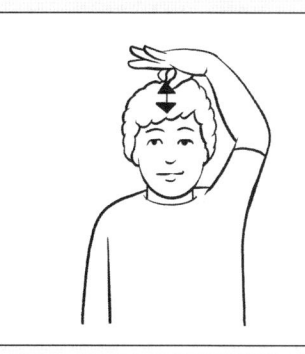

BELÉM

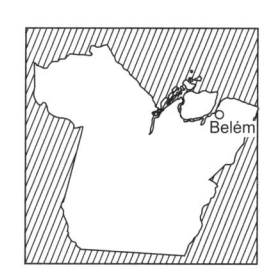

CM: mão aberta, com dedo indicador e polegar unidos, palma para baixo
PA: tocando o topo da cabeça
M: aproximar e afastar
O: para cima e para baixo

RONDÔNIA

CM: mão em "R", palma para a frente
PA: tocando o braço esquerdo
M: arco
O: para a frente e para trás

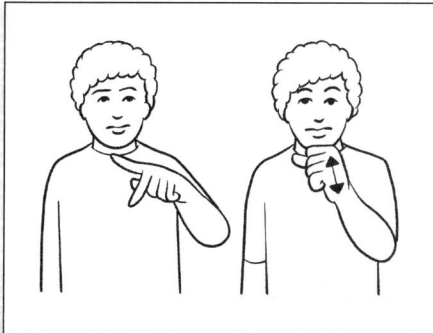

PORTO VELHO

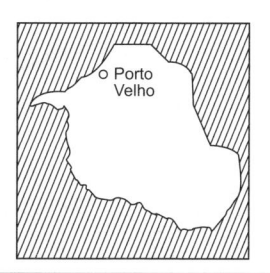

CM: mão em "P", palma para baixo
PA: à frente
M: sem movimentação
O: sem orientação
Em seguida, fazer o sinal de velho (p. 81)

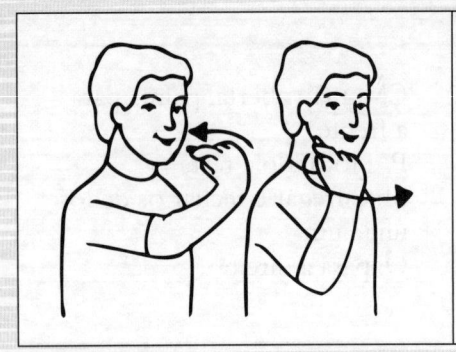

RORAIMA

CM: mão em "R", palma para baixo
PA: tocando a lateral da boca do lado direito
M: arco
O: para a esquerda e para a direita

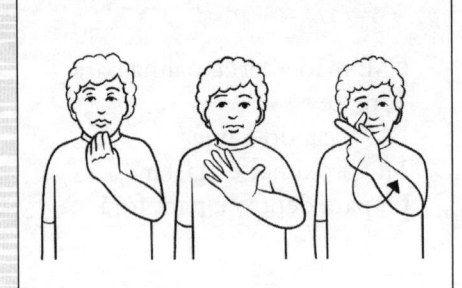

BOA VISTA

CM: mão aberta, com pontas dos dedos unidas, palma para dentro
PA: à frente da boca
M: abrir e afastar
O: para frente
Em seguida, mão em "P", palma para dentro, abaixo dos olhos, girar o pulso.

TOCANTINS

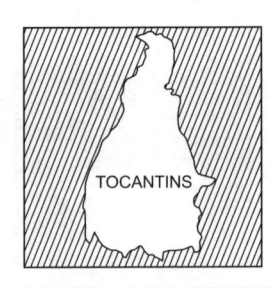

CM: mão em "Y", palma para a esquerda
PA: à frente
M: aproximar e afastar
O: para dentro e para fora

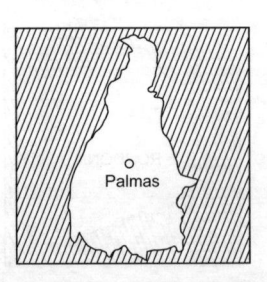

PALMAS

CM: mão aberta, palma para dentro
PA: tocando a palma aberta, palma para fora
M: aproximar e afastar
O: para dentro e para fora

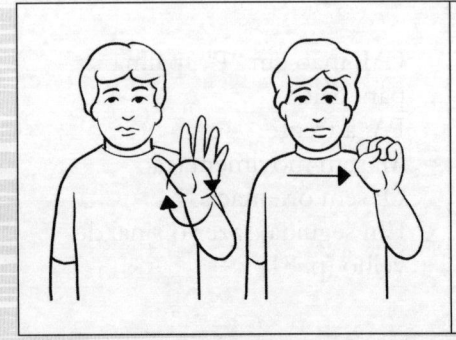

REGIÃO SUDESTE

CM: mão aberta, palma para fora
PA: à frente
M: girar
O: sentido horário
Em seguida, mão em "S", palma para fora, deslocar para a direita

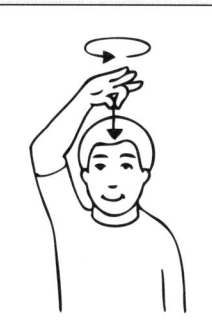

ESPÍRITO SANTO

CM: mão aberta com dedos indicador e polegar unidos, palma para baixo
PA: acima da cabeça
M: circular
O: sentido horário e para baixo

VITÓRIA

CM: mão em "V", palma para dentro
PA: tocando o nariz
M: afastar e aproximar
O: para fora e para dentro

MINAS GERAIS

CM: mão em "D", palma para a esquerda
PA: tocando a lateral do pescoço
M: esfregar
O: para baixo e para cima

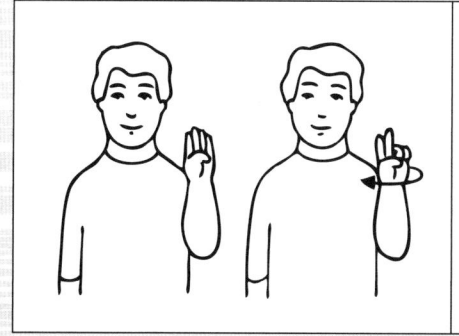

BELO HORIZONTE

Fazer o sinal de Minas Gerais (nesta página) e, em seguida, os sinais das letras "B" e "H".

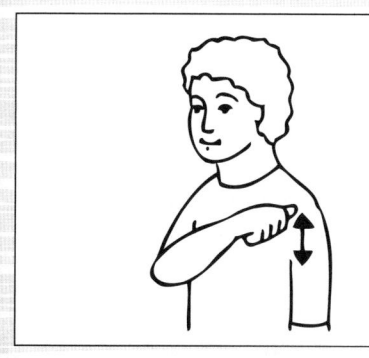

RIO DE JANEIRO

CM: mão em "A", palma para dentro
PA: tocando o braço esquerdo
M: esfregar
O: para baixo e para cima

SÃO PAULO

CM: mão em "P", palma para dentro
PA: tocando a têmpora
M: aproximar e afastar
O: para dentro e para fora

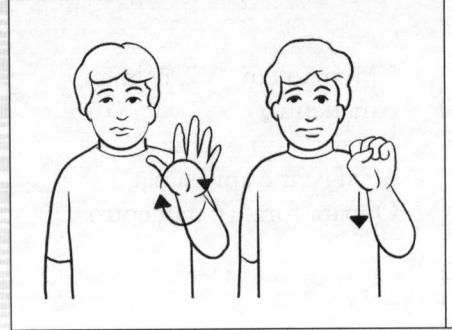

REGIÃO SUL

Fazer o sinal de região (p. 308) e, em seguida:
CM: mão em "S", palma para a esquerda
PA: ao lado do corpo
M: sem movimento
O: para baixo

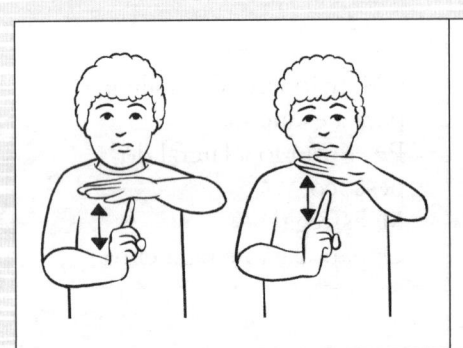

PARANÁ

CM: mão aberta, palma para baixo
PA: tocando a ponta do dedo indicador
M: aproximar e afastar
O: para cima e para baixo

CURITIBA

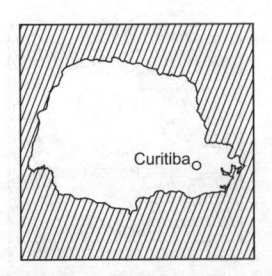

Fazer o sinal de Paraná (nesta página) e, em seguida:
CM: mão em "C"
PA: ao lado do corpo
M: sem movimento
O: sem orientação

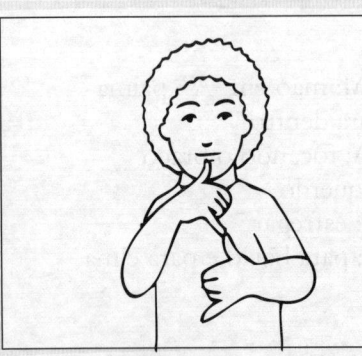

RIO GRANDE DO SUL

CM: mãos em "Y", sobrepostas
PA: à frente
M: sem movimento
O: sem orientação

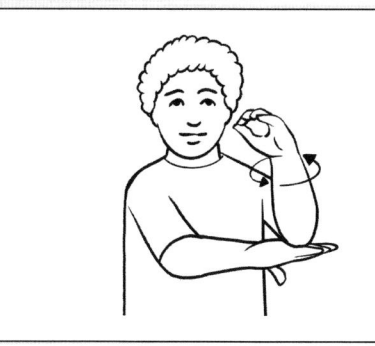

	PORTO ALEGRE	
		CM: mão em "O", palma para fora PA: tocando a mão aberta, palma para baixo M: girar o pulso O: para direita e para a esquerda

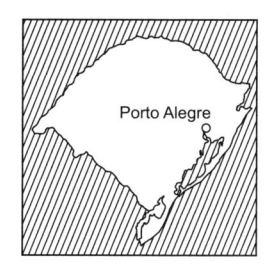

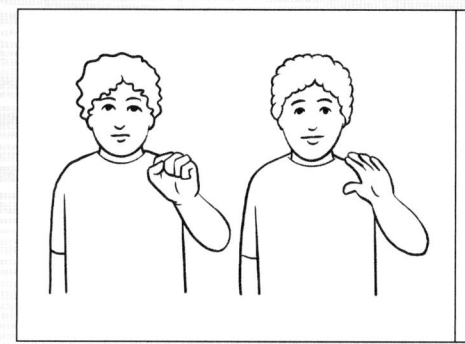

	SANTA CATARINA	
		CM: mão em "S", palma para frente PA: à frente M: deslocar e abrir em "C" O: para a direita

	FLORIANÓPOLIS	
		CM: mão fechada, polegar, médio e indicador abertos, palma a palma PA: à frente M: dobrar e afastar O: para os lados opostos

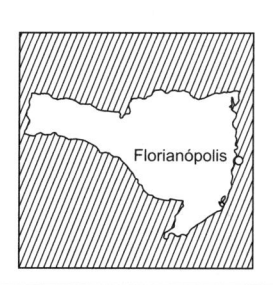

PAÍSES/ CONTINENTES

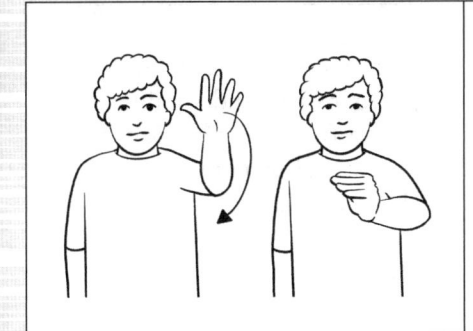

	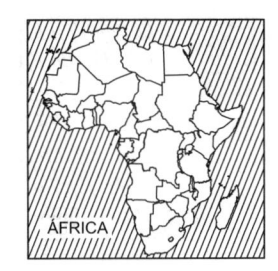 ÁFRICA	
		CM: mão aberta, palma pra frente PA: à frente M: girar e fechar O: para a direita e para baixo
	 ALEMANHA	
		CM: mão em "L", palma para a esquerda PA: tocando a testa M: aproximar e afastar O: para fora e para dentro
	AMÉRICA	
		CM: mãos abertas alternadas, unidas pelos polegares PA: à frente M: sem movimento O: sem orientação
	AMÉRICA CENTRAL	
		CM: mãos fechadas, polegares esticados, alternados PA: à frente M: sem movimento O: sem orientação
	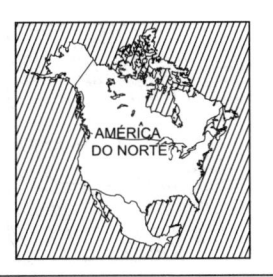 AMÉRICA DO NORTE	
		CM: mão direita aberta, palma para a frente e mão esquerda fechada, palma para dentro PA: à frente M: sem movimento O: sem orientação

		 AMÉRICA DO SUL	CM: mão direita em "S", polegar distendido, palma para a frente e mão esquerda aberta, palma para dentro PA: à frente M: sem movimento O: sem orientação
		ARGENTINA	CM: mão aberta, dedos dobrados, palma para dentro PA: tocando o peito M: raspar O: para baixo
		 ÁSIA	CM: mão em "A", palma para a frente PA: à frente M: abrir os dedos e girar o pulso O: para dentro
		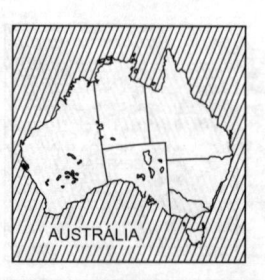 AUSTRÁLIA	CM: mãos abertas, dedos médio e polegar unidos, palmas para baixo PA: à frente M: abrir os dedos e arco O: sem orientação
		ÁUSTRIA	CM: mãos em "5", dorso a dorso PA: à frente M: sem movimento O: sem orientação

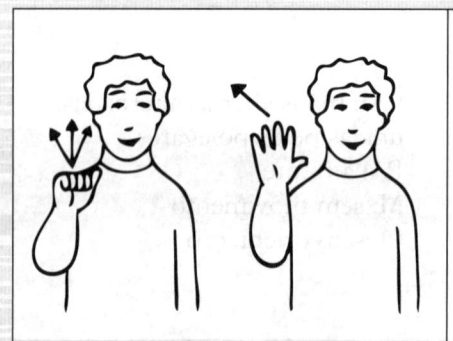

BOLÍVIA

CM: mão aberta, dedos polegar, anular e médio unidos, palma para a esquerda
PA: à frente
M: sem movimento
O: sem orientação

BRASIL

CM: mão em "B", palma para a esquerda
PA: à frente
M: ondulatório
O: para baixo

CANADÁ

CM: mão fechada, palma para dentro, dedo polegar distendido
PA: à frente do peito
M: aproximar e afastar
O: para dentro e para fora

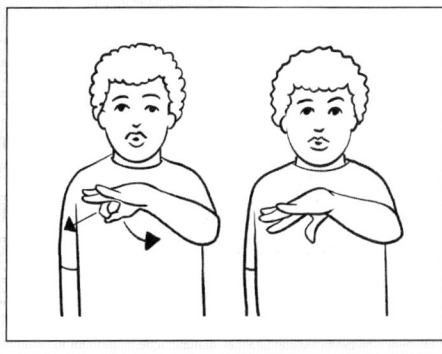

CHILE

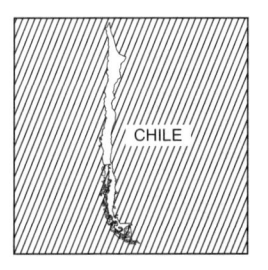

CM: mão aberta, palma para baixo, dedo indicador e polegar unidos
PA: à frente do peito
M: abrir
O: sem orientação

COLÔMBIA

CM: mão em "C", palma para fora
PA: tocando a mão esquerda aberta, palma para baixo
M: girar
O: para direita e para a esquerda

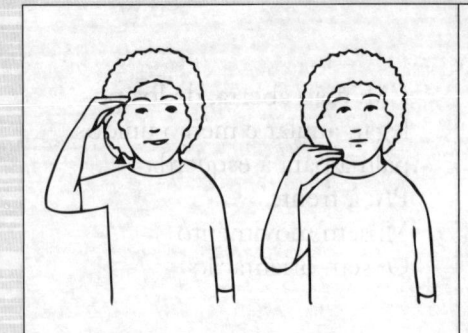

	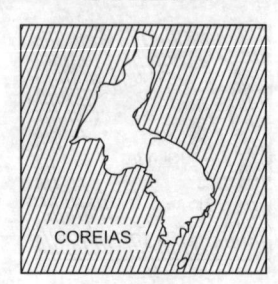 **COREIAS**	CM: mão aberta, palma para baixo PA: tocando a têmpora M: arco O: para baixo
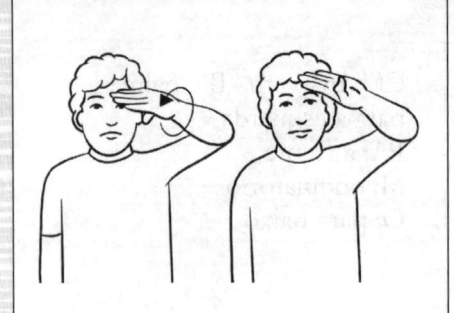	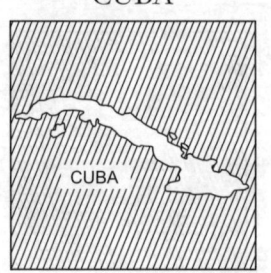 **CUBA**	CM: mão em "B", palma para baixo PA: tocando acima dos olhos M: girar O: para fora
	 **EQUADOR**	CM: mão em "E", palma para fora PA: tocando a mão em "D", palma para baixo M: raspar O: para a direita
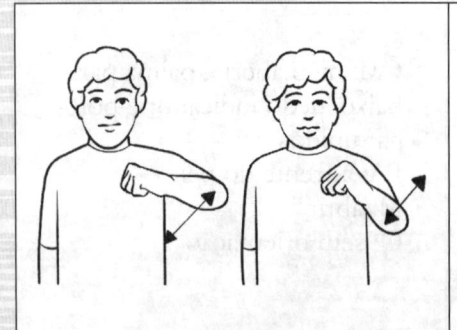	**ESCÓCIA**	CM: mão fechada, palma para baixo PA: à frente M: fechar o braço O: para dentro
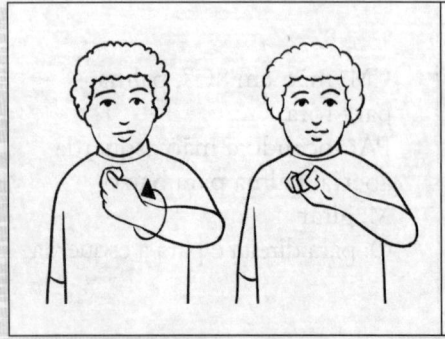	**ESPANHA**	CM: mão em "A", palma para dentro PA: tocando o peito M: girar O: para fora

ESTADOS UNIDOS

CM: mãos abertas, entrelaçadas, palmas para dentro
PA: à frente
M: girar
O: sentido anti-horário

EUROPA

CM: mão em "E", palma para a frente
PA: à frente
M: abrir os dedos
O: para a direita

FINLÂNDIA

CM: mão em "X", palma para dentro
PA: tocando o queixo
M: aproximar
O: para dentro

FRANÇA

CM: mão em "F", palma para fora
PA: à frente
M: girar o pulso
O: sem orientação

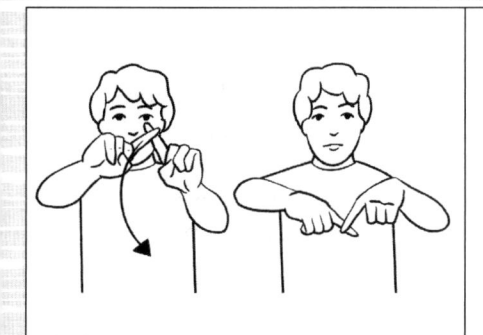

GRÉCIA

CM: mãos fechadas, indicadores cruzados, palma para fora
PA: à frente
M: dobrar os pulsos
O: para baixo

ÍNDIA

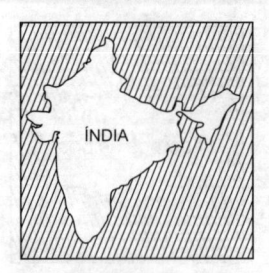

CM: mão em "D", palma para dentro
PA: tocando a testa
M: tremular
O: sem orientação

INGLATERRA

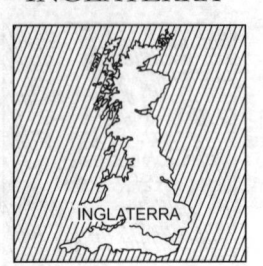

CM: mão em "C", palma para dentro
PA: segurando o queixo
M: tremular
O: sem orientação

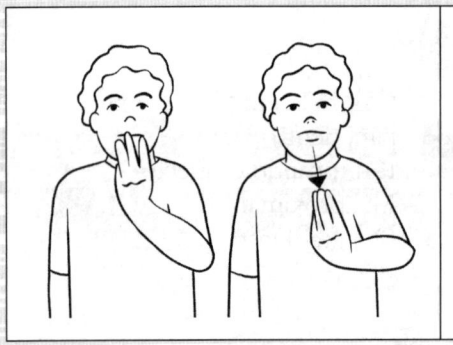

ISRAEL

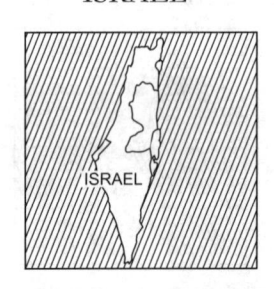

CM: mão em "W", palma para dentro
PA: à frente da boca
M: afastar
O: para baixo

ITÁLIA

CM: mão em "L", dedo indicador dobrado, palma para fora
PA: à frente
M: zigue-zague
O: para baixo

JAPÃO

CM: mãos em "L", dedos unidos, palma para a frente
PA: à frente
M: fechar os dedos e afastar
O: para os lados opostos

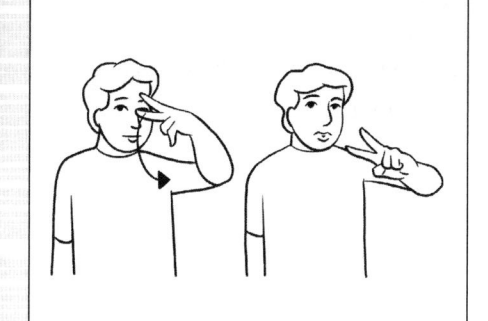

	 **MÉXICO**	CM: mão em "V", palma para dentro PA: à frente dos olhos M: afastar O: para baixo
	 **NICARÁGUA**	CM: mão fechada com os dedos polegar, indicador e médio estendidos, palma para dentro PA: tocando a lateral da mão esquerda M: aproximar e afastar O: para cima e para baixo
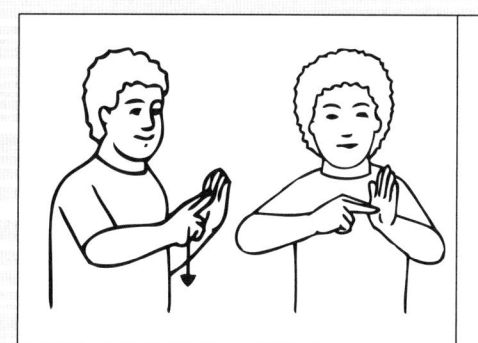	**NOVA ZELÂNDIA**	CM: mão em "U", palma para baixo PA: tocando a palma da mão esquerda M: raspar e aproximar O: para baixo e para a esquerda
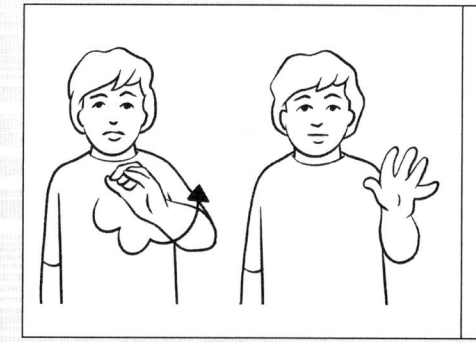	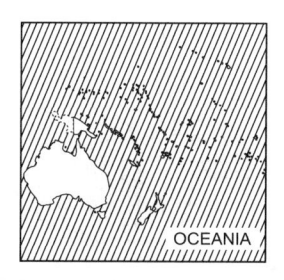 **OCEANIA**	Mão em O, palma para a esquerda, à frente e, em seguida: CM: mão em "C", dedos abertos, palma para fora PA: à frente M: deslocar três vezes O: para baixo e para cima
	**PARAGUAI**	CM: mão em "P", palma para a esquerda PA: à frente M: dobrar o pulso O: para a esquerda e para a direita

PERU

CM: mão em "V", palma para a frente
PA: tocando a testa
M: aproximar e afastar, tremular os dedos
O: para fora e para dentro

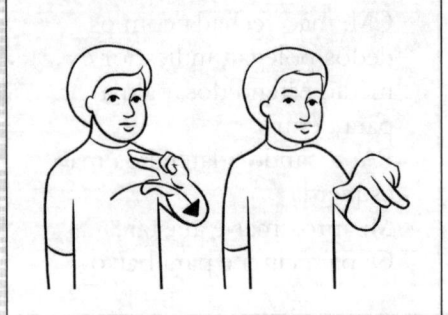

PORTUGAL

CM: mão fechada, polegar, indicador e médio abertos, palma para baixo
PA: à frente
M: deslocar
O: para frente

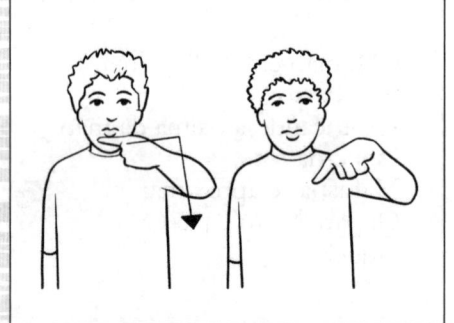

RÚSSIA

CM: mão em "D", palma para baixo
PA: tocando abaixo da boca
M: raspar e dobrar o pulso
O: para a direita e para baixo

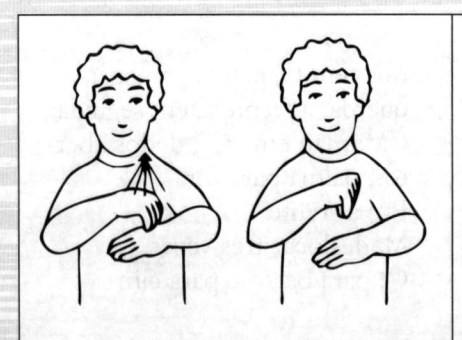

SUÉCIA

CM: mão aberta, dedos flexionados, palma para baixo
PA: tocando o dorso da mão esquerda
M: fechar os dedos e afastar
O: para cima

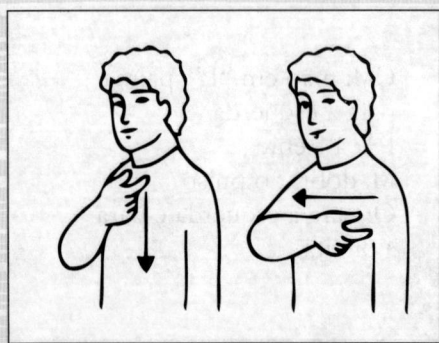

SUÍÇA

CM: mão em "L", dedos curvados, palma para dentro
PA: tocando o peito
M: descrever forma de cruz
O: para baixo e para a direita

UGANDA

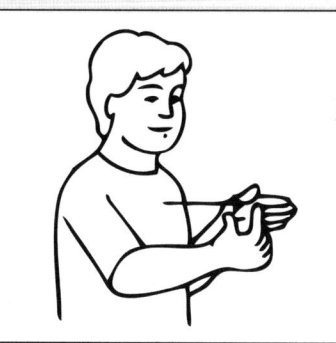

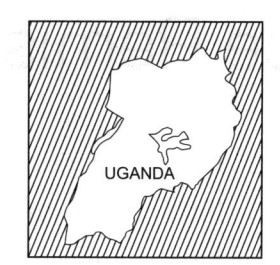

CM: mão em "L", dedos flexionados, palma para cima
PA: tocando a palma esquerda
M: esfregar
O: para a frente

URUGUAI

CM: mão em "U", palma para fora
PA: à frente
M: girar o pulso
O: sem orientação

VENEZUELA

CM: mão em "V", palma para fora
PA: à frente
M: dobrar o pulso
O: para a direita e para a esquerda

Índice Remissivo

abacate 139
abacaxi 139
abajur 120
abelha 186
abençoar 241
abóbora 139
abobrinha 139
abraçar 241
abridor de lata 120
abril 62
abrir 241
academia 91
acalmar 241
acampamento 91
acento agudo 49
acento circunflexo 49
acento til 49
achar 241
acompanhar 242
acordar 242
Acre 314
açúcar 139
açucareiro 120
acusar 242
adiar 242
adivinhar 242
adjetivos/advérbios 288
admitir 243
adulto 72
advogado 177
aeroporto 91
afastar 243
afilhado 72

África 321
agosto 62
agrião 140
água 161
aguardente/cachaça 161
agulha . . . . 120 e 215
ainda não 285
Alagoas 310
Alemanha 321
alergia 215
alfabeto 43
alface 140
alho 140
alimentos 138
alto 289
altura 66
alugar 243
amanhã 56
Amapá 314
amar 243
amarelo 106
Amazonas 314
ambulância 215
amendoim 140
América 321
América Central 321
América do Norte 321
América do Sul 322
amigo 72
amora 140
andar . . . . 120 e 243
animais 185
ano 56

ano que vem	56
anotar	244
ansioso	289
antes	56
ânus	203
apagar	244
apertado	289
apertar	244
apontador	111
aprender	244
apresentar	244
aquário	121
Aracaju	313
aranha	186
arara	186
arco-íris	97
areia	97
Argentina	322
armário	121
arquiteto	177
arrastar	245
arroz	141
arrumar	245
árvore	97
Ásia	322
aspirador de pó	121
assistir	245
assustar	245
atrasado	289
atrasar	245
aumentar	246
Austrália	322
Áustria	322
avarento	289
avenida	307
avental	166
avestruz	186
avião	221
avisar	246
avisar-me	246
azeite	141
azeitona	141
azul	106
Bahia	310
bailarina	177
baixo	290
bala	141
balança	121
balde	121
baleia	186
banana	141
bancário	177
bandeja	122
banheiro	111 e 122
banheiro dos professores	111
banheiro feminino	111
banheiro masculino	111
baralho	230
barata	187
barato	290
barba	203
barco	221
barriga	203
barulhento	290
basquete	230
batata	142
batata-doce	142
bater	246
bateria	238
batizar	246
batom	166
bebê	72

beber	246
bebidas	160
bege	106
beija-flor	187
beijar	247
Belém	315
Belo Horizonte	317
bem/bom	66
berço	122
berinjela	142
bermuda	166
beterraba	142
bezerro	187
biblioteca	112
bicho-preguiça	187
bicicleta	221
bilhar/sinuca	230
biquíni	166
bisavó	72
bisavô	73
biscoito/bolacha	142
blusa	166
boa-noite	66
boa-tarde	66
Boa Vista	316
bobo	290
boca	203
bode	187
boi	188
bola	230
boliche	230
Bolívia	323
bolo	143
bolsa	167
bolso	167
bom-dia	66
bom/legal	290
bombeiro	177
bombom	143
boné	167
boneca	231
bonito	291
borboleta	188
borracha	112
bota	167
boxe	231
braço	203
branco	106
Brasil	323
Brasília	308
bravo	291
brigar	247
brincar	247
brinco (joia)	167
brinquedo	231
brócolis	143
bronquite	215
burro	188
cabeça	204
cabeleireiro	178
cabelo	204
cabide	122
cabra	188
cachoeira	97
cachorro	188
cachorro-quente	143
cadeia	91
cadeira	122
caderno	112
café	143 e 161
cafeteira	123
caipirinha	161

cair	247
caju	144
calça	168
calcinha	168
calendário	55
calmo	291
cama	123
camelo	189
caminhão	221
camisa	168
camiseta	168
camisola	168
Campo Grande	309
Canadá	323
caneta	112
canguru	189
canoagem	231
cansado	291
cansar	247
canudo	123
caqui	144
caracol	189
carambola	144
caranguejo	189
carne	144
caro	291
carrinho	231
carro	221
carta	225
cartão	83
cartão de crédito	83
cartão do banco	83
cartão telefônico	83
cartaz	225
carteira de estudante	83
carteira de motorista	84
carteira de trabalho	84
carteira de vacinação	84
casa	91 e 119
casaco	169
casado	292
catapora	215
cavalo	189
caxumba	216
Ceará	311
cebola	144
cebolinha	145
celular	225
cemitério	92
cenoura	145
cérebro	204
cereja	145
certidão de casamento	84
certidão de nascimento	84
cerveja	161
cesto de lixo	112
céu	97
chá	145 e 162
chamar	248
champanhe	162
chapéu	169
chave	123
chefe	178
chegar	248
cheiroso	292
cheque	85
chiclete	145
Chile	323
chinelo/sandália de dedo	169
chocolate	146
chope	162
chorar	248

chuchu 146	computador . . . . 113 e 225
churrasco 146	conhecer 250
chutar 248	consertar 250
chuva 98	consolar 250
chuveiro 123	construir 251
ciclismo 232	contar 251
cidade 307	contente 292
cílios 204	continuar 251
cinema 92	conversar 251
cinto 169	convidar 251
cinza 106	copiar 252
cinzeiro 124	copo 124
cirurgia 216	copo-de-leite 98
cirurgia plástica 216	coquetel 162
ciumento 292	coração 204
claro 107	corajoso 293
classificar 248	Coreias 324
clínica 92	cores 105
cobertor 124	corpo humano 202
cobra 190	correr 252
cochilar 249	corrida 232
coco 146	corrida de obstáculos 232
coelho 190	corrigir 252
coitado 292	cortar 252
cola 113	cortina 125
colar (joia) 169	coruja 190
colchão 124	costureira 178
colher 124	cotovelo 205
colidir 249	couve 146
colina 98	couve-flor 147
colocar 249	coxa 205
Colômbia 323	cozinha . . . . 113 e 125
comemorar 249	cozinheiro 178
comer 249	CPF 85
comparar 250	crer 252
comprar 250	crescer 253

criança	73
crianças	73
Cuba	324
cueca	170
Cuiabá	309
cuidadoso	293
cuidar	253
cumprimento	67
cunhada	73
cunhado	73
curioso	293
Curitiba	318
dado	232
dama	232
dar	253
decidir	253
dedo	205
defecar	253
deitar	254
delicioso	293
demitir	254
demorar	254
dente	205
dentista	178
dentro	293
depois	56
depósito	113
deputado	179
derreter	254
descansar	254
descer	255
desconfiado	294
desculpe	67
desenhar	255
desobedecer	255
destruir	255
devagar	294
dever	255
devolver	256
dezembro	63
dia	57
diarreia	216
difícil	294
digitador	179
diminuir	256
diretor	113 e 179
disputar	256
distrair	256
Distrito Federal	308
dividir	256
divorciado	294
divorciar	257
doce	147
documento do carro	85
documentos	82 e 85
doente	294
domingo	60
dominó	233
dor	216
dor de barriga	217
dor de cabeça	217
dor de ouvido	217
dormir	257
duro	295
duvidar	257
educado	295
ele	89
elefante	190
eletricista	179
elevador	92
empregada doméstica	179
empregado/funcionário	180

encontrar	257	estojo	114
endereço	307	estrela	98
enfermeira	180	estudar	260
engenheiro	180	eu	89
ensinar	257	Europa	325
entender	258	evitar	260
entrar	258	exagerar	260
envelhecer	258	experimentar	261
envergonhado	295	expulsar	261
envergonhar	258	faca	125
enviar	258	Facebook	225
Equador	324	fácil	295
ervilha	147	falar	261
Escócia	324	falar com as mãos/Libras	261
escola	92 e 110	falcão	191
escolher	259	faltar	261
esconder	259	faminto	295
escorpião	190	farmacêutico	180
escova de dente	212	farmácia	93
escrever	259	fax	225
escritura	85	faxineiro	180
escurecer	98	fazer	262
escuro	107	febre	217
escutar	259	fechar	262
esmalte	170	fedido	296
Espanha	324	feijão	147
espelho	125	feio	296
esperar	259	feira	93
Espírito Santo	317	feliz	296
esposa	74	feriado	57
esquecer	260	férias	57
esquilo	191	fevereiro	61
estações do ano	63	ficar	262
Estados Unidos	325	fígado	205
estante	125	figo	147
estar	260	filha	74

filho	74	garagem	126
filho adotivo	74	garfo	127
filtro de água	126	garganta	206
Finlândia	325	garrafa plástica	127
fino	296	gastar	263
fio dental	212	gato	192
fisioterapeuta	181	gaveta	127
fita adesiva	114	gavião	192
flauta	238	geladeira	127
flor	99	gelatina	148
Florianópolis	319	gêmeos	74
foca	191	genro	75
fogão	126	ginástica	233
fonoaudióloga	181	girafa	193
fora	296	giz de lousa	114
formatura	114	Goiânia	309
formiga	191	Goiás	308
Fortaleza	311	gol	233
fósforo	126	golfe	234
fraco	297	golfinho	193
França	325	gordo	297
frango	148	gorro/touca	170
fritar	262	gostar	263
frutas	148	governador	181
fruteira	126	grande	297
fumar	262	gravata	170
furacão	99	Grécia	325
futebol	233	gripe	217
futebol de salão	233	gritar	263
futuro	57	grosso	297
gaita	238	guaraná	163
galinha	191	guarda-chuva	170
galo	192	guardanapo	127
gambá	192	guarda-roupa	128
ganhar	263	guitarra	238
ganso	192	handebol	234

harpa	238	jabuticabeira	99
helicóptero	222	jaca	148
higiene	211	jacaré	193
hipopótamo	193	janeiro	61
hoje	57	janela	128
homem	75	jantar	264
hora	58	Japão	326
hospital	93	jaqueta	171
hotel	93	jarra	128
idade	67	*jet ski*	222
identidade	65	João Pessoa	312
igreja	93	joelho	206
ilha	99	jogar	264
imposto de renda	86	jornal	115 e 226
imprimir	263	jovem	75
Índia	326	judô	234
informática	114	juiz	181
Inglaterra	326	julho	62
inimigo	297	junho	62
injeção	218	jurar	264
insetos	193	kiwi	149
Instagram	226	lagartixa	194
instrumentos musicais	237	lagosta	194
inteligente	298	lâmpada	128
Internet	226	lápis	115
intestino	206	lápis de cor	115
invejar	264	lapiseira	115
inverno	64	laranja	107 e 149
IPTU	86	laranjeira	99
IPVA	86	lata	128
ir	264	lavar	264
irmã	75	lazer/esporte	229
irmão	75	leão	194
Israel	326	leite	149 e 163
Itália	326	lembrar	265
jabuticaba	148	lenço de papel	212

lençol	129	língua	206
ler	265	linguiça	149
ler os lábios	265	liquidificador	129
letra A	44	livrar	266
letra B	44	livro	115
letra C	44	lixeira	129
letra Ç	49	lobo	194
letra D	44	localidades	306
letra E	44	loja	94
letra F	45	longe	298
letra G	45	louco	299
letra H	45	Lua	100
letra I	45	lugares	90
letra J	45	luva	171
letra K	46	maçã	150
letra L	46	macacão	171
letra M	46	macaco	194
letra N	46	Macapá	314
letra O	46	macarrão	150
letra P	47	Maceió	310
letra Q	47	macieira	100
letra R	47	madrasta	76
letra S	47	madrinha	76
letra T	47	mãe	76
letra U	48	magro	299
letra V	48	maio	62
letra W	48	maiô	171
letra X	48	maionese	150
letra Y	48	mal	299
letra Z	49	mala	171
levar	265	malvado	299
licor	163	mamão	150
lilás	107	Manaus	315
limão	149	mandar	266
limpar	265	mandar e-mail	226
limpo	298	mandioca	150

manga	150	mesa	129
manhã	58	metrô	222
manteiga/margarina	151	meu	89
mão	206	meu nome	67
máquina de lavar	129	meu sinal	67
mar	100	mexerica	152
maracujá	151	México	327
Maranhão	311	milho	152
maravilhoso	299	Minas Gerais	317
março	61	minhoca	195
margarida	100	minuto	58
marido	76	misturar	267
mariposa	195	mochila	116
marrom	107	mole	300
matar	266	molho	152
Mato Grosso	309	montanha	100
Mato Grosso do Sul	309	montar	268
mecânico	181	morango	152
médico	182	morcego	195
medir	266	morrer	268
medroso	300	mosca	195
meia	172	mostrar	268
meia-calça	172	moto	222
meios de comunicação	224	motorista	182
meios de transporte	220	mudar	268
mel	151	muito	300
melancia	151	mulher	77
melão	152	muro	130
melhorar	267	nadar	268
memorizar	267	nádegas	207
mendigar	267	namorada	77
menina	76	namorado	77
menino	77	namorar	269
mentir	267	não adiantar	285
mergulho	234	não conhecer	285
mês	58	não conseguir	285

não entender	285	número 4	51
não entender nada	286	número 5	51
não gostar	286	número 6	52
não ouvir	286	número 7	52
não poder	286	número 8	52
não prestar	286	número 9	52
não querer	287	número 0	52
não saber	287	número 10	53
não ter	287	número 20	53
não ter jeito	287	número 30	53
nariz	207	número 40	53
nascer	269	número 50	53
nascimento	68	número 60	54
natação	234	número 70	54
Natal	313	número 80	54
natureza	96	número 90	54
náusea	218	número 100	54
navio	222	números	50
negativos	284	nuvem	101
nervoso	300	obedecer	269
neto	77	obediente	301
neve	101	obrigado(a)	68
Nicarágua	327	observar	269
noite	58	Oceania	327
noiva	78	óculos	172
noivo	78	odiar	269
nome completo	68	ofender	270
nora	78	oi	68
nós	89	óleo	153
Nova Zelândia	327	olhar	270
novembro	63	olho	207
novo	301	ombro	207
nublado	101	onça	195
número 1	51	ônibus	223
número 2	51	ontem	59
número 3	51	operar	270

orelha	207	parque	116
orelhão	226	parque de diversão	94
orquídea	101	passado	59
osso	208	passar	271
ouro	108	pássaro	196
outono	64	passear	271
outubro	63	pasta	116
ouvir	270	pasta de dente	212
ovário	208	pastel	153
ovelha	196	patins	235
ovo	153	pátio	116
padaria	94	pato	196
padeiro	182	pavão	196
padrasto	78	pé	208
padrinho	78	pecar	272
pagar	270	pedir	272
pai	79	pedra	101
país	307	pegar	272
países/continentes	320	peixe	197
paletó	172	pele	208
palhaço	182	pendurar	272
palito de dente	130	peneira	130
Palmas	316	pênis	208
panela	130	pente	213
pão	153	pepino	154
pão doce	153	pequeno	301
papagaio	196	pera	154
papel	116	perder	272
papel higiênico	212	perfume	213
paquerar	271	perguntar	273
Pará	315	perigoso	301
Paraguai	327	perna	209
Paraíba	311	Pernambuco	312
Paraná	318	pernilongo	197
parar	271	persiana	130
parecer	271	perto	301

peru	197	Porto Alegre	319
Peru	328	Porto Velho	315
pesar	273	Portugal	328
pescar	273	posto de gasolina	94
pescoço	209	praça	94
peso	68	praia	102
pesquisar	273	prata	108
pêssego	154	prato	132
pessegueiro	102	prazer em conhecer	69
pessoas/família	71	precisar	274
peteca	235	prédio	132
pia de banheiro	131	prefeito	183
piano	239	preguiçoso	302
Piauí	312	prender	274
pijama	172	preocupado	302
pimenta	154	presente	59
pimentão	154	presidente	183
pingue-pongue	235	presunto	155
pinguim	197	preto	108
pintor	182	prima	79
pipoca	155	primavera	64
pirulito	155	primo	79
piscina	131	processo judicial	86
piso	131	procurar	274
pizza	155	professor	183
Planeta Terra	102	profissões	176
pobre	302	proibir	274
poder	273	prometer	275
policial	183	pronomes	88
poltrona	131	proteger	275
polvo	197	provocar	275
pombo	198	psicólogo	183
pôr	274	pudim	155
por favor/com licença	69	pular	275
porco	198	pulga	198
porta	131	pulmão	209

pulseira 173	RG 86
quadro 132	rico 302
quarta-feira 60	rinoceronte 199
quarto 132	rio 102
quebrar 275	Rio Branco 314
queijo 156	Rio de Janeiro 317
queimar 276	Rio Grande do Norte 313
querer 276	Rio Grande do Sul 318
quinta-feira 60	rodoviária 95
rã 198	Rondônia 315
rádio . . . . 132 e 227	Roraima 316
raio 102	rosa (flor) 103
rápido 302	rosa (cor) 108
raposa 198	roubar 277
rato 199	roxo 108
receber 276	rua 307
receber e-mail 227	Rússia 328
Recife 312	sábado 61
redes sociais 224	saber 277
refrigerante 163	sabonete 213
região 308	safado 303
Região Centro-Oeste 308	saia 173
Região Nordeste 310	sal 156
Região Norte 313	sala 133
Região Sudeste 316	sala de aula 117
Região Sul 318	sala de vídeo 117
régua 117	sala dos professores 117
relógio de parede 133	salada 156
remédio 218	saleiro 133
repolho 156	salsicha 156
repreender 276	salto alto 173
representante 184	Salvador 310
reservar 276	salvar 277
responder 277	sandália 173
restaurante 95	sanduíche 157
revista . . . . 117 e 227	sangue . . . . 209 e 218

Santa Catarina	319	sogro	80
São Luís	311	Sol	103
São Paulo	318	soletrar	279
sapato	173	solteiro	80 e 303
sapo	199	somar	279
saudade	69	sonolento	303
saúde	214	sopa	157
secretaria	118	sortudo	304
secretário	184	sorvete/picolé	157
sedento	303	sozinho	304
seguir	277	subir	279
segunda-feira	60	suco	163
segurar	278	Suécia	328
semana	59	Suíça	328
senador	184	sujo	304
sentar	278	sunga	174
sentir	278	supermercado	95
ser	278	surfe	235
Sergipe	313	sutiã	174
seringa	218	tablet	118
servir	278	tamanduá	199
setembro	63	tambor	239
seu	89	tangerina	157
seu nome	69	tapete	133
seu sinal	69	tarde	59
sexta-feira	61	tartaruga	199
shopping	95	tatu	200
silencioso	303	táxi	223
skate	235	tchau/até logo	70
sobrancelha	209	teatro	95
sobrinha	79	teimoso	304
sobrinho	79	telefone	134 e 227
sofá	133	Telegram	228
sofrer	279	televisão	134 e 228
sogra	80	telha	134
		tempestade	103

tênis (sapato) 174	trólebus 223
tênis (jogo) 236	tubarão 200
ter 279	tucano 200
terça-feira 60	tudo bem 70
Teresina 312	Twitter 228
terminar 280	Uber 223
terno 174	Uganda 329
terra 103	unha 210
terremoto 103	urso 200
tesoura 118	urso panda 201
tia 80	urubu 201
tigela 134	Uruguai 329
tigre 200	usar 281
tijolo 134	útero 210
TikTok 228	uva 158
tio 80	vaca 201
título de eleitor 87	vagem 158
toalha de banho 135	vagina 210
toalha de rosto 135	vaidoso 305
Tocantins 316	vale 104
tocar 280	vaso 136
tomada 135	vaso sanitário 136
tomate 157	vassoura 136
tontura 219	vazio 305
torneira 135	veado 201
torrada 158	vela 136
torta 158	velho . . . . 81 e 305
tosse 219	vencer 281
trabalhar 280	vendedor 184
trair 280	Venezuela 329
trancar 280	ventilador 136
travesseiro 135	vento 104
treinar 281	verão 64
trem 223	verbos 240
triste 304	verdadeiro 305
trocar 281	verde 109

verdura/legumes 158	vizinho 81
vereador 184	vôlei 236
vermelho 109	vômito 219
vestido 174	votar 282
vestuário/objetos pessoais 165	vovó 81
viajar 281	vovô 81
vigiar 282	WhatsApp 228
vinagre 159	*whisky* 164
vinho (cor) 109	xadrez 236
vinho (bebida) 164	xampu 213
violão 239	xeretar 283
violino 239	xerocar 283
violoncelo 239	xícara 137
vir 282	zangar 283
visitar 282	zebra 201
Vitória 317	zíper 175
viver 282	zombar 283

Sites que abordam a questão da surdez

Sites de Língua de Sinais:
Dicionário Libras
www.dicionariolibras.com.br

Língua Brasileira de Sinais
www.libras.org.br

Rede Saci e USP Legal
www.saci.org.br

Sentidos – a inclusão social da pessoa com deficiência
www.sentidos.com.br

SurdoSol – surdos on-line
www.surdosol.com.br

Acessibilidade Brasil
www.acessobrasil.org.br

Confederação Brasileira de Surdos
www.cbsurdos.org.br

Divisão de Educação e Reabilitação dos Distúrbios da Comunicação
www.pucsp.br/derdic

Entre Amigos – Rede de Informação sobre Deficiência
www.entreamigos.com.br

Federação Nacional de Educação e Integração dos Surdos (FENEIS)
www.feneis.com.br

Instituto Nacional de Educação de Surdos (INES)
www.ines.gov.br

Instituto Santa Teresinha – Escola Bilíngue para Surdos
www.institutosantateresinha.org.br

Órgãos públicos ligados à surdez:
Associação para Valorização e Promoção de Excepcionais (AVAPE)
www.avape.org.br

Ministério da Educação – Secretaria de Educação Especial
www.mec.gov.br/seesp

Filmes que abordam a questão da surdez

Pesquisa realizada em março e abril de 2007 por
Rita de Cássia da Rocha Machado Preto, mãe de deficiente auditivo.
Correções, atualizações, acréscimos feitos em novembro de 2007.
Adaptado em 25 de fevereiro de 2009.

A Diferença (Brasil, 2005, curta metragem) – Uma história de amor entre uma surda e um ouvinte.

Adorável Professor (Mr. Holland – EUA, 1995) – Professor de música tem um filho surdo.

Aliados Contra o Crime (Fuzz – EUA, 1972) – Esposa de um policial é surda e tratada com simpatia e um bandido conhecido como "O Homem Surdo" é desprezado por sua deficiência.

Alvo Protegido (His Bodyguard – EUA, 1998) – Um homem surdo que trabalha numa empresa de bioengenharia testemunha roubo de medicação experimental.

A Música e o Silêncio ou *Para Além do Silêncio* (Jenseits der Stille – Alemanha, 1996) – Garota ouvinte, filha de pais surdos, descobre a música.

Ana (Brasil, 2004, curta metragem) – Ana é surda e mora isolada com seu irmão e sua mãe. Um dia, aventura-se fora do mundo familiar.

Assassinato em Manhattan (When Justice Fails – EUA, 1997) – Policial se apaixona por promotora surda suspeita de assassinato.

A Vida de Alexander Graham Bell (The Story of Alexander Graham Bell – EUA, 1939) – Alexander Graham Bell se apaixona por garota surda e tenta inventar meios para telegrafar a voz humana. Inventa o telefone, casa-se e torna-se rico e famoso.

A Vida Secreta das Palavras (La Vida Secreta de las Palabras – Espanha, 2005) – Hannah é introvertida, solitária e parcialmente surda. Um incidente faz com que ela permaneça cuidando de Josef, que sofreu uma série de queimaduras que o deixaram cego temporariamente.

Belinda (Johnny Belinda – EUA, 1948) – Mulher surda vê sua vida ser transformada quando ela é descoberta por um médico que lhe ensina a Linguagem dos Sinais. Feita versão para TV em 1982 com o nome Johnny Belinda.

Broadway dos Meus Sonhos (The Dancer – França, 2000) – História de uma bailarina muda apaixonada pela música e que sonha, um dia, chegar a Broadway.

Congo (EUA, 1995) – Gorila se comunica em língua de sinais.

Deafula (EUA, 1975) – Adaptação de Drácula todo em língua de sinais. É dublado em inglês.

Depois do Silêncio ou *Palavras do Silêncio* (Breaking Through – EUA, 1996) – Laura, surda de 20 anos, aprende língua de sinais, depois de conhecer uma assistente social.

Filhos do Silêncio (Children of a Lesser God – EUA, 1986) – Professor de linguagem de sinais se apaixona por surda.

Gestos do Amor (Dove siete? Io sono qui – Itália,1993) – Mãe não aceita a condição de seu filho surdo. A tia o ajuda a integrá-lo em grupo de surdos, ensinando-lhe a linguagem de sinais.

Gigot (EUA, 1962) – Gigot é um francês simplório, surdo e de bom coração, que faz amizade com a pequena Nicole, filha de uma prostituta, e passa a ajudá-las.

Lágrimas do Silêncio (Bridge to Silence – EUA, 1989) – Surda entrega a filha aos cuidados da avó.

Linda e Selvagem (Wild Flower – EUA, 1991) – Uma garota parcialmente surda é maltratada e feita prisioneira pelo pai. É descoberta por um casal de irmãos que moram na fazenda vizinha.

Minha Amada Imortal (Beloved Immortal – EUA, 1994) – Filme sobre Beethoven.

Morte Silenciosa (Dead Silence – EUA, 1997) – Estudantes surdos em excursão deparam-se com três criminosos em fuga.

Na Companhia de Homens (In The Company of Men – EUA, 1997) – Dois jovens executivos querem se vingar das mulheres e escolhem como alvo uma atraente digitadora surda.

Objeto do Desejo (The Object of Beauty – Inglaterra, 1991) – Jake e Tina perdem sua fortuna, restando-lhes uma estatueta de alto valor. A estatueta desaparece e exerce uma estranha atração sobre Jenny, a camareira de um hotel, que é surda.

O Garoto Selvagem (L'Enfant Sauvage – França, 1969) – Em 1797, um menino encontrado na floresta vivia como selvagem sem saber andar, falar ou se expressar.

O Milagre de Anne Sullivan (The Miracle Worker – EUA, 1962) – História de Helen Keller.

O Solitário (La Brute – França, 1987) – Homem cego, surdo e mudo viaja com sua esposa quando é acusado de assassinato e assume a autoria do crime que não cometeu.

Paciente 14 (Patient 14 – EUA, 2004) – Liza é vítima de um ataque que resulta em surdez. Desesperada, concorda em participar de um tratamento experimental para voltar a ouvir.

Pela Primeira Vez (For the First Time – EUA, 1959) – Um ídolo da ópera mundial se apaixona por uma linda garota surda.

Querido Frankie (Dear Frankie – Inglaterra, 2004) – Garoto surdo que recebe cartas do pai.

Relação Explosiva (The Break up – EUA, 1998) – Mulher surda, maltratada pelo marido, vai parar no hospital e fica sabendo que ele foi assassinado. De vítima, passa a ser a principal suspeita.

Ritmo Acelerado (It's All Gone Pete Tong – Inglaterra, 2006) – Vida trágica do lendário Frankie Wilde, DJ surdo.

Sobre Meus Lábios (Sur mes lèvres – França, 2001) – Secretária deficiente auditiva consegue ler as piadas nos lábios de seus colegas de trabalho.

Som e Fúria (Sound and Fury – EUA, 2000) – Documentário sobre pais ouvintes de um bebê surdo recém-nascido que decidem implantar seu bebê, para horror de seus parentes surdos.

Testemunha Muda (Mute Witness – Inglaterra,1995) – Jovem muda que trabalha como maquiadora de efeitos especiais em um filme testemunha um assassinato.

Tommy (Inglaterra, 1975) – Filho vê a morte do pai e, pressionado pela mãe e o amante, o jovem acaba ficando cego, surdo e mudo. Com o tempo, descobre-se um campeão do fliperama.

Tortura Silenciosa (Hear no Evil – EUA, 1993) – O roubo de uma moeda de Alexandre, o Grande, faz com que uma deficiente auditiva seja perseguida por um detetive.

Livros que abordam a questão da surdez

BOECHAT, E. *Ouvir sobre o Prisma da Estratégia*. São Paulo: PUC, 1992. Tese (Mestrado).

BEGLER, J. "A Entrevista Psicológica: Seu Emprego no Diagnóstico e na Investigação". In: *Temas de Psicologia. Entrevista e Grupos*. São Paulo: Martins Fontes, 1987.

BEHLAU, M. & RUSSO, I.C.P. *Percepção da Fala: Análise Acústica do Português Brasileiro*. São Paulo: Lovise, 1993.

BOOTHROYD, A. "Audição Normal". In: Tradução de *Hearing Impairment in Young Children*. Prentice Hall – Inc. Englewood Cliffs. N. J, Cáp. 2, 1982.

DIB, M.C. *O Relacionamento Inicial, Mãe Ouvinte e Filho Deficiente Auditivo*. Agosto, 1996.

FILHO, O. L. (org.). *Tratado de Fonoaudiologia*. São Paulo: Roca, 1997.

_____. *Tratado de Otorrinolaringologia*. São Paulo: Roca, 1997.

FICKER, L.B. & NOVAES, B.C.A.C. "A Importância do Conhecimento dos Aspectos dos Sons Grosseiros Utilizados no Tratamento com Deficiência Auditiva e Suas Aplicações Práticas". In: *Atualização em Otologia e Foniatria*. Vol. V, n° 1, 1979.

GOÉS, M.C.R. *Linguagem, Surdez e Educação*. Campinas: Autores Associados, 1996.

HARRIS, M. *Language Experience and Early – Language Development: From Imput to up Take*. Lawrence Erlbaum Associates, Publishers, Cáp. 8, 1992.

HODGSON, W. R. Phd – "Avaliação do AASI". In: Tradução e adaptação: *Hearing Aid Assesment and use in Audiologic Habilitation*. Ed. Baltimore, Willians and Wilkins. Co, Cáp. 7, 1986.

_____. "Fonoaudiologia e Aparelhos Auditivos". In: Tradução e adaptação de *Hearing Aid Assesment and Use in Audiologic Habilitation*. Ed. Baltimore, Willins and Wilkins, Cáp. 1, 1986.

_____. "Aprendendo a usar o AASI". In: Tradução e adaptação de *Hearing Aid Assesment and Use in Audiologic Habilitation*. Ed. Baltimore, Willians and Wilkins, Cáp. 10, 1986.

KYLE, J.G. & WOLL, B. "O Desenvolvimento da Comunicação de Crianças Surdas com a Linguagem de Sinais". In: *Deficiência Auditiva na Infância*. Anais Nestlé, vol. 50, 1995.

LUTERMAN, D. "Os Pais no Grupo". In: Tradução e adaptação de *Counseling Parents of Hearing Impaired Children*. Cáp. 4.

NORTHERN, J.L.; DOWNS, M.P. *Audição em Crianças*. São Paulo: Manole, 1989.

PATTO, M.H.S. *A Criança da Escola Pública: Deficiente, Diferente ou Mal Trabalhada?* In: Palestra proferida no Encontro do Ciclo Básico, São Paulo, 1985.

RADINI, E. *Uso e Efetividade dos Aparelhos de Amplificação Sonora Individual Analógicos e Digitalmente Programáveis em Indivíduos Adultos e Idosos: Estudo Comparativo*. São Paulo: PUC, 1994. Tese (Mestrado em Distúrbio da Comunicação).

RUSSO, I.C.P. *Acústica e Psicoacústica Aplicadas à Fonoaudiologia*. São Paulo: Lovise, 1993.

_____. & SANTOS, T.M.M. *A Prática da Audiologia Clínica*. São Paulo: Cortez, 4ª ed., 1993.

_____. *Audiologia Infantil*. São Paulo: Cortez, 4ª ed., 1994.

SACKS, O. *Vendo Vozes – Uma Jornada pelo Mundo dos Surdos*. Rio de Janeiro: Imago, 1993.

SCHMAMAN, F.D. & STRAKER, G. "Counseling Parentes of the Hearing – Impaired Child During the Post Diagnostic Period". In: *Language Speech and Hearing Services in School* (251-259), October, 1980.

VITTO, M.F.L. (org.). *Fonoaudiologia: No Sentido da Linguagem*. São Paulo: Cortez, 1994.